तत्त्वबोध

तत्त्वबोध

सनातन धर्म का सार और सिद्धांत

पं. राजेश बेंजवाल

राजपाल

₹ 325

ISBN : 9789350643525

प्रथम संस्करण : 2016 © पं. राजेश बेंजवाल

TATTVABODH by Pandit Rajesh Benjwal

मुद्रक : रैकमो प्रैस लिमिटेड नयी दिल्ली

राजपाल एण्ड सन्ज़

1590, मदरसा रोड, कश्मीरी गेट, दिल्ली-110006

फोन : 011-23869812, 23865483, फैक्स : 011-23867791

e-mail : sales@rajpalpublishing.com

www.rajpalpublishing.com

www.facebook.com/rajpalandsons

क्रम

प्राक्कथन

ओम्

श्रीगुरुभ्यो नमः

भारतीय संस्कृति मूलतः वैदिक संस्कृति है, क्योंकि वह वेद पर आधारित है। वेदों को हमारे यहाँ अपौरूषेय माना जाता है अर्थात् वह कोई मानव रचित कृति नहीं अपितु सृष्टि के प्रारम्भ में ईश्वर से प्रकट हुई एक ऐसी ज्ञानराशि है जो तपस्वी ऋषियों के माध्यम से मानव जाति को प्राप्त हुई है।

यह वेदराशि मनुष्यों को धर्मादि चारों पुरुषार्थों को प्राप्त करने का साधन बनाती है।

विषयवस्तु की दृष्टि से वेदों का दो भागों में विभाजन किया जाता है। प्रथम भाग को कर्मकाण्ड एवं दूसरे भाग को ज्ञानकाण्ड कहा जाता है। कर्मकाण्ड धर्म, अर्थ और काम पुरुषार्थों की प्राप्ति के साधनों का निरूपण करता है और उन साधनों का निष्काम भाव से अनुष्ठान चित्तशुद्धि के द्वारा मोक्ष प्राप्ति का भी परंपरा से साधन बन सकता है। जबकि ज्ञानकाण्ड मोक्ष पुरुषार्थ की प्राप्ति के साधन का निरूपण करता है। उसी ज्ञानकाण्ड को वेदान्त रूप से भी जाना जाता है।

उस वेदान्त को अच्छी तरह समझने के लिए कुछ प्रकरण ग्रन्थों के अध्ययन की आवश्यकता रहती है क्योंकि वेदान्त में कई पारिभाषिक शब्दों जैसे माया, आत्मा इत्यादि का प्रयोग होता है। जिसे ठीक तरह से समझे बिना वेदान्त समझना कठिन होता है। इसलिए वेदान्त अध्ययन के आरम्भ में प्रकरण

ग्रन्थ जैसे कि तत्त्वबोध, विवेकचूड़ामणि इत्यादि का अध्ययन किया-कराया जाता है। तत्त्वबोध उनमें अधिक प्रचलित है।

प्रस्तुत ग्रन्थ के रचयिता श्री राजेश बेंजवाल ने उस ग्रन्थ का विविध माध्यमों से अध्ययन किया और हिन्दीभाषी जिज्ञासुओं के लिए अपनी भाषा में उसे प्रस्तुत करने का प्रयास किया है।

आशा है जिस शुभ उद्देश्य से उसे प्रस्तुत किया गया है उसकी पूर्ति हो। भगवान ग्रन्थ लेखक को ऐसे अनेक सत्कार्यों के लिए निमित्त बनाये ऐसी प्रार्थना के साथ।

—स्वामी सदात्मानन्द सरस्वती

भूमिका

प्रस्तुत पुस्तक को वेदान्त में रुचि रखने वाले मुमुक्षुओं एवं जिज्ञासुओं की प्रारम्भिक आवश्यकता को ध्यान में रखते हुए लिखा गया है। जो शिक्षा मैंने आर्ष विद्या गुरुकुल के विद्वान आचार्यों स्वामी दयानन्द सरस्वतीजी, स्वामी सदात्मानन्दजी एवं स्वामी शंकरानन्दजी द्वारा प्राप्त की है। उसी को शुद्धता से, उसके तात्पर्य से समझौता न करते हुए ही प्रस्तुत करने का प्रयास किया है। कुछ जगह पर जहाँ मुझे प्रतीत हुआ कि विस्तार किया जा सकता है, वहाँ पर मैंने अधिक विस्तार किया है एवं कई जगह पर संक्षिप्तीकरण भी किया है, किन्तु मूल तात्पर्य से छेड़छाड़ न हो इसका हर सम्भव प्रयास किया है। मानवगत स्वभाव के कारण त्रुटियाँ सम्भव हैं अतः विज्ञजनों से अनुरोध है कि ऐसी त्रुटियाँ होने पर इस पुस्तक की वेबसाईट के माध्यम से अवगत अवश्य करायें।

मुख्य पाठ के रूप में तत्त्वबोध को लिया है। इसके अतिरिक्त भी कुछ ऐसी जानकारियों का समावेश किया है जो कि, मैं समझता हूँ, सनातन धर्म के अनुयायियों के लिए जानना हितकर होगा। ये जानकारियाँ तत्त्वबोध को समझने के लिए भी महत्त्वपूर्ण हैं, जैसे पुरुषार्थ क्या है? शास्त्र क्या हैं? ज्ञान प्राप्ति के साधन क्या हैं?

तत्त्वबोध ही क्यों?

तत्त्वबोध वेदान्त में प्रयुक्त होने वाली शब्दावली से हमें भली-भाँति परिचित कराता है। उपनिषदों में प्रवेश से पहले इन शब्दों से भली-भाँति परिचित होना आवश्यक है। तत्त्वबोध सिर्फ़ इतने तक सीमित नहीं है। यह

अपने आप में पूर्ण ज्ञान संजोये हुए है। अगर आप उच्च अधिकारी हो तो, तत्त्वबोध आपको मोक्ष प्राप्ति के लिए पर्याप्त हो सकता है।

आर्ष विद्या गुरुकुल, जो कि स्वामी दयानन्द सरस्वतीजी द्वारा स्थापित है, में परम्परागत रूप से इसे ही प्रथम पाठ के रूप में लिया जाता है। इससे हज़ारों लोग लाभ उठा चुके हैं। पहले पाठ के रूप में यह स्वयं पूज्य स्वामी जी द्वारा अनुमोदित है।

पुस्तक को लिखने की आवश्यकता?

तत्त्वबोध पर आचार्यों के व्याख्यान व पुस्तकें मौजूद हैं ही, फिर इसे स्वतन्त्र रूप से लिखे जाने की आवश्यकता क्यों पड़ी?

इसका कारण आर्ष विद्या गुरुकुल की परम्परागत शिक्षाओं को हिन्दी माध्यम से मुमुक्षुओं के लिए उपलब्ध कराना है। आर्ष विद्या गुरुकुल की तत्त्वबोध से सम्बन्धित पुस्तकें अंग्रेज़ी या अन्य भाषाओं में उपलब्ध हैं। अत: मुझे इसकी आवश्यकता प्रतीत हुई।

यह पुस्तक किसके लिए उपयोगी है?

मुख्य रूप से यह पुस्तक वेदान्त प्रवेशिका के रूप में देखी जा सकती है एवं मुमुक्षुओं के लिए हितकारी है। इसके अतिरिक्त भी, जिसकी वेदान्त में रुचि है और जो सनातन धर्म को एक समग्र दृष्टिकोण से देखना व समझना चाहता है, प्रस्तुत ग्रन्थ उसके लिए भी उपयोगी होगा। ऐसी मेरी आशा है।

कुछ विषय हैं जिन पर अधिक विस्तार से चर्चा की आवश्यकता है, किन्तु विस्तारभय से सम्भव न हो सका। किसी स्वतन्त्र पुस्तक में इन पर विस्तार से चर्चा अवश्य करूँगा, जैसे—वर्णाश्रम, पंच महायज्ञ। इन विषयों पर कम विस्तार से चर्चा से हालाँकि तत्त्वबोध पाठ को समझने में विशेष परेशानी नहीं होगी, किन्तु सनातन धर्म को समग्र दृष्टि से समझने के लिए इनकी उचित एवं विस्तृत जानकारी महत्त्वपूर्ण होती है।

यहाँ पर हम वेदान्त में प्रवेश के लिए आधार तैयार करेंगे। उन सभी तत्त्वों का समावेश करने का प्रयास किया जायेगा, जिसके पश्चात् श्रीमद्भगवद्

गीता और तत्पश्चात् उपनिषदों का अध्ययन सुगम हो सके।

इस पुस्तक को कैसे पढ़ा जाये?

यह पुस्तक क्रमबद्ध रूप से पढ़े जाने की दृष्टि से लिखी गयी है। आगे आने वाले विषय पिछले विषयों की जानकारी के अभाव में क्लिष्ट प्रतीत हो सकते हैं, अतः जिस क्रम में पुस्तक लिखी है, उसी क्रम में पढ़ना सर्वश्रेष्ठ रहेगा।

यह ग्रन्थ पुस्तक रूप में आपके पास पहुँच सका इसके पीछे कुछ विशेष सज्जनों का उल्लेखनीय योगदान है, जिन्हें इस कार्य का मुख्य श्रेय जाता है, अतः उनका आभार प्रकट न करना कृतघ्नता होगी।

इस लेखन कार्य का मुझे कितना श्रेय जाता है?

ज्ञान भगवान् सदाशिव द्वारा प्रदत्त है एवं गुरु परम्परा द्वारा इसे सुरक्षित रखा गया है। मुझ तक इसके पहुँचने का अधिकतम श्रेय मेरे गुरुओं एवं गुरु परम्परा को जाता है। इसको समझने के लिए जो बुद्धि चाहिए वह ईश्वर प्रदत्त है। इसको ग्रन्थ रूप में देने की प्रेरणा भी भगवान् दक्षिणामूर्ति के कारण हुई। मेरा कार्य तो मात्र इसका कम्प्यूटर पर संयोजन मात्र था। इसके लिए भी जो स्थूल शरीर आवश्यक है वह भी माता-पिता द्वारा प्रदत्त है।

अपनी माता, श्रीमती अनुसुया बेंजवाल, का विशेष रूप से वर्णन करना चाहूँगा, जिनका कि पग-पग पर सहयोग रहा एवं मेरे लिए प्रेरणास्रोत बनी रहीं।

अपने छोटे भाई मृणाल बेंजवाल का भी आभार प्रकट करता हूँ कि जब मैं शास्त्रों के अध्ययन में लगा हुआ हूँ, उसने परिवार को सँभाला हुआ है।

अपने उन सब गुरुभाइयों को भी विशेष धन्यवाद दूँगा जो विभिन्न माध्यमों से इस पुस्तक के प्रकाशन तक पहुँचने में सहायक हुए हैं।

—पं. राजेश बेंजवाल

14 अप्रैल, 2016

पुरुषार्थ

'तत्त्वबोध' के पाठ में प्रवेश से पहले, कुछ विषयों को जान लेना आवश्यक है। इससे 'तत्त्वबोध' के मुख्य पाठ को समझने में सुगमता होगी। पहला विषय जिस पर हम बात करेंगे वह है 'पुरुषार्थ'। प्रत्येक व्यक्ति का जीवन में कुछ-न-कुछ लक्ष्य होता है। कोई धनी बनना चाहता है, कोई चाहता है कि वह बड़ा गायक बने, कोई चाहता है वह संस्कृत का बड़ा विद्वान बने। सबके भिन्न-भिन्न लक्ष्य होते हैं। इन सब तरह के लक्ष्यों को शास्त्र चार भागों में विभक्त करते हैं। इनको 'पुरुषार्थ' कहा जाता है। पुरुष का यहाँ पर अर्थ मनुष्यों से व अर्थ का तात्पर्य लक्ष्य से है। अतः पुरुषार्थ का अर्थ हुआ 'वह लक्ष्य जिनको मनुष्य प्राप्त करने का प्रयास करते हैं।'

पुरुषेण अर्थयते प्रार्थयते इति पुरुषार्थः।

वे चार पुरुषार्थ हैं धर्म, अर्थ, काम एवं मोक्ष।

अर्थ—अर्थ का तात्पर्य उन चीज़ों से है, जिनमें वह अपने जीवन की सुरक्षा ढूँढता व समझता है। अर्थ पुरुषार्थ के अन्तर्गत वे सारी चीज़ें आ जाती हैं, जिनके अभाव में मनुष्य समझता है कि जीवन सम्भव न होगा। जैसे—रोटी, कपड़ा, मकान व औषधियाँ। ये मनुष्य के जीवन की मूलभूत आवश्यकताएँ हैं। धन से हम ये सारी वस्तुएँ प्राप्त कर सकते हैं और धन के अभाव में ये वस्तुएँ आज के काल में सम्भव नहीं लगतीं। अतः धन को भी हम अर्थ पुरुषार्थ के अन्तर्गत रख सकते हैं।

काम—काम पुरुषार्थ से यहाँ तात्पर्य है, इन्द्रियों के सुखों के विषय से।

कोई भी वस्तु जिसको हम इन्द्रिय सुखों के हेतु पाने का प्रयास करते हैं, जैसे—स्वादिष्ट भोजन की चाहत, नयी मूवी देखने की इच्छा। उदाहरण के लिए अर्थ पुरुषार्थ है भोजन; जो कि जीवित रहने के लिए आवश्यक है, काम पुरुषार्थ है स्वादिष्ट भोजन। अर्थ एवं काम पुरुषार्थ मनुष्य एवं पशुओं दोनों में विद्यमान हैं। हाँ, मनुष्यों में वे काफ़ी विकसित रूप में हैं, पर दोनों ही इनके लिए प्रयास करते हैं।

धर्म—धर्म पुरुषार्थ ही पशुओं और मनुष्यों में अन्तर पैदा करता है। धर्म शब्द के कई अर्थ हैं और उनमें से एक है 'नैतिकता एवं दायित्व,' जहाँ पशु स्वभावतः ही अर्थ व काम, पुरुषार्थ का पीछा करते हैं और उनके पास उनकी स्वयं की कोई मुक्त इच्छा नहीं है, कर्तृत्वभाव नहीं है। वहीं मनुष्यों में कर्तृत्वभाव एवं उनकी इच्छा इसके लिए स्वतन्त्र हैं कि वे निर्धारित कर सकें कि कैसे, कब, किस तरह के पुरुषार्थ को पाना है या पाने का प्रयास करना है। पशु नैसर्गिक रूप से जैसे निर्धारित किया गया है, उसी के अनुरूप अर्थ का, काम का अनुसरण करते हैं। मनुष्य के पास क्योंकि विकल्प हैं, वह चुनाव कर सकता है लक्ष्य का और उसके लिए प्रयुक्त होने वाले साधनों का, इसलिए उसमें प्रदान की गयी स्वतन्त्रता का गलत उपयोग करने की भी क्षमता है और वह करता भी है। अतः मनुष्य अपनी इच्छाशक्ति के दुरुपयोग से संसार में जो तारतम्य है, सभी वस्तुओं व प्राणियों में जो आपसी सामंजस्य है, उसे भंग करने में सक्षम है। इसलिए कुछ मानक स्थापित करने की आवश्यकता है, जिनका मनुष्य अर्थ एवं काम का अर्जन करते हुए अनुसरण कर सके। इतना ही नहीं लक्ष्यों का पीछा करते हुए, मनुष्य बहुत सारे संसाधनों का भी उपयोग करता है, इसलिए प्रत्येक मनुष्य का कर्तव्य है कि वह उन संसाधनों में भी योगदान करे। अतः उसे अर्थ काम का अर्जन करते समय कुछ मानकों, नैतिक मापदण्डों का अनुसरण करना पड़ता है और उसके कुछ समग्र विश्व के प्रति दायित्व भी हैं, जिससे कि अनुरूपता बनी रहे।

ये मानक, नैतिक मापदण्ड, दायित्व ही धर्म हैं। जैसे बचपन में हम अपने परिवार से सुरक्षा पाते हैं और उसका प्रयोग अर्थ व काम की प्राप्ति के लिए करते हैं। अतः उसके प्रति हमारा दायित्व बन जाता है कि हम उसकी

देखभाल करें। यह हमारा कर्तव्य हो जाता है। सनातन धर्म अधिकारों की बात नहीं करता, अपितु वह कर्तव्य पर ज़ोर देता है। माँ-बाप का अधिकार नहीं है कि बेटा उनकी देखभाल करे, किन्तु यह पुत्र का कर्तव्य है कि वह ऐसा करे। इस तरह के कर्तव्य प्रधान समाज में अधिकारों के लिए होने वाली लड़ाई नहीं, अपितु कर्तव्यों के पालन के प्रति जागरूकता होने के कारण, क्योंकि यह ही धर्म है, आपसी सामंजस्य व शान्ति की स्थिति रहती है। जहाँ अधिकारों की बात होगी, वहाँ अधिकारों की सुरक्षा व अधिकारों की पूर्ति की माँग के लिए लड़ाई अवश्य ही होगी।

कैसे जानें कि मेरा धर्म क्या है? इसका एक महत्त्वपूर्ण माध्यम है व्यावहारिक बुद्धि, जो कोई नहीं चाहता कि मेरे साथ हो वह उसे दूसरे के साथ भी नहीं करना चाहिए।

श्रूयतां धर्म सर्वस्वं श्रुत्वा चैव अनुवर्त्यताम्।
आत्मनः प्रतिकूलानि परेषां न समाचरेत्।।

जब हम किसी समस्या में घिरे होते हैं तो, हम आशा करते हैं कि अन्य लोग हमारी सहायता करें। उसी प्रकार जब कोई समस्या में हो तो, आप भी उसकी सहायता अवश्य करें। यह हुआ व्यावहारिक बुद्धि पर आधारित धर्म।

मनुष्य अपने प्रति एक जागरूक प्राणी है। इस कारण उसमें अपूर्णता की भावना होती है। यह भावना ही अपने आपको विभिन्न लक्ष्यों की प्राप्ति के प्रयास के रूप में प्रदर्शित करती है। मनुष्य सुरक्षा ढूँढता है, ताकि वह जीवित रह सके। इसीलिए वह अर्थ पुरुषार्थ की प्राप्ति के प्रयास करता है।

एक बार कुछ सीमा तक अगर मनुष्य अर्थ पुरुषार्थ प्राप्त करने में समर्थ हो जाता है तो, वह काम पुरुषार्थ को प्राप्त करने का प्रयास करता है। हालाँकि इसका क्रमबद्ध होना आवश्यक नहीं है। मनुष्य काम को अर्थ से ज़्यादा महत्त्व दे सकता है। कई बार इन्द्रिय सुखों का दबाव इतना ज़्यादा होता है कि मनुष्य उसके लिए अर्थ को न्यौछावर कर देता है।

जैसे-जैसे मनुष्य का मस्तिष्क परिपक्व होता है, वह समझने लगता है कि धर्म का पालन विश्व में आपसी सामंजस्य के लिए बेहद आवश्यक है।

जब हमारे मन में कोई प्रबल इच्छा होती है तो, हम उसे प्राप्त करने का प्रयास करते हैं। हम किसी भी तरह इस वस्तु को पाना चाहते हैं। उस वस्तु की प्राप्ति के मार्ग में अवरोध क्रोध को जाग्रत करता है और जो भी बाधा बनता है, वह हमारे क्रोध का भागी बनता है। यह इच्छा कभी इतनी प्रबल होती है और इसका दबाव इतना ज़्यादा होता है कि हम धर्म से समझौता करने से भी नहीं झिझकते। हालाँकि वह समझता है कि धर्म का पालन आवश्यक है, किन्तु काम के दबाव के कारण जो संघर्ष उत्पन्न होता है, उसमें धर्म कई बार हार जाता है। जब-जब यह हारता है तब-तब संघर्ष भी उत्पन्न होते हैं और सामंजस्य भी गड़बड़ाता है। धर्म आप में स्वाभाविक रूप से होना चाहिए और जिसके लिए यह स्वाभाविक हो जाता है, समझो उसने धर्म पुरुषार्थ अर्जित कर लिया। उसमें फिर धर्म-अधर्म के कारण उत्पन्न होने वाला संघर्ष नहीं रहता। जिनका मस्तिष्क परिपक्व हो जाता है, वे धर्म का महत्त्व समझते हैं और धर्म उनके लिए एक पुरुषार्थ बन जाता है, जिसे प्राप्त करना महत्त्वपूर्ण हो जाता है।

शास्त्र इस व्यावहारिक बुद्धि के नैतिक मापदण्डों एवं दायित्वों को तो सम्मिलित करते ही हैं, किन्तु उसमें कुछ और भी जोड़ते हैं। यह हमारी समझ को और सूक्ष्म बनाते हैं। ये पुण्य-पाप के सिद्धान्त से भी हमको अवगत कराते हैं।

पुण्य एवं पाप हमारे द्वारा किये गये कर्मों के अदृष्ट फल हैं। किसी भी कर्म के दो प्रकार के फल माने गये हैं, दृष्ट एवं अदृष्ट। एक जो हमको साक्षात प्रतीत होता है और एक जो अदृष्ट होता है। जैसे हम किसी को 1,000 रुपयों का दान देते हैं, तो हमारे पास से 1,000 रुपये कम हो गये और दान देने के कारण हमारे मन को सन्तुष्टि व शान्ति मिली। ये दोनों ही दृष्ट फल हैं, क्योंकि दोनों ही हमको साक्षात प्रतीत होते हैं। लेकिन इसी के साथ अदृष्ट फल भी जुड़ा होता है, जो कि हमें अभी अनुभव नहीं होता। पुण्य-पाप इसी अदृष्ट फल को कहते हैं। अच्छे कार्यों का अदृष्ट फल पुण्य व बुरे कार्यों का फल पाप कहा जाता है या इसे इस प्रकार भी कह सकते हैं कि जिन कार्यों के परिणाम के फलस्वरूप हमें जीवन में ऐसे अनुभवों का सामना करना पड़ता है, जो हमें दुःख प्रदान करते हैं, उन कार्यों को पाप की श्रेणी में रखा जाता

है। जिन कार्यों से जीवन में सुख का अनुभव होता है, उन्हें पुण्य की श्रेणी में रखा जाता है। यहाँ यह बात ध्यान देने योग्य है कि यह फल तुरन्त नहीं मिलता है। यह साक्षात दृष्ट नहीं है। शास्त्रों के वचन ही इसके लिए प्रमाण हैं।

इसे इस तरह से भी परिभाषित कर सकते हैं—"अच्छे कार्य वे हैं जो समष्टि के साथ सामंजस्य में हों और बुरे कार्य वे हैं जो समष्टि के साथ सामंजस्य में न हों।" जैसे किसी को धोखा देना पाप कार्य हुआ। समष्टि के लिए क्या अच्छा है क्या बुरा, हमें इसका बेहद सीमित ज्ञान है। जो वस्तुएँ हमें सबका भला करती प्रतीत होती हैं, बाद में पता चलता है उन्होंने कितनी हानि की। ऐसा हमें आये दिन सुनने को मिलता भी है। हम शास्त्रों को ईश्वर प्रदत्त ज्ञान मानते हैं और मानते हैं कि ईश्वर को निश्चित ही समष्टि का हमसे बेहतर ज्ञान होगा, इसलिए सनातन धर्म पाप-पुण्य के लिए शास्त्रों को प्रमाण मानता है और शास्त्रों के आधार पर ही अच्छे-बुरे का निर्णय लेता है। अतः शास्त्रों द्वारा विहित कर्म पुण्य व शास्त्रों द्वारा निषिद्ध कर्म को हम पाप कर्म मानते हैं। इसको मद्देनज़र रखते हुए हम यह कह सकते हैं कि पुण्य शास्त्रों द्वारा विहित कर्मों का अदृष्ट फल है और पाप शास्त्रों द्वारा निषिद्ध किये गये कर्मों का अदृष्ट फल।

पाप-पुण्य हालाँकि अदृष्ट हैं, किन्तु ये समय आने पर फलीभूत अवश्य होते हैं और विभिन्न अच्छे और बुरे अनुभवों का कारण बनते हैं। हमारे जीवन में हमें अच्छे-बुरे अनुभव होते हैं, वे इन्हीं पाप-पुण्यों के फलीभूत होने के कारण होते हैं। अतः जिन लोगों की शास्त्रों में श्रद्धा है, वे ज़्यादा-से-ज़्यादा पुण्यों को इकट्ठा करने का प्रयास करते हैं और पाप कार्यों से दूर रहने का प्रयास करते हैं। इसलिए धर्म उनके लिए पुरुषार्थ बन जाता है।

शास्त्र हमें बताते हैं कि पुण्य-पाप का फल इसी जीवन में मिले, यह आवश्यक नहीं। ये मृत्यु के पश्चात् भी आपके साथ जाते हैं और अगले जन्म में भी यह आपको फल प्रदान कर सकते हैं। इसलिए शास्त्रों में श्रद्धा रखने वाले मनुष्य अगले जन्म को सुधारने के लिए भी धर्म का अनुसरण करने को तत्पर रहते हैं। अधिक-से-अधिक पुण्यों को प्राप्त करना और पाप कार्यों से दूर रहना ही धर्म पुरुषार्थ है।

हमारे कर्म दृष्ट होते हैं और वे दृष्ट फल के अलावा पाप-पुण्य के रूप में अदृष्ट फल भी प्रदान करते हैं। ये अदृष्ट पाप-पुण्य पुनः हमारे अच्छे-बुरे अनुभवों के रूप में दृष्ट होते हैं।

इन तीनों पुरुषार्थों के समूह को 'प्रेयस' कहा गया है। प्रेयस अर्थात् जो हमको सुरक्षा व सुख प्रदान करता है।

अधिकांश लोग अर्थ व काम तक ही सीमित रहते हैं और कुछ ही लोग धर्म पुरुषार्थ अर्जित करने का प्रयास करते हैं और बेहद कम लोग ही ऐसे हैं जो परिपक्वता के उस स्तर पर पहुँचते हैं जहाँ उनको धर्म, अर्थ एवं काम की सीमित सीमाएँ नज़र आती हैं।

प्रेयस से सम्बन्धित कुछ जानने योग्य बातें—

प्रेयस अनित्य है—हम कभी भी स्थायी सुरक्षा प्राप्त नहीं कर सकते। जैसे ही हम एक तरफ़ से सुरक्षा प्राप्त करते हैं, वैसे ही हमें दूसरी सुरक्षा से सम्बन्धित कमियाँ नज़र आने लगती हैं। हम धन में सुरक्षा समझते हैं और धन प्राप्त होने पर हमें उसकी सुरक्षा की चिन्ता होने लगती है।

प्रेयस दुःख मिश्रित है—अर्जने दुःखम्, प्रेयस को पाने में श्रम की आवश्यकता होती है और दुःख उठाने पड़ते हैं।

रक्षणे दुःखम्, जो प्राप्त किया है, उसका रक्षण करने में भी पर्याप्त श्रम और दुःख उठाने पड़ते हैं।

नाशे दुःखम्, चाहे कितना भी प्रयास करें, जो प्राप्त किया है वह नष्ट होगा ही, यह ही प्रकृति का नियम है और जब वह नष्ट होता है, उस समय भी दुःख का कारण बनता है।

प्रेयस अतृप्तिकर है—प्रेयस तृप्ति प्रदान नहीं करता। जितना हम पाते हैं उतना ही और पाने की इच्छा प्रबल होती जाती है। इन्द्रिय सुख अग्नि में घी की तरह माने जाते हैं, जितना घी डालो अग्नि उतनी ही प्रज्वलित होती है।

प्रेयस उन पर निर्भरता एवं आसक्ति उत्पन्न करते हैं—प्रेयस इस तरह से उन पर निर्भरता उत्पन्न करते हैं कि हमें उनके अभाव में जीवन सम्भव नहीं

लगता, जैसे मोबाइल फ़ोन। कुछ समय पहले तक मोबाइल नहीं था। इसकी कमी प्रतीत नहीं होती थी, किन्तु अब लोग इस पर इस तरह से निर्भर हो गये हैं कि वे इसके अभाव में ज़िन्दगी की कल्पना नहीं कर सकते। मोबाइल आपके सुख में कोई वृद्धि नहीं करता, लेकिन आप इसके आसक्त हो चुके हो, और इसका अभाव आपको दुःखी कर देता है।

जब मनुष्य की बुद्धि पर्याप्त परिपक्व हो जाती है और उसको प्रेयस के ये दोष स्पष्ट नज़र आने लग जाते हैं, वह फिर चौथे पुरुषार्थ, जो कि इन सीमाओं से मुक्त है, उसके लिए प्रयास करता है। वह चौथा पुरुषार्थ है मोक्ष, मोक्ष अर्थात् मुक्ति। किससे मुक्ति? बन्धनों से मुक्ति एवं प्रेयस के दोषों से मुक्ति।

मोक्ष—मोक्ष शब्द के कई अर्थ निकलते हैं। हम इसका अर्थ 'मुक्ति' लेंगे। जब हम बात करते हैं मुक्ति की, तो बन्धन की बात भी अवश्य आयेगी, क्योंकि बिना बन्धन को समझे मुक्ति को नहीं समझा जा सकता। बिना बन्धन के मुक्ति का सिद्धान्त ही सम्भव नहीं है, इसलिए हमें यहाँ मुक्ति को बन्धन के साथ समझना पड़ेगा कि यह मुक्ति जिसकी बात हम कर रहे हैं, यह किस बन्धन से मुक्ति है।

बन्धन वह है, जिसके साथ आप अपने आपको पाते हो और आप उसके साथ अपने आपको सहज महसूस नहीं करते हो। जैसे कोई रिश्ता जिसमें आप अपने आपको सहज महसूस नहीं करते, वह आपके लिए बन्धन हो जाता है। अगर आप सहज हैं, प्रसन्न हैं, तो वह बन्धन नहीं है।

मूलभूत बन्धन है 'अतृप्ति की भावना।' मैं अपने आपको जैसा मैं हूँ वैसा स्वीकार्य नहीं हूँ। मैं अपनी प्रसन्नता और सुरक्षा के लिए संसार पर निर्भर रहता हूँ। मैं दूसरों की तरफ़ अपने अस्तित्व की महिमा के लिए अपने कार्यों के अनुमोदन के लिए निहारता रहता हूँ। यह ही बन्धन है, इसी से मुक्ति 'मोक्ष' है। अपनी पूर्णता का ज्ञान और संसार पर सुरक्षा एवं प्रसन्नता की निर्भरता से मुक्ति ही मोक्ष है।

प्रेयस से भी हम वास्तव में यह ही खोज रहे होते हैं। लेकिन हम समझ

नहीं पाते कि वास्तव में हमारी खोज क्या है। इसीलिए मोक्ष पुरुषार्थ को परमपुरुषार्थ बोला जाता है, क्योंकि इसको पाने के बाद कुछ भी पाना शेष नहीं रह जाता। मोक्ष के बाद संसार की प्रत्येक वस्तु विलासिता का साधन बन जाती है, कुछ भी आवश्यक नहीं रह जाता। आज तुम्हारी मृत्यु होने वाली है, ठीक है क्या समस्या है। तुम 100 साल तक जियोगे, ठीक है क्या समस्या है। इसी को परमपुरुषार्थ कहा जाता है, जिसके पश्चात् अन्य किसी पुरुषार्थ की आवश्यकता नहीं रह जाती।

जब भी हम संसार को जैसा है वैसा अस्वीकार करते हैं तो, यह प्रदर्शित करता है, मैं अपने को जैसा हूँ, वैसा स्वीकार्य नहीं हूँ। जब हम अपने आपको पूर्ण रूप से स्वीकार करते हैं तो, हमें संसार जैसा है वैसा ही स्वीकार्य हो जाता है। यही मोक्ष है, इसी को निःश्रेयस भी कहा जाता है।

नितराम श्रेयसः यस्मिन इति निःश्रेयसः।

ये चार पुरुषार्थ ही शास्त्रों की विषयवस्तु हैं।

शास्त्र क्या हैं?

शिष्यते अनेन इति शास्त्रम्।

जिससे किसी को शिक्षित किया जाता है। जिसके द्वारा चार पुरुषार्थों एवं उनको प्राप्त करने की विधियों को सीखा जाता है, वे ही शास्त्र हैं। शास्त्र 'शास्' धातु से बना है जिसका अर्थ होता है 'अनुशिष्टौ' अर्थात् शिक्षा देना, शासन करना, शुद्ध करना।

दूसरी परिभाषा है, "शास्नात् त्रायते इति शास्त्रम्।" अर्थात् "जो शिक्षण के द्वारा शिक्षार्थी की सर्वविध रक्षा करता है, वह शास्त्र है।" शास्त्रों के बारे में आगे चर्चा करते हैं।

हमारे शास्त्र

वेद

वेद हमारे मूलभूत शास्त्र हैं। वेद का अर्थ है, "विद्यते ज्ञायते अनेन इति वेदः" अर्थात् वह ज्ञान या ज्ञान का अंग, जिससे कोई यह समझ पाता है कि पुरुषार्थों का अर्जन सम्यक रूप से कैसे करें। वेद अपौरुषेय माने जाते हैं अर्थात् ये किसी प्राणी के द्वारा रचित नहीं हैं। हम इन्हें ऋषियों से प्राप्त करते हैं और ऋषियों को यह स्वयं ईश्वर से प्राप्त होते हैं। अतः ऋषियों को वेदों का दृष्टा कहा जाता है रचयिता नहीं। वेद सदैव ही उपलब्ध रहते हैं। ऋषि अन्तःकरण की शुद्धि के उस स्तर पर पहुँच जाते हैं, जहाँ यह उनको प्राप्त करने में सक्षम हो जाते हैं। अलग-अलग मन्त्रों के अलग-अलग द्रष्टा ऋषि हैं।

वेद चार हैं। ऋक्, यजुः, साम एवं अथर्ववेद। वर्तमान में चारों वेद संहिताओं में कुल मिलाकर 13,000 से ज़्यादा मन्त्र उपलब्ध हैं। वेदों को ही श्रुति भी कहा जाता है। "श्रुयते इति श्रुति" अर्थात् जिसे सुना गया है, उसे 'श्रुति' कहा जाता है। वेद कर्ण परम्परा से ही सुरक्षित रखे गये और एक पीढ़ी से दूसरी पीढ़ी को इसी माध्यम से हस्तान्तरित किये गये। गुरु शिष्य को सुनाता था और शिष्य उन मन्त्रों को सुनकर दोहराकर याद कर लेता था। अतः इन्हें श्रुति कहा जाता है। इन्हें आगम भी कहा जाता है। "आगच्छति गुरोः शिष्यं प्रति इति आगमः," "गुरु से शिष्य के प्रति आने वाला आगम कहलाता है।" वेद भी गुरु से ही शिष्य को प्राप्त होते हैं, अतः इन्हें आगम भी कहा जाता है। इसके अलावा इन्हें 'निगम' भी कहा जाता है, "निगमशब्दो वेदवाची।" क्योंकि वेद छन्दों में हैं अतः इन्हें 'छान्दस्' भी कहा जाता है।

वेद चारों पुरुषार्थों की प्राप्ति के उपायों के बारे में शिक्षित करते हैं।

महत्त्वपूर्ण तथ्य जो ध्यान में रखना चाहिए कि वेद विज्ञान सम्मत नहीं हैं, न ही उन्हें इसकी आवश्यकता है। इन्हें वैज्ञानिकता की कसौटी पर परखने की गलती न ही करें। वेद की विषयवस्तु वैज्ञानिक प्रयोगों के लिए उपलब्ध नहीं है। पाप-पुण्य, आत्मा ये वैज्ञानिक प्रयोगों के लिए उपलब्ध नहीं हैं। हाँ कुछ ऐसी चीज़ें अवश्य वेदों में वर्णित हैं, जिनका सम्बन्ध विज्ञान से हो सकता है, किन्तु वेदों की मुख्य विषयवस्तु वह है, जो कि आप सिर्फ़ वेदों से ही जान सकते हो। वेद ही उसके लिए प्रमाण हैं और वेदों के अतिरिक्त उनको जानने का और कोई माध्यम नहीं है। विज्ञान की वहाँ तक पहुँच नहीं है, न ही हो सकती है। मनुष्य की बुद्धि बिना वेदों को प्रमाण माने वहाँ तक नहीं पहुँच सकती। वेदों की विषयवस्तु तार्किक नहीं है, इसका अनुमोदन तर्क से सम्भव नहीं है। वेदों की विषयवस्तु ऐसी भी नहीं है कि इसका तर्क द्वारा खण्डन हो सके। वेद प्रमाण तभी हो सकते हैं जब उनके द्वारा प्रतिपादित विषय सिर्फ़ उनसे ही जाना जा सके। अगर ऐसा नहीं है तो उन्हें उस विषय का प्रमाण नहीं कहा जा सकता। जैसे वेदों में घी का भी वर्णन आता है, किन्तु क्या घी को जानने का माध्यम सिर्फ़ वेद हैं? नहीं, अतः घी के लिए वेद प्रमाण नहीं हैं। आत्मा, ब्रह्म, पाप-पुण्य क्या इनको किसी अन्य माध्यम से जाना जा सकता है? नहीं, अतः इनके लिए वेद ही एकमात्र प्रमाण हैं।

अतः ध्यान रहे जब हम कहते हैं कि वेद वैज्ञानिक हैं तो हम वास्तव में अज्ञानतावश उनकी महिमा की हानि ही कर रहे हैं।

वेदों को विषयवस्तु के आधार पर दो भागों में विभक्त किया गया है। पूर्वभाग या कर्मकाण्ड जो कि कर्मकाण्ड से सम्बन्धित है। इसमें मुख्यतः प्रेयस पर ध्यान दिया गया है। दूसरा भाग है उत्तरभाग या ज्ञानकाण्ड या वेदान्त और इसी को 'उपनिषद्' भी कहा जाता है। यह मुख्यतः मोक्ष पुरुषार्थ पर केन्द्रित है।

ये मूलभूत शास्त्र कहे गये हैं, क्योंकि अन्य सभी शास्त्र वेदों पर ही आधारित हैं और प्रमाणिकता के लिए वेदों की तरफ़ ही निहारते हैं।

हमारा धर्म कई सम्प्रदायों में बँटा है। कोई अपने आपको शैव मानता

है और सिर्फ़ शिव की ही पूजा को सर्वोत्तम मानता है। वहीं वैष्णव हैं जो कि शिव के मन्दिर के नज़दीक भी नहीं जाते और शिव को विष्णु का ही एक भक्त मानते हैं। फिर भी कुछ है जो कि दोनों को एक ही छतरी के नीचे लाता है और हिन्दू धर्म की विविधताओं में भी उन्हें अलग-अलग धर्म होने से रोकता है। वे हैं वेद। वेद सारे सम्प्रदायों को एक छतरी के नीचे लाते हैं। आप किस सम्प्रदाय के अनुयायी हैं, इससे विरक्त वेद पूरे हिन्दू समाज के सर्वमान्य व मूलभूत ग्रन्थ हैं। वेद ही सारे सम्प्रदायों के मूलभूत स्रोत हैं। हाँ अपवाद स्वरूप कुछ नये उत्पन्न हुए सम्प्रदायों को छोड़ा जा सकता है। आपके सम्प्रदाय का क्या दर्शन है, उसकी मान्यता तभी है, जब वह वेद सम्मत है और वेदों के आधार पर उसे स्थापित किया जा सकता है। सारे विभाग जो हिन्दू धर्म के हैं, वे वेदों के ही विभिन्न मनीषियों के अपनी समझ द्वारा किये गये भिन्न-भिन्न विवेचन हैं। मैं तो समझता हूँ कि विश्व के प्रत्येक धर्म का उद्‌गम खोजें तो, कहीं-न-कहीं से वे वेदों पर ही पहुँचेंगे।

वेदों की संख्या चार है, ऋग्वेद, यजुर्वेद, सामवेद एवं अथर्ववेद।

हम यह नहीं कह सकते कि सारे वेद मन्त्र और सारे वेद, ऋषियों को दृष्ट हो चुके हैं। जितने हमें ज्ञात हैं, उतने मात्र ही ऋषि भी ज्ञात कर पाये। वेद मन्त्रों की कोई निश्चित गिनती नहीं है। ये अनन्त हैं, ''अनन्ताः वे वेदाः।'' ईश्वर ही सम्पूर्ण रूप से इन्हें जानता है और कोई नहीं।

ऋग्वेद—ऋग्वेद संहिता काव्य रूप में है। इसके श्लोकों की संज्ञा ऋक् है। इसमें 10,170 ऋक् व 1028 सूक्त हैं, जो 10 मण्डलों या 8 अष्टकों में विभाजित हैं। पूरा ऋग्वेद देवी-देवताओं की स्तुति के रूप में ही है। इसके जानकार को ऋत्विक् कहा जाता है।

यजुर्वेद—यजुर्वेद या यजुः शब्द 'यज्' धातु से बना है, जिसका अर्थ होता है पूजन करना। यजुः यज्ञ करने के कर्मकाण्डीय पूजन विधान के लिए प्रयुक्त होता है। जहाँ ऋग्वेद पद्यात्मक है, वहीं यजुः गद्यात्मक है।

यजुर्वेद एकमात्र ऐसा वेद है, जो कि स्वयं में दो भागों में बँटा है और दोनों भाग भिन्न-भिन्न माने जाते हैं। इसके दो भाग शुक्ल एवं कृष्ण यजुर्वेद

हैं। शुक्ल यजुर्वेद को वाजसनेयी संहिता व कृष्ण यजुर्वेद को तैतरीय संहिता भी कहा जाता है।

वेदों के अनुगामियों में सबसे ज़्यादा संख्या यजुर्वेदियों की है। इसमें भी उत्तर भारत में शुक्ल व दक्षिण भारत में कृष्ण यजुर्वेद के अनुगामी अधिक हैं। इसके जानकार को अध्वर्यु कहा जाता है।

सामवेद—यह मस्तिष्क की प्रशान्ति को इंगित करता है। इसमें ऋग्वेद के ही ऋक् हैं, किन्तु यह गेयात्मक है और इसको एक विशेष रूप से गाया जाता है। इसके जानकार को, यज्ञ के समय सामगान करने वाले को, उद्‌गाता कहा जाता है। सामगान से सभी देवी-देवता प्रसन्न होते हैं और हमें उनकी कृपा का अनुभव शीघ्र होता है।

अथर्ववेद—अथर्वण् का अर्थ है पुरोहित। एक ऋषि हुए जिनका नाम था अथर्वण और यह वेद उनको प्राप्त हुआ था। इसी से इसका नाम अथर्ववेद हुआ। इसमें ऐसे प्रयोग हैं, जिनके माध्यम से यज्ञकर्ता अपने दुर्भाग्य को दूर कर सके, रोगों का उपचार कर सके, अपने शत्रुओं को नष्ट कर सके आदि। इसमें कुछ परम सत्य को बताने वाले सूक्त भी हैं। इसमें गद्यात्मक एवं पद्यात्मक दोनों प्रकार के मन्त्र मिलते हैं। जिनको आजकल हम मांत्रिकों व तांत्रिकों के रूप में जानते हैं, उनका आधार यह वेद ही है। इसके जानकार की संज्ञा ब्रह्मा है।

ब्राह्मण एवं आरण्यक्

अभी तक वेदों के बारे में जो हमने जाना वह मुख्यतः वेदों के संहिता भाग के बारे में था। वेदों की प्रत्येक शाखा के ब्राह्मण व आरण्यक् ग्रन्थ भी हैं।

ब्राह्मण ग्रन्थ कर्मकाण्डों को निर्धारित करते हैं और उनकी विधियों का व्याख्यान करते हैं। ये संहिता भाग में आये मन्त्रों की विवेचना करते हैं कि किस तरह उनका यज्ञ के सन्दर्भ में प्रयोग होना चाहिए।

'आरण्यक्' शब्द 'अरण्य' से बना है, जिसका अर्थ होता है 'वन।' वैदिक कर्मकाण्ड गृहस्थों के लिए बनाये गये हैं। किन्तु इन कर्मकाण्डों से बुद्धि शुद्ध होने के उपरान्त, वह एकान्तवास की चाह में जंगल में ध्यान के

लिए जाना चाहता है। जीवन का यह पड़ाव ही वानप्रस्थ की अर्हता लिये हुए होता है। आरण्यक् इस पड़ाव में महत्त्वपूर्ण भूमिका निभाते हैं और वानप्रस्थ से संन्यास आश्रम तक की तैयारी में महत्त्वपूर्ण भूमिका अदा करते हैं। आरण्यक् सामान्यत: वेदों के यज्ञ के सन्दर्भ में लिये जाने वाले कर्मकाण्डों में छिपे गूढ़ार्थ की व्याख्या करते हैं, जैसे बृहदारण्यक उपनिषद्, जो कि उपनिषद् एवं आरण्यक् दोनों है, वह अश्वमेध यज्ञ की दार्शनिक व्याख्या से शुरू होता है।

उपनिषद्

आरण्यक् के साथ ही आते हैं उपनिषद्। ये वेद रूपी वृक्ष के पके हुए फल हैं। ये ही ईश्वर व जीव की एकता को प्रतिपादित करते हैं और मोक्ष के मुख्य साधन हैं। जहाँ संहिता, ब्राह्मण व आरण्यक् ग्रन्थों का कार्य हमें सर्वोच्च ज्ञान, ब्रह्म ज्ञान, के लिए तैयार करना है, वहीं उपनिषद् द्वारा ही वह सर्वोच्च ज्ञान हमें गुरु के माध्यम से प्राप्त होता है।

इन्हीं उपनिषदों के आधार पर वेदों को दो भागों, कर्मकाण्ड एवं ज्ञानकाण्ड, में विभक्त किया जाता है।

कर्मकाण्ड—यह वेदों का पूर्व भाग है। इसे संहिता भाग भी कहा जाता है। महर्षि जैमिनी का कर्मकाण्ड, वेदों के पूर्व भाग, का विश्लेषण करने वाला ग्रन्थ पूर्व मीमांसा प्राप्त होता है। इसका अनुसरण करने वाले पूर्वमीमांसक कहे जाते हैं। भगवान शंकराचार्य के समय इनका बहुत बोल-बाला था। भगवान शंकराचार्य ने इनको शास्त्रार्थ में पराजित करके वेदान्त की सर्वोच्चता को पुन: स्थापित किया था।

ज्ञानकाण्ड—ज्ञानकाण्ड उत्तर भाग है। ज्ञानकाण्ड ही वेदान्त के नाम से भी जाना जाता है, क्योंकि यह वेदों का अन्तिम भाग है। उपनिषदों, वेदों का अन्तिम भाग भी है और इसी को वेदों का सिर या मुकुट भी कहा जाता है। महर्षि वेद व्यास का उत्तर भाग या ज्ञानकाण्ड का विश्लेषण करने वाला ग्रन्थ उत्तर मीमांसा या ब्रह्मसूत्र के नाम से प्रसिद्ध है।

वर्तमान में 108 उपनिषद् उपलब्ध हैं और उनमें से 10 उपनिषदों पर

भगवान शंकराचार्य का भाष्य उपलब्ध है। अतः उन 10 को अधिक महत्त्व दिया जाता है, क्योंकि भगवान भाष्यकार ने उन 10 को भाष्य के लिए चुना। वे 10 उपनिषद् ईश, केन, कठ, प्रश्न, मुण्डक, माण्डूक्य, तैतरीय, ऐतरेय, छान्दोग्य एवं बृहदारण्यक हैं।

दसों उपनिषदों की इसी क्रम में जानकारी आगे प्रस्तुत है।

ईशावास्योपनिषद्—यह शुक्ल यजुर्वेद का अन्तिम (चालीसवाँ) अध्याय है। यह उपनिषद् 'ईशावास्य' इस शब्द से शुरू होता है और इसी से इसका नामकरण भी हुआ है। यह उपनिषद् उद्घाटित करता है कि यह सारा संसार ईश्वर से आच्छादित है और हमें राय देता है कि हमें अपने सारे कार्यों को उसी को अर्पित करना चाहिए।

केनोपनिषद्—यह 'तल्वकार उपनिषद्' के नाम से भी जाना जाता है, क्योंकि यह सामवेद की जैमिनी शाखा के 'तल्वकार ब्राह्मण' में आता है। यह उपनिषद् 'केन' शब्द से शुरू होता है और इसी से इसका नामकरण 'केनोपनिषद्' हुआ। इसमें कहानी आती है कि देवता अपनी विजय के मद में चूर होकर परमात्मा को नहीं पहचान पाते और जब परमात्मा द्वारा उनका दर्प चूर किया जाता है, तब उमा प्रकट होकर इन्द्र को यह ज्ञान प्रदान करती हैं कि वह यक्ष जिसे तुम नहीं पहचान पाये वह ही परमात्मा है। कुछ आचार्यों द्वारा इस 'उमा' को औपनेषिदक ज्ञान भी कहा जाता है।

कठोपनिषद्—यह कृष्ण यजुर्वेद की 'कठ' शाखा का उपनिषद् है। इसमें नचिकेता के यम के पास जाने और यम से ब्रह्म ज्ञान प्राप्त करने की कहानी और यम द्वारा नचिकेता को दिया गया ज्ञान, इसी उपनिषद् में है। भगवान कृष्ण द्वारा गीता में भी कई श्लोक इसी उपनिषद् से लिये गये हैं। स्वामी विवेकानन्द ने भी भारतीयों को जाग्रत करने के लिए उपदेश "उत्तिष्ठत जाग्रत प्राप्य वरान्निबोधत" इसी उपनिषद् से लिया था। दीपाराधना के समय बोला जाने वाला मन्त्र, "न तत्र सूर्यो भाति न चन्द्रतारकम्," भी इसी उपनिषद् से है।

प्रश्नोपनिषद्—यह अथर्ववेदीय उपनिषद् है। यह उपनिषद् कई प्रश्नों के यथा विभिन्न प्राणियों की उत्पत्ति का स्रोत, कौन से देवता उनका पालन करते हैं,

अवस्थात्रयी क्या है, इत्यादि के उत्तर प्रदान करता है।

मुण्डकोपनिषद्—यह भी अथर्ववेदीय उपनिषद् है और यह अक्षर ब्रह्म के बारे में उद्घोषणा करता है। यह परमात्मा व जीव की एक ही वृक्ष पर आश्रित दो पक्षियों के रूप में भी चर्चा करता है, जिसमें एक तो वृक्ष के फलों को चखता है और एक साक्षी मात्र है। इसी में प्रणवोपासना का भी वर्णन मिलता है। प्रसिद्ध वाक्य 'सत्यमेव जयते' भी इसी उपनिषद् से लिया गया है।

माण्डूक्योपनिषद्—माण्डूक्य का अर्थ होता है मेढक। जिस तरह मेढक को एक-एक कदम करके क्रमबद्ध रूप से चलने की आवश्यकता नहीं होती, वरन वह छलाँग मारकर जहाँ पहुँचना होता है, पहुँच जाता है। वैसे ही इस एकमात्र उपनिषद् के ज्ञान मात्र से मोक्ष प्राप्त हो जाता है और व्यक्ति एक छलाँग से मोक्ष को प्राप्त हो सकता है। कहा भी गया है कि साधन चतुष्ट्य सम्पन्न व्यक्ति मोक्ष के लिए माण्डूक्य का श्रवण करें, और यदि यह पर्याप्त न हो तो अन्य उपनिषदों का अध्ययन करें। यह छोटा उपनिषद् है और इसमें मात्र 12 मन्त्र हैं, किन्तु इसके मन्त्रों के गूढ़ार्थ बड़े गहन हैं। यह तुरीयावस्था का भी वर्णन करता है। इस पर गौड़पादाचार्य जी की कारिका विख्यात है। परम्परागत रूप से इस उपनिषद् का अध्ययन वेदान्त की पर्याप्त जानकारी के पश्चात् ही किया जाता है।

तैतरीयोपनिषद्—कहा जाता है कि वैशम्पायन और उनके शिष्य याज्ञवल्क्य में कुछ मतभेद उत्पन्न हो गया था, जिस कारण क्रोध में आकर गुरु ने शिष्य को उनके द्वारा प्रदान किया गया वेदज्ञान वापस करने को कहा। अपनी यौगिक शक्ति से याज्ञवल्क्य ने उस ज्ञान का वमन कर दिया। वैशम्पायन के ही कुछ शिष्यों ने तीतर का रूप लेकर वह वमन चुग लिया। वेदों की यह शाखा जो कि तीतर रूप में ग्रहण की गयी तैतरीय के नाम से प्रसिद्ध हुई। तैतरीय उपनिषद् 'तैतरीय आरण्यक्' में आता है। इसमें तीन वल्लियाँ हैं शिक्षावल्ली, आनन्दवल्ली एवं भृगुवल्ली।

शिक्षावल्ली—शिक्षावल्ली में ब्रह्मचर्य आश्रम में शिक्षा सम्बन्धी पालन करने के नियमों का वर्णन है। इसी में आवहन्ती होम भी है जो आचार्य द्वारा ब्रह्मचारियों के लिए शिक्षा ग्रहण करने आयें और उसमें कोई बाधा न हो और गुरुकुल

व्यवस्थित रूप से चले, इस हेतु किया जाता है। इसका प्रभाव त्वरित होता है।

आनन्दवल्ली—आनन्दवल्ली में विभिन्न योनियों में आनन्द की तुलना की गयी है।

भृगुवल्ली—भृगुवल्ली में वरुण द्वारा अपने पुत्र भृगु को ब्रह्म ज्ञान अर्जन के लिए दिये गये उपदेश हैं।

ऐतरेयोपनिषद्—यह ऋग्वेदीय उपनिषद् है और 'ऐतरेय आरण्यक्' का भाग है। इसका ऐतरेय नाम ऋषि 'ऐतरेय' के कारण पड़ा। इसमें जीव के पिता से होकर माता के गर्भ में प्रविष्ट होकर पैदा होने और इस संसार में अच्छे-बुरे कर्मों द्वारा पाप-पुण्य को अर्जित करते हुए पुनः अन्य लोकों में उस पाप-पुण्य के आधार पर जन्म लेने का वर्णन आता है। यह उपनिषद् ही इस तथ्य को उद्घाटित करता है कि "प्रज्ञानं ब्रह्म" जो कि ऋग्वेद का महावाक्य है। इस महावाक्य का तात्पर्य है कि ब्रह्म का ज्ञान ही ब्रह्म है।

छान्दोग्य उपनिषद्—छान्दोग्य एवं बृहदारण्यक अन्य उपनिषदों से काफ़ी बड़े हैं। छान्दोग्य सामवेदीय उपनिषद् है और छान्दोग्य ब्राह्मण का भाग है। ब्रह्म सूत्र में इस उपनिषद् से कई मन्त्र विश्लेषण हेतु लिये गये हैं। इसमें कई ऋषियों की शिक्षाओं को इकट्ठा किया गया है। इसमें 'ओंकार' का उद्गीत के रूप में वर्णन है व इसमें कई विद्याओं यथा मधु, आकाश, पंचाग्नि आदि का भी वर्णन है। इन सबका मिला रूप 'दहर विद्या' के रूप में प्रसिद्ध है। श्वेतकेतु का इस उपनिषद् में वर्णन है। जिसे उसके पिता उद्दालक आरूणि "तत्त्वमसि" की शिक्षा प्रदान करते हैं। "तत्त्वमसि" सामवेद का महावाक्य है। नारद जी का ब्रह्मविद्या के अलावा अन्य सभी विद्याओं में महारत प्राप्त करने के पश्चात् भी आत्मज्ञान न हो पाना व सनतकुमार के उपदेशों से ज्ञान प्राप्त करने का भी इसमें वर्णन है।

बृहदारण्यकोपनिषद्—यह शुक्ल यजुर्वेदीय उपनिषद् है। बृहदारण्यक उपनिषद् व आरण्यक् दोनों ही है। इसकी दो शाखाएँ हैं, माध्यनन्दिनी व कण्व शाखा। भगवान शंकराचार्य ने कण्व शाखा को भाष्य के लिए चुना। इसमें 6 अध्याय हैं। पहले दो मधुकाण्ड के रूप में जाने जाते हैं। इसके पश्चात् के

दो मुनिकाण्ड और अन्तिम दो खिलकाण्ड। प्रसिद्ध वाक्य ''नेति-नेति'' इसी उपनिषद् से है। प्रथमकाण्ड में ब्राह्मण गार्ग्य का क्षत्रिय अजातशत्रु से ब्रह्मज्ञान लेने का वर्णन है। इसमें ऋषि याज्ञवल्क्य की दो पत्नियों कात्यायनी व मैत्रेयी का भी वर्णन है और मैत्रेयी का ब्रह्मवादिन् होने का भी वर्णन है। मैत्रेयी को याज्ञवल्क्य द्वारा दिये गये उपदेश प्रथम व द्वितीय दोनों काण्डों में आते हैं।

मुनिकाण्ड में याज्ञवल्क्य का राजा जनक की सभा में वाद और राजा जनक को दिये गये उपदेश शामिल हैं। विशिष्ट अद्वैतवाद का स्रोत इसी सभा में याज्ञवल्क्य का उद्दालक आरूणि को उनके एक प्रश्न का दिया गया उत्तर है। खिलकाण्ड में विभिन्न विचारों को एक जगह पर एकत्र करके दर्शाया गया है कि किस तरह से एक ही शिक्षा विभिन्न लोगों द्वारा उनकी मस्तिष्क की परिपक्वता के आधार पर भिन्न-भिन्न अर्थ प्रदान करती है।

प्रजापति ने शिक्षा के रूप में सिर्फ़ एक शब्द बोला था 'द'। देवताओं ने, जिनका अपनी इन्द्रियों पर पर्याप्त नियन्त्रण नहीं था, उन्होंने इसे ''दम्यत'' अर्थात् ''अपनी इन्द्रियों पर नियन्त्रण करो,'' के रूप में लिया। मनुष्य जो कि स्वभाव से कृपण थे उन्होंने इसे ''दत्त,'' ''दान करो,'' के रूप में लिया व राक्षस जो कि स्वभाव से क्रूर थे, उन्होंने इसे ''दयध्वम्,'' ''दयालु बनो,'' के रूप में लिया।

वेदांग

वेदों के छः अंग हैं। जिन्हें वेदांग कहा जाता है। यह हैं शिक्षा, व्याकरण, निरुक्त, कल्प, छन्द एवं ज्योतिष। एक ब्राह्मण को इन सबकी जानकारी अवश्य होनी चाहिए।

शिक्षा—वैदिक स्वरों का ज्ञान वैदिक मन्त्रों का स्पष्ट एवं शुद्ध उच्चारण यह शिक्षा का ही विषय है। वैदिक मन्त्र तभी पूर्ण फलित होते हैं, जब उनका सस्वर स्पष्ट उच्चारण हो।

व्याकरण—व्याकरण का अर्थ यहाँ पर संस्कृत भाषा के व्याकरण से ही है। महर्षि पाणिनि जी के सूत्र जो 'अष्टाध्यायी' नाम से प्रसिद्ध हैं। उन पर

वररुचि की वार्तिका एवं पतंजलि का भाष्य यह तीन व्याकरण के मुख्य स्तम्भ हैं। पतंजलि का 'अष्टाध्यायी' पर भाष्य 'महाभाष्य' के नाम से विख्यात है।

निरुक्त—यह वैदिक शब्दकोश है। यह वेदों में आने वाले शब्दों की उत्पत्ति व वे किस अर्थ में प्रयुक्त होते हैं, आदि के बारे में जानकारी प्रदान करता है। इसमें यास्काचार्य का कार्य सबसे महत्त्वपूर्ण माना जाता है।

छन्दशास्त्र—वेदों में आने वाले छन्द इस शास्त्र का विषय हैं। इसमें मुख्य ऋषि पिंगल का 'छन्दसूत्र' है।

कल्प—हम वेद मन्त्रों को क्यों सीखें? इनका क्या उपयोग है? क्यों हम इतना समय शिक्षा, छन्द आदि में लगायें? ये उत्तर कल्प में ही मिलते हैं। कौन-सा कर्मकाण्ड करना है? क्यों करना है? कैसे करना है? इन प्रश्नों के उत्तर कल्प में मिलते हैं। कई ऋषियों ने कल्पसूत्र में अपना योगदान दिया है। गृह्य सूत्र एवं श्रौत सूत्र इसी के अन्तर्गत आते हैं। प्रत्येक वैदिक शाखा का अपना कल्पसूत्र होता है, जिसका वे अनुसरण करते हैं।

ज्योतिष—यह ग्रह नक्षत्रों की स्थिति का विज्ञान है। वैदिक कर्मकाण्डों को करने में मुहूर्त का विशेष महत्त्व है। कौन-सा कर्मकाण्ड किस समय विशेष में करना है और वह कब है, इसके निर्धारण का कार्य ज्योतिष शास्त्र का ही है।

ये हुए चार वेद और उनके छः अंग। इसके अलावा 4 उपांग भी हैं और कुल मिलाकर ये 14, चतुर्दश विद्या हो जाते हैं।

उपांग

उपांगों की संख्या चार है—मीमांसा, न्याय, पुराण एवं धर्मशास्त्र।

मीमांसा—मीमांसा का अर्थ है अन्वेषण एवं विश्लेषण। जहाँ निरुक्त वेद वाक्यों के अर्थ निर्धारण में सहायता करता है, वहीं मीमांसा वेद मन्त्रों के विशेष महत्त्व का उनके आशय का विश्लेषण करती हुई उन पर अपनी राय देती है।

जिस तरह से वेद दो भागों में विभक्त किये जाते हैं, वेद पूर्वभाग 'कर्मकाण्ड' एवं उत्तरभाग 'ज्ञानकाण्ड'। उसी तरह से मीमांसा भी 'पूर्वमीमांसा'

व 'उत्तरमीमांसा' में विभक्त है।

पूर्वमीमांसा, महर्षि जैमनी द्वारा रचित है और कर्मकाण्ड का विश्लेषण करती है। यह "अथातो धर्मजिज्ञासा" से शुरू होती है। इस पर शाबरस्वामीन् का भाष्य 'शाबरम्' व कुमारिलभट्ट की वार्तिका 'भट्टदीपिका' उपलब्ध है।

उत्तरमीमांसा जो कि 'ब्रह्मसूत्र' के नाम से प्रसिद्ध है, व्यास जी द्वारा रचित है और ज्ञानकाण्ड का विश्लेषण करती है। यह "अथातो ब्रह्मजिज्ञासा" से शुरू होती है। यह ही तीन महत्त्वपूर्ण दर्शनों अद्वैतवाद, विशिष्ट अद्वैत एवं द्वैतवाद का आधार है।

न्याय—यह तर्कशास्त्र के नाम से भी जाना जाता है। न्याय सूत्र के रचयिता गौतममुनि हैं। कणाद ऋषि द्वारा प्रणीत न्याय 'वैशेषिक' के नाम से प्रसिद्ध है। न्याय सूत्र प्रत्यक्ष, अनुमान, उपमान एवं शब्द को प्रमाण मानते हुए सत्य क्या है, इसका विश्लेषण करता है।

पुराण—वेद जिन सिद्धान्तों व नियमों के बारे में बात करते हैं, पुराण उनकी विस्तृत व्याख्या कथाओं के रूप में करते हैं। जैसे वेद हमें बताते हैं "सत्यं वद।" पुराण इसकी महिमा का विस्तृत व्याख्यान राजा हरीशचन्द्र की कहानी के रूप में करते हैं। सम्भव है कि इनमें आने वाली कथाओं में यथार्थ के साथ-साथ कल्पना का भी बहुलता से प्रयोग हुआ हो। किन्तु किसके पास वह अधिकारित्व है जो कल्पना से यथार्थ को अलग करके प्रस्तुत कर सके? हमें पुराण जिस रूप में हैं, उन्हें वैसे ही स्वीकार करना चाहिए, और इसी रूप में संरक्षित रखना चाहिए।

मुख्य रूप से 18 पुराणों का वर्णन आता है व ये वेदव्यास जी की कृति माने जाते हैं। 18 पुराण हैं—ब्रह्म, पद्म, नारद, मार्कण्डेय, विष्णु, शिव, भागवत्, अग्नि, भविष्य, ब्रह्मवैवर्त, लिंग, वराह, स्कन्द, वामन, कूर्म, मत्स्य, गरुड़ एवं ब्रह्माण्ड पुराण।

भागवत् के सम्बन्ध में थोड़ा विरोधाभास है कि भागवत् श्रीमद् देवी भागवत् है या श्रीमद्भागवत्।

इन 18 मुख्य पुराणों के अलावा 18 उपपुराण भी हैं।

इतिहास—वाल्मिकी कृत 'रामायण' व वेदव्यास कृत 'महाभारत' को इतिहास माना जाता है। पुराणों को भी इतिहास की श्रेणी में रखा जा सकता है।

धर्मशास्त्र—वेद विहित एवं कल्पसूत्र में संक्षिप्त रूप से निर्देशित एवं पुराणों में जिनका विस्तृत वर्णन है, उस धर्म को व्यावहारिक रूप से कैसे अभ्यास में लाया जाये। वर्णाश्रमियों के लिए क्या-क्या नियम हैं, आदि के बारे में धर्मशास्त्र विस्तृत दिशा-निर्देश प्रदान करते हैं।

स्मृति ग्रन्थ—जैसे, मनु स्मृति, याज्ञवल्क्य स्मृति इस श्रेणी में आते हैं।

जो ऋषि-मुनि आदि वेदों में पारंगत हुए, उन्होंने अपनी स्मृति के आधार पर व्यवस्थित रूप से वेदों का जनमानस के लिए, वे ज्ञान जो कि जानना व अभ्यास में लाना आवश्यक है, वर्णन किया। यह ही स्मृति ग्रन्थों के रूप में प्रसिद्ध है।

यह हमारे शास्त्रों का संक्षिप्त वर्णन हुआ।

इन शास्त्रों का विषय हमारा चारों पुरुषार्थों की प्राप्ति हेतु मार्गदर्शन है। इसी के अन्तर्गत शास्त्र एक विशिष्ट सामाजिक एवं व्यक्तिगत प्रणाली का सुझाव देते हैं। जिसका अनुसरण करता हुआ प्रत्येक व्यक्ति, अपनी योग्यता के हिसाब से, सर्वश्रेष्ठ रूप से पुरुषार्थों का अर्जन करते हुए, सद्गति को प्राप्त हो सकता है।

यह विशिष्ट प्रणाली 'वर्ण व्यवस्था' एवं 'आश्रम व्यवस्था' के रूप में जानी जाती है। आगे इसकी चर्चा करेंगे।

वर्णाश्रम धर्म

पुरुषार्थों की प्रांप्ति के लिए, जिससे लक्ष्य की प्राप्ति भी हो एवं धर्म की क्षति भी न हो, शास्त्र हमें बुनियादी ढाँचा प्रदान करते हैं। किसी भी लक्ष्य की प्राप्ति के लिए बुनियादी ढाँचे की आवश्यकता सदैव उपयोगी रही है। इसकी उपयोगिता को नकारा नहीं जा सकता। इसको समझाते हुए शास्त्र हमें वर्ण आश्रम व्यवस्था के रूप में उस बुनियादी ढाँचे के लिए आवश्यक दिशा-निर्देश देते हैं। शास्त्र हमें बताते हैं कि यह एक आदर्श व्यवस्था है, जिससे एक समाज एवं व्यक्ति विशेष अपनी योग्यताओं के हिसाब से पुरुषार्थों की प्राप्ति के लिए सर्वोत्तम ढाँचा प्राप्त कर सकता है।

पाश्चात्य समाज जिस प्रणाली पर आधारित है, वह सिर्फ़ भौतिक उन्नति को ध्यान में रखती है। हमारे शास्त्र भौतिक के साथ-साथ आत्मिक उन्नति को सुनिश्चित करते हैं। अर्थ प्राप्ति भी धर्म को ध्यान में रखते हुए करने के दिशा-निर्देश हैं।

वर्ण व्यवस्था—वर्ण व्यवस्था एक सामाजिक व्यवस्था है, जो कि समाज को एक इकाई के रूप में सहभागिता के साथ विकास के लिए बुनियादी ढाँचा प्रदान करती है। जहाँ आश्रम व्यवस्था मनुष्य को व्यक्तिगत रूप से विकास के लिए उचित दिशा-निर्देश प्रदान करती है। वहीं वर्ण व्यवस्था पूरे समाज के हितों को ध्यान में रखते हुए बनायी गयी है।

वर्ण व्यवस्था के अन्तर्गत पूरे समाज को चार श्रेणियों में वर्गीकृत किया गया है। प्रत्येक श्रेणी को वर्ण कहा जाता है। इस वर्गीकरण को वर्ण व्यवस्था

के नाम से जाना जाता है। पूरे समाज की एक पुरुष के रूप में कल्पना की जाती है। इस पुरुष को गति करने के लिए पैरों की भी आवश्यकता है। इसे बोलने के लिए मुँह, जिससे ज्ञान दिया जा सके एवं स्वयं की रक्षा के लिए शक्तिशाली बाहुओं की भी आवश्यकता है। इसे उदर की भी आवश्यकता है, जिससे सारे शरीर को व्यवस्थित रूप से कार्य करने के लिए उचित भरण-पोषण मिलता रहे।

इस प्रकार की परिकल्पना के पश्चात् इन कार्यों को यथायोग्य लोगों में बाँट दिया जाता है। अगर आप अपने शरीर को देखें तो, कौन-सा अंग आपको लगता है कि महत्त्वपूर्ण नहीं है? सभी अंग एक स्वस्थ शरीर के लिए आवश्यक हैं। अतः जिन चार श्रेणियों में शास्त्र समाज रूपी पुरुष का विभक्तिकरण करते हैं, वे चारों एक स्वस्थ समाज के लिए आवश्यक हैं। किसी एक की उपयोगिता को नकारा नहीं जा सकता।

चार वर्ण हैं—

- ब्राह्मण
- क्षत्रिय
- वैश्य
- शूद्र

इस वर्गीकरण का आधार क्या है?

इस वर्गीकरण का मुख्य आधार गुण, कर्म एवं जाति है।

गुण विभाग—जब किसी व्यक्ति विशेष के गुणों को ध्यान में रखकर उसका वर्ण निर्धारित किया जाता है, तो उसको वर्ण का गुण के आधार पर वर्गीकरण कहते हैं। अगर कोई गुणों के आधार पर किसी वर्ण विशेष का अधिकारी है तो, वह जिस वर्ण विशेष के गुणों का है, उसके आधार पर गुण ब्राह्मण, गुण क्षत्रिय, गुण वैश्य या गुण शूद्र कहलाता है।

किस वर्ण के क्या-क्या गुण हैं?

चार प्रकार के गुणों को ध्यान में रखते हुए वर्गीकरण किया गया है—

- आध्यात्मिक व्यक्तित्व।
- ऊर्जा, शक्ति एवं साहस युक्त व्यक्तित्व।
- भौतिकता की तरफ़ अधिक झुकाव वाला व्यक्तित्व।
- ऊर्जाहीन, आलस से युक्त व्यक्तित्व।

आध्यात्मिक व्यक्तित्व—ऐसा व्यक्तित्व जिसका झुकाव अध्यात्म की तरफ़ ज़्यादा हो। ज्ञान अर्जन, शास्त्रों के अध्ययन की तरफ़, परोपकार की तरफ़, ध्यान, देव पूजन की तरफ़ जिसका ज़्यादा झुकाव हो। ऐसे व्यक्तित्व को गुण ब्राह्मण कहा जायेगा। यह सत्व प्रधान व्यक्तित्व हैं।

ऊर्जा, शक्ति एवं साहस युक्त व्यक्तित्व—जो ऊर्जा से भरपूर हों, साहसी, पूरे समाज के हित की चिन्ता करने वाले, प्रत्येक क्षेत्र में अपने योगदान के प्रति सदैव तैयार रहने वाले, समाज के हित को सर्वोपरि रखने वाले, इस तरह के व्यक्तित्व को गुण क्षत्रिय कहा जायेगा। यह रजस प्रधान व्यक्तित्व हैं।

भौतिकता की तरफ़ अधिक झुकाव वाला व्यक्तित्व—यह भी क्षत्रिय गुण वाले व्यक्तित्व की भाँति ही है, किन्तु भौतिकता की तरफ़ इनका झुकाव अधिक रहता है। अपने स्वयं के, अपने परिवार के हितों को ये ऊपर रखते हैं। इस तरह के गुण वाले व्यक्तित्व को गुण वैश्य की संज्ञा दी जायेगी। यह अशुद्ध रजस प्रधान व्यक्तित्व है।

उत्साहहीन, आलस से युक्त व्यक्तित्व—ऐसे व्यक्तित्व की किसी पुरुषार्थ के प्रति कोई विशेष रुचि नहीं रहती। इनमें किसी कार्य के प्रति कोई विशेष उत्साह नहीं रहता। इनके जीवन का उद्देश्य खाना-पीना एवं ज़िन्दगी चलती रहे बस इतना ही है। यह तमस प्रधान व्यक्तित्व है। इन्हें गुण शूद्र कहते हैं। कर्म विभाग किस तरह से है?

कर्मों के हिसाब से वर्गीकरण का आधार निम्न प्रकार के कर्म हैं—

- शास्त्रों का अध्ययन एवं अध्यापन।
- समाज सेवा एवं प्रशासनिक प्रबन्ध।
- व्यापार।
- सेवा।

शास्त्रों का अध्ययन एवं अध्यापन—जिसे शास्त्रों ने सबसे ज़्यादा महत्त्व दिया है, और अब जिसकी सबसे ज़्यादा उपेक्षा की जाती है, वह है शास्त्रों का अध्ययन एवं अध्यापन। जो शास्त्रों के अध्ययन अध्यापन पर अपने जीवन को लगा देते हैं, उन्हें कर्म ब्राह्मण कहा जाता है।

समाज सेवा एवं प्रशासनिक प्रबन्ध—दूसरे स्थान पर जिस कार्य को महत्त्व दिया गया है, वह है समाज के हित के लिए सदैव तत्पर, एवं समाज के हितों को अपने से ऊपर स्थान देने वाले, देश की रक्षा एवं प्रशासनिक कार्य करने वाले। इन्हें कर्म क्षत्रिय कहा जाता है।

व्यापार—इसे तीसरा स्थान दिया गया है। व्यावसायिक गतिविधियों से समाज के पालन-पोषण में उपयोगी भूमिका निभाने वाले। इनको कर्म वैश्य कहा जाता है।

सेवा—जिनकी सामर्थ्य में उपरोक्त कोई भी कार्य नहीं है। उनको अन्य तीनों की सेवा करके जीवनयापन का निर्देश दिया गया है। इनको कर्म शूद्र की संज्ञा दी जायेगी।

जाति के आधार पर वर्गीकरण कैसे है?

ब्राह्मण की सवर्ण सम्बन्धों से उत्पन्न सन्तान जाति से ब्राह्मण ही होगी। ऐसा ही अन्य वर्णों के लिए भी जानें। यह जाति के आधार पर वर्गीकरण हुआ।

इनमें से कौन महत्त्वपूर्ण है?

तीनों विभाजनों की ही अपनी-अपनी विशेषताएँ हैं। अतः जो तीनों से युक्त हो वह सर्वश्रेष्ठ माना जायेगा। कई आचार्य गुण को ही प्रधान मानते हैं।

एक व्यक्ति जाति से ब्राह्मण, गुणों से क्षत्रिय एवं कर्मों से वैश्य हो सकता है, लेकिन उसकी मुख्य संज्ञा उसकी जाति के आधार पर ही देने की परम्परा है और यही शास्त्र सम्मत भी है। विशेष तप एवं वीर्य के प्रभाव से नीचे के वर्ण वाले उच्च वर्ण को भी प्राप्त करते हैं, जैसे विश्वामित्र, एवं उच्च वर्ण वाले पतित होकर नीचे के वर्णों को भी प्राप्त होते हैं, ऐसा भी विधान है। लेकिन सामान्यतः एक ही वर्ण के स्त्री-पुरुष से उत्पन्न सन्तान उसी वर्ण की होगी ऐसा नियम है। उच्च वर्ण की अपने से एक नीचे वाले वर्ण से

भी सन्तान पिता के तुल्य ही होगी, जैसे—परशुराम जी जो कि जमदग्नि जो ब्राह्मण थे, एवं रेणुका जो कि क्षत्रिय थी, की सन्तान थे। भगवान् परशुराम ब्राह्मण ही माने जाते हैं।

अनुलोम विवाह, उच्च वर्ण की स्त्री एवं उससे नीचे के वर्ण के पुरुष का मेल, निन्दित माना जाता है एवं ऐसे विवाह से उत्पन्न सन्तानें वर्ण संकर कहलाती हैं। इनका वैदिक कर्मों में अधिकार नहीं होता है।

आश्रम व्यवस्था

वर्ण व्यवस्था समाज का वर्गीकरण जन्म, कर्म एवं गुणों के आधार पर है। आश्रम व्यवस्था, एक व्यक्ति विशेष की आत्मोन्नति हेतु स्वयं की आवश्यकता एवं उसके समाज के प्रति कर्तव्यों को ध्यान में रखकर बनायी गयी है। एक व्यक्ति के जीवन को चार भागों में विभाजित किया गया है।

- ब्रह्मचर्य आश्रम
- गृहस्थाश्रम
- वानप्रस्थ आश्रम
- संन्यास आश्रम

ब्रह्मचर्य आश्रम—इस अवस्था में शास्त्रों का अध्ययन ही मुख्य उद्देश्य रहता है। वेद विहित ज्ञान जो कि आत्मोन्नति के लिए, श्रेष्ठ संस्कारों एवं आर्थिक समृद्धि के लिए भी उपयोगी है। वह ज्ञान अर्जित करना, इस आश्रम का मुख्य ध्येय है।

आज की शिक्षा प्रणाली की बात करें तो, शिक्षा का मुख्य उद्देश्य आपको बाज़ार की प्रतिस्पर्धा के लिए तैयार करना है। जहाँ आप औरों को पछाड़ कर ज़्यादा-से-ज़्यादा धन कमाने में सफल हों। आपकी बाज़ार में ऊँची-से-ऊँची कीमत लग सके।

हमारे शास्त्रों का शिक्षा का दृष्टिकोण इससे भिन्न है। अर्थ एवं भोग की आवश्यकता को हमारे शास्त्र नकारते नहीं हैं। किन्तु इसके लिए संस्कारों की, धर्म की तिलांजलि स्वीकार्य नहीं है। अर्थ एवं कामोपभोग भी धर्म की

मर्यादाओं में रहकर ही करना आवश्यक है।

शास्त्र आपको बाज़ार में प्रतिस्पर्धा के लिए नहीं अपितु, उच्च संस्कारों के साथ, परिवार एवं समाज के प्रति अपने कर्तव्यों के बोध के साथ, एक-दूसरे की प्रगति में परस्पर सहयोग के लिए तैयार करते हैं।

हमारे शास्त्र यह सुनिश्चित करते हैं कि एक व्यक्ति विशेष एक पुरुषार्थ निश्चित कर सके कि जीवन में उसका वास्तविक लक्ष्य क्या है। धर्म, जीवन के उच्चतम मूल्यों, कर्मकाण्डों आदि से यथार्थ परिचय मनुष्य इसी आश्रम में करता है।

प्राचीनकाल में गुरु के सान्निध्य में गुरुकुल में ही रहते हुए शिष्य शास्त्रों का अध्ययन करता था। आठ से लेकर चौबीस साल तक इस आश्रम में सामान्यतः मनुष्य रहता था, तत्पश्चात् वह गृहस्थ आश्रम में प्रवेश करता था।

गायत्र, ब्राह्म, प्राजापत्य तथा बृहन् भेद से ब्रह्मचारी चार प्रकार के माने गये हैं। उपनयन के पश्चात् तीन रात तक बिना नमक का भोजन करके गायत्री जपने वाले की गायत्र संज्ञा होती है। जो वेदों का अध्ययन समाप्त न होने तक ब्रह्मचर्य व्रत का पालन करता है, उसकी ब्राह्म संज्ञा होती है। जो एक वर्ष तक ब्रह्मचर्य व्रत पालन करता है उसकी संज्ञा प्राजापत्य होती है। मृत्युपर्यन्त ब्रह्मचर्य व्रत का पालन करने वाला नैष्ठिक ब्रह्मचारी बृहन् नाम से जाना जाता है। ऐसी ब्रह्मचर्य आश्रम के सन्दर्भ में व्यवस्था जानें।

गृहस्थ आश्रम—दूसरा एवं अत्यन्त महत्त्वपूर्ण आश्रम है, गृहस्थ आश्रम। ब्रह्मचर्य आश्रम में शास्त्रों के विधिवत् अध्ययन के पश्चात् सुसंस्कारित हुआ व्यक्ति, धार्मिक रीति-रिवाज़ों से धर्म के अनुसरण एवं धर्म पुरुषार्थ की प्राप्ति हेतु गृहस्थ आश्रम में प्रवेश करता है।

गृहस्थ जीवन सनातन धर्म में धार्मिक जीवन के निर्वाह के लिए ही प्रमुख रूप से अर्थ एवं काम गौण हैं। इस आश्रम में रहते हुए व्यक्ति, शास्त्र विहित पाँच महायज्ञों को करता हुआ, अपने चित्त का शोधन करता है, जिससे वह मोक्ष पुरुषार्थ के लिए, ब्रह्मज्ञान के लिए अधिकारी बन सके। ये पाँच महायज्ञ व्यक्ति गृहस्थ में रहते हुए ही करता है। वही इनका अधिकारी है।

पाँच महायज्ञ कौन से हैं?

1. देवयज्ञ
2. पितृयज्ञ
3. ब्रह्मयज्ञ
4. मनुष्ययज्ञ
5. भूतयज्ञ

देवयज्ञ—ईश्वर का पूजन, आराधना करना देवयज्ञ के अन्तर्गत आता है। ईश्वर को ही विभिन्न शक्तियों के रूप में जानकर, उन रूपों में उसकी आराधना भी देवयज्ञ ही है। हम ईश्वर के प्रति इस माध्यम से आभार प्रकट करते हैं।

संध्या वन्दन एक ऐसा ही कर्म है, जो कि देवयज्ञ के अन्तर्गत आता है।

पितृयज्ञ—अपने पूर्वजों के प्रति सम्मान प्रकट करना, जिनके कारण आपको यह जीवन मिल पाया है, उसे पितृयज्ञ कहा जाता है। अपने पूर्वजों को तर्पण देना, श्राद्धादि कर्म पितृयज्ञ के अन्तर्गत आते हैं।

ब्रह्मयज्ञ—सारे ऋषि-मुनियों के प्रति सम्मान प्रकट करना, जिनके कारण ही वेदों का ज्ञान आप तक पहुँच पाता है, ब्रह्मयज्ञ कहलाता है। वेदों का, शास्त्रों का अध्ययन करना, उनका प्रचार-प्रसार। ऋषि जिनके कारण वे हम तक पहुँच पाये, उनको पूर्ण सम्मान देना व उनका अर्चन इस यज्ञ के अन्तर्गत आता है।

मनुष्ययज्ञ—सभी प्रकार की समाज सेवा, इस यज्ञ के अन्तर्गत आती है। अतिथि पूजन भी इसी यजन का हिस्सा है। हमारे शास्त्रों में अतिथि को महत्त्वपूर्ण स्थान दिया गया है। उसको देवता की उपाधि दी गयी है, अतः घर आये अतिथि का आदर-सत्कार अत्यन्त महत्त्वपूर्ण माना गया है।

भूतयज्ञ—प्रत्येक वस्तु के इस विश्व के प्रति दिये गये योगदान को सम्मान देना व उनका इसके लिए आभार प्रकट करना, इस श्रेणी में रखा जाता है। गौ पूजन एवं तुलसी पूजन, वृक्ष एवं नदियों को दिया जाने वाला सम्मान भूतयज्ञ के हिस्से हैं। सारे पशु जगत् का प्रतिनिधि गाय को एवं सारे वनस्पति जगत् का प्रतिनिधि तुलसी को मानकर इनकी विशिष्ट पूजा का विधान है।

गृहस्थ छः प्रकार के माने गये हैं—वार्ताक, शालीन, यायावर, घोर संन्यासिक, उञ्छवृत्ति एवं अयाचक। गोपालन, कृषि, व्यापार आदि से जो अपना जीवन निर्वाह करता हुआ अपने स्वधर्म का पालन करता है, उसकी वार्ताक संज्ञा होती है। ब्राह्मण वृत्ति से जीवनयापन जो करता है वह यायावर कहलाता है। जो मात्र एक दिन जिससे कट सके इतना मात्र अन्न का संग्रह करके रखता है वह घोर संन्यासिक कहलाता है। जो खेत पर से अन्न को काट कर ले जाने के पश्चात् वहाँ पड़े हुए अनाज के दानों को उठाकर उन्हीं से जीवन निर्वाह करता है वह उञ्छ कहलाता है। जो कि याचना नहीं करता एवं दैव इच्छा से जो जब प्राप्त हो जाये उसी से जीवन निर्वाह करता है, उसकी अयाचक संज्ञा होती है।

वानप्रस्थ आश्रम—जब बच्चे अपने पैरों पर खड़े हो जायें एवं व्यक्ति गृहस्थ आश्रम के दायित्वों को निभाता हुआ चित्त शुद्धि को प्राप्त कर ले। उसे लगे कि अब ब्रह्मज्ञान प्राप्ति का उचित समय है तो वह संन्यास आश्रम में प्रवेश की तैयारी के तौर पर वानप्रस्थ आश्रम में प्रवेश करता है। गृहस्थ जहाँ कर्म प्रधान आश्रम है, वहीं वानप्रस्थ उपासना प्रधान आश्रम है।

वैखानस, औदुम्बर, वालखिल्य एवं फेनप नाम से वानप्रस्थ के चार भेद होते हैं। यह आश्रम अब सामान्यतः लुप्त हो चुका है।

संन्यास आश्रम—अन्तिम आश्रम जिसका कि एकमात्र उद्देश्य ब्रह्मज्ञान की प्राप्ति है। इस आश्रम में आपको अपने देवताओं, समाज आदि के प्रति आपके दायित्वों से मुक्ति मिल जाती है। जिससे आप अपनी पूरी ऊर्जा ब्रह्म अनुसंधान में लगा सकें। यह अन्तिम आश्रम है जहाँ मोक्ष ही पुरुषार्थ होता है।

संन्यास भी अज्ञान से, असमर्थता एवं कर्मलोप के कारण से तीन भागों में विभक्त होता हुआ चार भेदों वाला होता है— वैराग्य संन्यास, ज्ञान संन्यास, ज्ञान वैराग्य संन्यास एवं कर्म संन्यास।

साधन चतुष्ट्य सम्पत्ति, (इसका वर्णन आगे आयेगा) प्राप्त हो जाने पर जो संन्यास लिया जाता है वह ज्ञान संन्यास है। साधन चतुष्ट्य सम्पन्न होकर एवं शास्त्रों का अभ्यास करके वैराग्य के साथ जब संन्यास लिया जाता है

तो वह ज्ञानवैराग्य संन्यास कहलाता है। आश्रमों के उचित क्रम से लिया गया संन्यास, वैराग्य उत्पन्न न भी हुआ हो, कर्म संन्यास कहलाता है। ब्रह्मचर्य से ही जो वैराग्य उत्पन्न हो जाने पर संन्यास ले लेता है, वह वैराग्य संन्यास है। इसके अतिरिक्त विद्वत् एवं विविदिषा नाम के भेद भी हैं। ज्ञान संन्यास ही विद्वत एवं कर्म संन्यास ही विविदिषा संन्यास है।

पुरुषतन्त्र एवं वस्तुतन्त्र

पुरुषतन्त्र में आपकी अपनी पसन्द मायने रखती है। लक्ष्य को चुनना एवं उसके लिए उपयुक्त साधनों का चुनाव जब करना हो तो आपके पास बहुत सारे विकल्प होते हैं, जैसे अगर आपको खाना बनाना है तो आपके पास साधन रूप में गैस मौजूद है और आप उसको स्टोव पर भी बना सकते हैं, यह आपकी पसन्द पर निर्भर है। इसी कारण कि आपके पास विकल्प हैं, आप लक्ष्य को निर्धारित करते हो, उसके लिए सही साधन चुनते हो और कर्मों के द्वारा उस लक्ष्य को साधते हो। यहाँ आपके पास विकल्प हैं, आपके चुनाव हैं, कर्म हैं अतः पाप-पुण्य है, यह पुरुषतन्त्र है।

ज्ञान वस्तुतन्त्र है। अगर प्रमेय, प्रमाता व प्रमाण उपलब्ध हैं तो ज्ञान उत्पन्न अवश्य होगा। जब किसी वस्तु को जानना है तो आपको उस वस्तु को उसी रूप में जानना होगा जिस रूप में वह है, यह वस्तु पर निर्भर है, जैसे एक नीला पुष्प, जो कि प्रमेय है, आपके सामने है एवं आपकी आँखें, जो कि दृश्य के लिए प्रमाण हैं, खुली हैं तो नीला पुष्प है, यह ज्ञान स्वतः ही उत्पन्न होगा। वस्तु का ज्ञान उतना ही यथार्थ है जितना कि वस्तु। जब प्रमाण है, प्रमेय है और वे त्रुटिपूर्ण नहीं हैं तो प्रमा उत्पन्न होती है। आप चाहें या न चाहें, क्योंकि यह आपकी पसन्द-नापसन्द पर निर्भर नहीं करता। आपके पास विकल्प नहीं है कि आप चाहें तो जानें, न चाहें तो न जानें। आप आँख खोलते हो एवं आपको पेड़ दिखायी देता है, अतः वस्तुतन्त्र कर्म नहीं है। इसमें पाप-पुण्य का लेप नहीं है।

इसी प्रकार कर्मयोग एवं ज्ञानयोग ये दो विभाग हैं। ज्ञानयोग को छोड़कर,

जो कि वस्तुतन्त्र है शेष सब योगों को, जैसे भक्ति योग, राज योग, ध्यान योग आदि को पुरुषतन्त्र के अन्तर्गत रख सकते हैं। ज्ञानयोग वस्तुतन्त्र है।

कर्मयोग—कुछ आचार्यों के अनुसार शास्त्र विहित कर्मों को ईश्वरार्पण बुद्धि से करना एवं जो भी फल प्राप्त हो उसे ईश्वर का प्रसाद समझकर ग्रहण करना कर्मयोग है। कुछ आचार्य बिना फल प्राप्ति की इच्छा के कर्म करने के रूप में भी इसकी व्याख्या करते हैं। व्यवहार में बिना इच्छा के कर्म की दिशा में गति नहीं देखी जाती है, अत: कई आचार्य इसे स्वीकार नहीं करते।

धर्म की मर्यादा में रहते हुए अपने कर्तव्यों को करना, चाहे वे आपको पसन्द हों या न हों, एवं इनका जो भी फल हो उसे ईश्वर द्वारा प्रदान किया गया प्रसाद समझकर ग्रहण करना कर्मयोग है।

भक्ति आदि योग कोई स्वतन्त्र योग नहीं हैं अपितु कर्मयोग ही हैं।

ज्ञानयोग—आत्मज्ञान की प्राप्ति श्रवण, मनन निदिध्यासन से करना व ज्ञान के प्रति ही प्रतिबद्धता ज्ञानयोग है।

शास्त्र विहित कर्म क्या हैं?

शास्त्रों द्वारा जिन कर्मों का निषेद्ध न हो एवं जो कर्म शास्त्रों द्वारा करने को कहे गये हों, वे शास्त्र विहित कर्म कहलाते हैं। जो कर्म नित्य करने का आदेश हो वे नित्य कर्म कहलाते हैं, जैसे—अग्निहोत्र। जो कर्म किसी समय विशेष पर करने को कहा गया हो वे नैमेत्तिक कर्म कहलाता है, जैसे—सोलह संस्कार। जिन कर्मों का शास्त्रों से निषेद्ध प्राप्त होता है वे निषिद्ध कर्म कहलाते हैं, जैसे शास्त्र कहते हैं कि सुरां न पिबेत, अर्थात् सुरा पान न करें। इसके अलावा काम्य कर्म होते हैं जो कि किसी कामना विशेष के लिए किये जाते हैं, जैसे—पुत्रकामेष्टि यज्ञ, जो कि पुत्र की प्राप्ति की इच्छा से होता है।

निषिद्ध कर्मों से दूर रहना, काम्य कर्मों को कम-से-कम करना, नित्य एवं नैमेत्तिक कर्मों को ईश्वर अर्पण बुद्धि से करना, यही हमारा प्रारम्भिक लक्ष्य होना चाहिए। ईश्वर अर्पण बुद्धि से तात्पर्य यह है कि कर्म को ईश्वर को समर्पित कर देना एवं जो भी फल मिले उसे ईश्वर का प्रसाद समझ कर

ग्रहण करना। उसमें कोई दोष न निकालना अपितु गौरवपूर्ण ढंग से, सहर्षता से उसे स्वीकार करना। इससे चित्त शुद्धि होती है एवं ज्ञान प्राप्ति हेतु आवश्यक निर्मल चित्त की प्राप्ति होती है।

श्रवण, मनन एवं निदिध्यासन क्या हैं?

श्रवण—आत्मज्ञान की प्राप्ति का उपाय श्रवण है। श्रवण से ही आत्मज्ञान की प्राप्ति मानी गयी है। गुरु के मुख से वेदान्त का सुनना श्रवण कहलाता है, श्रवण ही ज्ञान प्राप्ति का उपाय है। इसके अतिरिक्त स्वाध्याय भी श्रवण के ही अन्तर्गत आता है। प्रमाणगत शंका दूर करना कि वेदान्त का यही अर्थ क्यों है, इसका ऐसा ही तात्पर्य क्यों है वैसा क्यों नहीं। ये सब शंकाएँ श्रवण का ही हिस्सा हैं एवं श्रवण से ही दूर होती हैं।

मनन—श्रवण से ज्ञान प्राप्ति के पश्चात् एवं वेदान्त का तात्पर्य सुनिश्चित हो जाने के बाद, उस ज्ञान को युक्ति पर कसना, जीव एवं ईश्वर की एकता को युक्ति से दृढ़ करना मनन कहलाता है। यह निश्चित हो जाने के बाद कि ईश्वर एवं जीव में कोई भेद नहीं है, उसके पश्चात् आपको जो इसकी सिद्धि में व्यवधान प्रतीत होते हैं, उनका दृढ़तापूर्वक युक्ति से निराकरण करना मनन है।

निदिध्यासन—मनन की परिपक्व स्थिति निदिध्यासन है। यदि स्वभाव से ही निदिध्यासन न हो तो समझें कि मनन परिपक्व नहीं हुआ। जन्म-जन्मान्तरों के संस्कारों की तरफ़ मन अनायास ही खिंचा चला जाता है, इन्हें विपरीत भावना कहा जाता है। इस मानसिक चिन्तन को कि मैं ही ब्रह्म हूँ, ही निदिध्यासन कहते हैं, इससे धीरे-धीरे आत्मा में अनात्म बुद्धि रूप विपरीत भावनाएँ समाप्त हो जाती हैं।

मोक्ष अनन्त की खोज

मोक्ष क्या है? एवं वेदान्त कैसे मोक्ष में सहायक है?

"यथा साध्यं तद्नुरूपम् साधनम्," अर्थात् "जैसा साध्य होता है, उसी के अनुरूप साधन होते हैं।"

मोक्ष—मोक्ष का तात्पर्य है बन्धनों से मुक्ति, बन्धन जो कि अपर्याप्तता की भावना के रूप में है, इसका मूल है 'अहंकार'— मैं की भावना। आप अपने इस 'मैं' को 'मेरे' से निर्मित करते हैं और इसी 'मेरे' से 'मैं' का मूल्यांकन करते हैं। इस संसार में 'मेरा' जो कुछ भी है, उसकी एक सीमा होगी। उसकी सीमा ही आपके 'मैं' को भी सीमित कर देती है। आप अगर सोचते हैं कि मैं धनी हूँ तो, आप अपने आपको अपने धन से परिभाषित कर रहे हैं। आपके धन की एक सीमा है, उसकी वह सीमा ही आपको भी सीमित कर देती है। आपके पास एक लाख रुपये हैं तो, वे एक लाख रुपये आपकी सीमा हो गयी। अगर आप अपने आपको धन से परिभाषित न करें, अगर आप ये सम्बन्ध तोड़ दें तो, धन की सीमा आपकी सीमा नहीं होगी। फिर प्रभाव नहीं पड़ता यदि एक लाख रुपये हैं या दस रुपये।

हर किसी की नैसर्गिक रूप से इच्छा होती है, सीमितता की भावना से मुक्ति की। मैं छोटा हूँ, महत्त्वहीन हूँ इस तरह की भावना से हर कोई मुक्ति चाहता है। अगर आपका निष्कर्ष है कि मैं छोटा हूँ, महत्त्वहीन हूँ, मेरी बहुत छोटी सीमाएँ हैं एवं अगर यह तथ्य वास्तविक हैं तो, फिर यह ज्ञान है, फिर कुछ नहीं किया जा सकता।

अगर आपका निष्कर्ष वास्तविक न हो तो, इसका अर्थ है कि सत्य इसके विपरीत है। मैं अनन्त हूँ, संसार में मैं ही हूँ जिसका कि महत्त्व है, अन्य कुछ नहीं। अगर यह सत्य है तो फिर अपने आपको सीमित, महत्त्वहीन, तुच्छ समझने की भावना से छुटकारा पाने की इच्छा होना स्वाभाविक है और फिर इसका महत्त्व भी है। तभी मोक्ष की सम्भावना भी है।

आपका अपने बारे में जो निष्कर्ष है, क्योंकि वह अज्ञान के कारण है, वास्तविक नहीं है, इसलिए उससे मुक्ति की इच्छा स्वाभाविक है। आप इसको निरस्त नहीं कर सकते। यदि आप इसको निरस्त नहीं कर सकते तो, दूसरी सम्भावना है कि इस इच्छा को पूर्ण करें।

अगर हम संसार में देखें तो, जो भी स्वाभाविक प्रवृत्ति होती हैं, उनको पूरा करने के उपाय भी सृष्टि में उपलब्ध होते हैं, जैसे भूख के लिए भोजन सामग्री, प्यास के लिए पानी। इसी तरह जो हमारी मुक्ति की स्वाभाविक इच्छा है, उसके लिए भी साधन अवश्य ही होंगे। हम अज्ञान के कारण धन, मान, सम्मान आदि को वे साधन समझकर उनका पीछा करते हैं और उनको ज़्यादा से ज़्यादा इकट्ठा करते जाते हैं। लेकिन इससे हल निकलता नज़र नहीं आता, क्योंकि जिन वस्तुओं को आप अपने साध्य के लिए साधन रूप में देख रहे हैं, उनकी स्वयं की अपनी सीमाएँ हैं। उनकी सीमा ही आपकी सीमा बन जाती है और समस्या का हल नहीं निकल पाता, क्योंकि आपकी खोज है अनन्त की। यह अनन्त की प्राप्ति का संघर्ष आपका धर्म, अर्थ एवं काम के लिए आपका संघर्ष बन जाता है। जब आप धर्म, अर्थ व काम के लिए संघर्ष कर रहे होते हैं तो, वास्तव में आप मोक्ष के लिए ही संघर्ष कर रहे होते हैं, किन्तु अज्ञान के कारण आप वास्तविकता को नहीं समझ पाते।

आप जब तक इस स्थिति में अपनी बेबसी को ढंग से समझ नहीं पाते, तब तक आप धर्म, अर्थ, काम के अर्जन में लगे रहते हैं और आशा करते हैं कि आपकी जो बन्धनों से मुक्ति की, अपर्याप्तता से मुक्ति की, स्वाभाविक प्रवृत्ति है, उसका समाधान इससे निकल ही जायेगा। लेकिन जितना भी धर्म, अर्थ, काम अर्जित करोगे, उसकी एक सीमा अवश्य ही होगी। किसी भी कार्य का परिणाम, किये गये कार्य के परिमाण के अनुसार ही होगा। अतः अगर

आप कर्मों के द्वारा अनन्त फल की चाह रखते हैं तो, आपको कर्म भी ऐसे करने पड़ेंगे, जिनकी सीमाएँ न हों, जो अनन्त हों, जो समय, स्थान व गुणों के बन्धन से मुक्त हों। किन्तु वास्तव में प्रत्येक कर्म समय, स्थान व गुणों के बन्धन में होता है। उसकी अपनी सीमाएँ होती हैं। अगर ऐसा है तो आप कैसे अनन्त फल की चाह सीमाओं से बँधे कर्मों से कर सकते हैं?

जब आपकी समझ में पूरी तरह आ जाये कि धर्म, अर्थ एवं काम को प्राप्त करते रहने से भी इस समस्या का कोई हल नहीं निकलता, तो फिर आपकी मोक्ष पुरुषार्थ की यात्रा शुरू होती है।

जब आप समझ जाते हैं कि मोक्ष ही वास्तव में आपकी खोज है व अन्य पुरुषार्थों के लिए संघर्ष वास्तव में अज्ञान के कारण ही है, तो आप मुमुक्षु बन जाते हैं। जब मोक्ष ही आपके लिए एकमात्र साध्य रह जाता है। जब मुमुक्षु जान जाता है कि मोक्ष का एकमात्र साधन ज्ञान ही है तो, मुमुक्षु ही जिज्ञासु बन जाता है।

मोक्ष पुरुषार्थ में बाकी तीन पुरुषार्थ भी समाहित हैं। इसको ''शते पंचाशत न्याय'' के रूप में जाना जाता है, अर्थात् ''सौ में पचास होता ही है।'' अगर आप पचास रुपये पाने का प्रयत्न कर रहे थे और आपको सौ रुपये प्राप्त हो जाते हैं तो यह कहना व्यर्थ है कि पचास तो मिले ही नहीं क्योंकि सौ में पचास तो शामिल है ही। यह उससे और भी ज़्यादा है। अतः इसे प्राप्त करने के पश्चात् धर्म, अर्थ, काम कुछ भी और पाना शेष नहीं रह जाता।

मोक्ष जिसका आधार ऐसे निष्कर्ष से मुक्ति है, जिसका आधार अज्ञान है और जो सत्य नहीं है। अगर यह सही है तो, बन्धन भी वास्तविक नहीं होंगे, अज्ञानजनित होंगे। यदि ऐसा है तो, बन्धन वास्तव में हैं ही नहीं। यदि बन्धन हैं ही नहीं तो, उनसे मुक्ति भी कैसे सम्भव है? जो है ही नहीं उससे कैसी मुक्ति? मुक्ति की आवश्यकता इस धारणा से है, जो कि अज्ञान पर आधारित है। आपको रज्जु के स्थान पर सर्प का भ्रम उत्पन्न होता है। यहाँ पर सर्प वास्तविक नहीं है एवं अज्ञान जनित है। आपको भय लग रहा है वह भय अज्ञान जनित है। आपको भय उस सर्प से लग रहा है, जो वास्तव में है ही नहीं। किन्तु क्योंकि अज्ञान के कारण उसकी प्रतीति हो रही है, अतः भय के निवारण के लिए अज्ञान, जो

कि उस सर्प का कारण है, का निवारण आवश्यक है। उस अज्ञान की निवृत्ति के साथ ही, उस अज्ञान पर आधारित निष्कर्ष भी तिरोहित हो जाते हैं। अज्ञान की निवृत्ति ज्ञान से ही सम्भव है। अतः ज्ञान ही मोक्ष का माध्यम है। अगर यह धारणा वास्तविक नहीं है कि मैं सीमित हूँ तो, वास्तविकता है कि मैं अनन्त हूँ। यह ही ज्ञान है। अगर आप अनन्त नहीं हैं और सीमित हैं तो, इसमें आप कितना भी सीमित सीमित में जोड़ते जायें परिणाम सीमित ही रहेगा।

मैं सत् हूँ, मैं आनन्द स्वरूप हूँ, अनन्त हूँ, यह ही सत्य है "अहं सद्चिदानन्दास्मि।" आप अज्ञान के कारण अपने बारे में गलत धारणाएँ बना लेते हैं। यह ही आपके संघर्ष का मूल कारण है। कई बार ऐसा होता है, हमारे पास कुछ है और हम उसको उस रूप में नहीं पहचान पाते और उसी की खोज में लग जाते हैं। यह ऐसा ही है, जैसे आपके हाथ में ब्रह्म कमल है और आपने ब्रह्म कमल कभी देखा नहीं है। आप ब्रह्म कमल की खोज में हो। ऐसे में आपको सिर्फ़ जानने की आवश्यकता है कि आपके पास जो है वही ब्रह्म कमल है। इसको "प्राप्तस्य प्राप्ति" भी कहते हैं, अर्थात् "उसको प्राप्त करना जो प्राप्त है।" लेकिन अज्ञान के कारण हम उसके वास्तविक रूप से परिचित नहीं होते और उसी की खोज में संघर्षरत रहते हैं। ऐसा तब भी होता है जब आप अपने सिर पर लगा चश्मा ढूँढने में परेशान रहते हैं। इसको 'कण्ठचामीकरन्यायः' भी कहते हैं। गले में पड़े हुए हार को ढूँढना। मोक्ष भी ऐसा ही है।

जब अज्ञान समस्या का कारण हो तो सम्यक् ज्ञान, प्रमा, ही एकमात्र उपाय है। जैसे अंधकार को दूर करने का प्रकाश ही एक उपाय है, उसी प्रकार अज्ञान के निवारण का ज्ञान ही उपाय है। ज्ञान यथार्थ एवं अयथार्थ दोनों प्रकार का हो सकता है। अज्ञान का सम्यक् निवारण यथार्थ ज्ञान से ही सम्भव है। जब आप देवदत्त को देवदत्त के रूप में ही पहचानते हो तो, यथार्थ ज्ञान है और अगर आप उसे यज्ञदत्त समझते हो तो, यह अयथार्थ ज्ञान है। यथार्थ ज्ञान अर्थात् यथा अर्थ तथा ज्ञान, इसे प्रमा कहा जाता है। अयथार्थ ज्ञान को अप्रमा या भ्रान्ति कहा जाता है।

अगर हम एक पुस्तक को देख रहे हैं तो पुस्तक प्रमेय, नेत्र प्रमाण व जो यथार्थ ज्ञान प्रमाण के कारण हो रहा है, उसे प्रमा कहेंगे।

ज्ञान प्राप्ति के साधन

प्रमा प्राप्ति के साधन क्या हैं?

ज्ञान प्राप्ति के साधन को प्रमाण कहा जाता है। हमारी परम्परा में 6 प्रमाण स्वीकार किये जाते हैं।

1. प्रत्यक्ष प्रमाणम्—जो ज्ञानेन्द्रियों द्वारा प्रत्यक्ष अनुभूत है। जैसे हरे रंग की घास जब आप देखते हो तो वह सीधे ही आपकी आँखों द्वारा दृष्ट है। घास हरे रंग की है, इस प्रमा के लिए आपकी आँखें प्रत्यक्ष प्रमाण हैं। इसी तरह शब्द के लिए कर्ण प्रत्यक्ष प्रमाण हैं। सुने जा रहे शब्द प्रमेय हैं एवं उनको कर्ण द्वारा सुनने पर जो उनका ज्ञान होता है, वह प्रमा है एवं आपके कर्ण प्रमाण हैं। ज्ञानेन्द्रियाँ व उनके द्वारा ज्ञान प्राप्ति हेतु होने वाली क्रिया प्रत्यक्ष प्रमाण के अन्तर्गत आती है। भावनाओं का अनुभव भी प्रत्यक्ष ज्ञान के अन्तर्गत आता है।

2. अनुमानम्—जो ज्ञान अनुमान प्रमाण के आधार पर होता है, उसे अनुमिति कहा जाता है। जैसे आप दूर पहाड़ी पर धुएँ को देखते हैं तो, आप अग्नि का अनुमान लगाते हैं। क्योंकि आपके अनुभव में दोनों सदैव साथ-साथ ही उपस्थित रहते हैं। यहाँ पर धुएँ का ज्ञान और धुएँ के साथ अग्नि के सम्बन्ध का ज्ञान दोनों एक साथ मिलकर अग्नि के धुएँ के स्थान पर होने के ज्ञान का आधार बनते हैं। आपको अग्नि व धुएँ दोनों का पहले से ज्ञान है। धुआँ, अग्नि के होने का लिंग चिह्न है। अतः लिंग के ज्ञान के आधार पर वस्तु के होने का ज्ञान अनुमान प्रमाण कहलाता है।

अगर आप कहते हैं ''पर्वतः वह्निमान'' अर्थात् ''पर्वत पर अग्नि है।''

यह प्रतिज्ञा है। प्रतिज्ञा को हमें स्थापित करना है। इस प्रतिज्ञा को स्थापित करने का हेतु है धुआँ व उदाहरण है जैसे रसोईघर में धुआँ होता है तो, वहाँ अग्नि भी होती है। उसी आधार पर यह प्रतिज्ञा स्थापित होती है कि पर्वत पर धुआँ है। अत: वहाँ अग्नि भी होगी।

3. अर्थापत्ति—देवदत्त मोटा है, किन्तु वह कई महीनों से दिनभर कुछ नहीं खा रहा है, किन्तु अभी भी उतना ही मोटा है। हम अनुमान लगाते हैं कि वह अवश्य रात में भरपूर खाना खाता होगा। देवदत्त का मोटा होना तथ्य है। जिसका आप अवलोकन करते हो और आपके द्वारा यह भी देखा जाता है कि वह दिन भर कुछ नहीं खाता। यह उत्पाद्य हुआ, जिसे स्पष्ट करना है। इस तथ्य को उपपादक, उत्पाद्य जिसकी सहायता से स्पष्ट किया जाता है, के आधार पर ही स्पष्ट किया जा सकता है। यहाँ पर उपपादक है "वह रात्रि भोजन करता है," एवं यह ज्ञान अर्थापत्ति प्रमा है। जहाँ पर उत्पाद्य उपपादक के अभाव में सम्भव प्रतीत न होता हो एवं इस हेतु उपपादक का अनुमान लगाया जाता हो तो, उसे अर्थापत्ति प्रमाण कहते हैं।

कुछ विद्वान इसे अनुमान प्रमाण में ही रखते हैं, किन्तु अद्वैत वेदान्त में इसे एक अलग प्रमाण के रूप में लिया जाता है। देवदत्त के मोटे होने का ज्ञान, अर्थापत्ति प्रमाण व रात को भोजन करने का ज्ञान, अर्थापत्ति प्रमा कहेंगे। यहाँ दोनों ही ज्ञान के रूप में हैं। लेकिन प्रमा अनुमान के रूप में ही है, उसका हमें प्रत्यक्ष ज्ञान नहीं है। अनुमान प्रमाण में हमें धुएँ व अग्नि दोनों का प्रत्यक्ष ज्ञान रसोईघर में पूर्व से ही था। अर्थापत्ति उदाहरण की उपस्थिति के अभाव में भी सम्भव है, किन्तु अनुमान प्रमाण के लिए उदाहरण का ज्ञान होना आवश्यक है।

4. उपमानम्—जब दो वस्तुओं, जिनमें एक का हमें ज्ञान हो और दूसरे का नहीं, में समानता के आधार पर अज्ञात को ज्ञात की सहायता से वर्णित किया जाये तो, उसे उपमानम् प्रमाण कहा जाता है। इस अवस्था में ज्ञान को उपमिति व ज्ञान के साधन को उपमान कहा जाता है।

5. अनुपलब्धि—जैसे आपसे पूछा जाये कि क्या इस कमरे में हाथी है? यदि आप कहते हैं नहीं है, तो सवाल किया जा सकता है कि किस प्रमाण के आधार पर आपने जाना हाथी नहीं है? हाथी की अनुपलब्धि का कोई रंग

नहीं, कोई शब्द नहीं है, जिसको ज्ञानेन्द्रियों द्वारा अनुभव किया गया हो। अतः हाथी की अनुपलब्धि का ज्ञान अनुपलब्धि प्रमा कहा जाता है। इसके साधन, जो कि वस्तु की उपस्थिति के ज्ञान का अभाव है, को अनुपलब्धि प्रमाण कहते हैं। हाथी की उपस्थिति के ज्ञान का प्रयास अवश्य किया गया था, किन्तु वस्तु की उपस्थिति के ज्ञान का अभाव प्राप्त हुआ।

6. शब्द प्रमाण—अर्थप्रद वाक्यों के रूप में जो प्रमाण होता है, उसे 'शब्द प्रमाण' कहते हैं। जैसे आप मेरे मित्र की उम्र जानना चाहते हैं और मैं आपको बताता हूँ 20 साल। मेरे बताने से आपको मेरे मित्र की उम्र का ज्ञान हो ज़ाता है। मेरे वाक्य यहाँ पर शब्द प्रमाण व मेरे मित्र की उम्र का ज्ञान, जो कि शब्द प्रमाण के कारण स्थापित हुआ, शाब्दिक प्रमा है।

शब्द प्रमाण आपको प्रत्यक्ष व अप्रत्यक्ष दोनों तरह का ज्ञान प्रदान करता है। अगर प्रमेय परोक्ष है तो, ज्ञान अप्रत्यक्ष व प्रमेय के अपरोक्ष होने पर प्रत्यक्ष ज्ञान होता है। जैसे आपके हाथ में बिल्व फल है, किन्तु आपको यह नहीं पता कि यह बिल्व फल है। मेरे द्वारा बताया जाना कि आपके हाथ में जो है, वह बिल्व फल है, आपको बिल्व फल का ज्ञान प्रदान करता है। आपको बिल्व फल का ज्ञान शब्द प्रमाण से हुआ, किन्तु क्योंकि प्रमेय प्रत्यक्ष है, आपकी ज्ञानेन्द्रियों के सम्पर्क में है, इसलिए ज्ञान भी प्रत्यक्ष होगा।

आत्मज्ञान के लिए क्या प्रमाण है?

आत्मज्ञान के लिए प्रत्यक्ष प्रमाण कार्य नहीं करेंगे, क्योंकि आत्मा ज्ञानेन्द्रियों का विषय नहीं है। आत्मा का कोई गुण विशेष नहीं है, अतः ज्ञानेन्द्रियों का विषय नहीं हो सकता। इन्द्रियाँ गुणों को ही ग्रहण करती हैं।

अनुमान प्रमाण कार्य नहीं करेगा, क्योंकि अनुमान प्रमाण तब कार्य करता है जब प्रत्यक्ष प्रमाण द्वारा आधार सामग्री उपलब्ध हो और उसके आधार पर दूसरी वस्तु, जिसका विवरण हमें प्रत्यक्ष प्रमाण से पहले ही ज्ञात हो, उसका अनुमान सम्भव है। किन्तु यहाँ प्रत्यक्ष प्रमाण ही कार्यरत नहीं है। अतः अनुमान प्रमाण का विषय भी नहीं है।

क्योंकि प्रत्यक्ष का विषय नहीं है, इसी आधार पर अर्थापत्ति व अनुमान

का विषय भी नहीं हो सकता।

अनुपलब्धि भी कार्य नहीं करेगी, क्योंकि यहाँ आत्मा के अभाव के ज्ञान की नहीं अपितु, उसकी उपस्थिति के ज्ञान की आवश्यकता है।

शब्द प्रमाण के बारे में हम सोच सकते हैं। शब्द प्रमाण परोक्ष, अपरोक्ष प्रमेय के आधार पर दोनों प्रकार के ज्ञान, परोक्ष एवं अपरोक्ष, प्रदान करने में सक्षम है।

दस शिष्यों की कहानी—

यह एक 10 शिष्यों की प्रसिद्ध कहानी है, जो भिक्षा लेने जाते हैं। गुरु उनको यह बताकर भेजता है कि तुम 10 हो और वापस आते समय गिन लेना कि तुम 10 ही हो या कोई पीछे छूट गया है। वापसी के समय एक नदी पार करने के पश्चात् वे गिनती करते हैं कि कोई छूट न गया हो। उनमें से एक गिनना शुरू करता है 1, 2, 3 ... और वह 9 तक गिनता है, किन्तु अपने आप को नहीं गिनता। शिष्य चिन्तित हो जाते हैं कि एक कहाँ गया। वे सोचते हैं कि शायद इसने गिनती सही नहीं की। दूसरे को प्रयास करना चाहिए। दूसरा भी गिनना शुरू करता है, किन्तु वह भी सबको गिनता है, पर अपने आपको नहीं। अब सब परेशान हो जाते हैं कि एक कम कैसे हो गया। तभी वहाँ से एक महात्मा गुज़र रहे होते हैं। शिष्य उनके पास जाकर अपनी परेशानी बताते हैं कि किस तरह से वे 10 शिष्य गुरुकुल से चले थे। लेकिन वापसी के समय वे 9 ही हैं। एक जाने कहाँ छूट गया। महात्मा उनको उनके सामने पुनः गिनती करने का अनुरोध करते हैं। उनमें से एक गिनती शुरू करता है और पुनः 9 तक पहुँच जाता है और महात्मा से पूछता है कि दसवाँ कहाँ है? महात्मा उत्तर देते हैं कि ''दशमः त्वम् असि'' अर्थात् ''दसवें तुम हो।''

यहाँ पर यह अर्थपूर्ण वाक्य ''दशमः त्वम् असि'' शब्द प्रमाण है, जिसके आधार पर शिष्य को ज्ञान होता है कि ''दशमः अहम् अस्मि,'' अर्थात् ''मैं दसवाँ हूँ।'' इस ज्ञान को शाब्दिक प्रमा कहेंगे, क्योंकि यह यथार्थ ज्ञान शब्द प्रमाण से उद्घाटित हुआ।

आत्मज्ञान परोक्ष है या अपरोक्ष? पर्वत पर धुएँ के कारण अग्नि का ज्ञान

परोक्ष ज्ञान हुआ, क्योंकि अग्नि परोक्ष है, क्योंकि वह प्रत्यक्ष दृश्य नहीं है। किन्तु यहाँ पर जो ज्ञान है वह परोक्ष नहीं है, किन्तु यह उस तरह से प्रत्यक्ष भी नहीं है, जैसे आपके सामने पुस्तक। इस तरह के ज्ञान को, जो परोक्ष न हो किन्तु पुस्तक, ध्वनि आदि की तरह प्रत्यक्ष भी न हो, उसे अपरोक्ष ज्ञान की श्रेणी में रखते हैं। पुस्तक, ध्वनि आदि में और आप में फिर भी कुछ दूरी है, आत्मा तो आप स्वयं ही हो। कुछ भी दूरी नहीं है।

आत्मज्ञान के लिए भी शब्द ही प्रमाण हैं और जो ज्ञान उद्‌घाटित होता है, वह अपरोक्ष है, क्योंकि आत्मा सदैव अपरोक्ष है। आत्मा की अपरोक्षता के बारे में आगे चर्चा करेंगे।

यह ही पूरे वेदान्त की नींव है और यह बात भली-भाँति समझ लेनी चाहिए कि शब्द ही आत्मज्ञान के लिए प्रमाण है अन्य कुछ नहीं। तभी जाकर वेदान्त में प्रगति सम्भव है।

शब्द प्रमाण है, किन्तु शब्द का स्रोत क्या हो? शब्द वे होने चाहिए, जो यथार्थ ज्ञान की उत्पत्ति के साधन हों। यहाँ पर श्रद्धा की आवश्यकता है। अगर हमारे पास शंका का कोई यथार्थ कारण न हो तो, शब्द प्रमाण कार्य करें इसके लिए स्रोत पर श्रद्धा की भी आवश्यकता होती है। अगर प्रमाण में दोष हों तो, उद्‌घाटित होने वाला ज्ञान भी दोषपूर्ण होगा। अगर आँखों में विकार हो तो, हरी घास पीली दिखाई पड़ सकती है। अतः शब्द प्रमाण यथार्थ ज्ञानप्रद हैं, यदि उनका स्रोत वैध, विकाररहित और विश्वसनीय हो। ऐसे पुरुष जिनके शब्द प्रमाण के रूप में ग्रहण किये जा सकें, उनको आप्त पुरुष कहते हैं।

आत्मज्ञान के सम्बन्ध में भी आप्त पुरुषों के वचन ही प्रमाण हैं। या यों कहें, गुरु के वाक्य ही प्रमाण हैं। यह प्रश्न उठ सकता है कि गुरु को कैसे आत्मज्ञान सम्भव हुआ। हमारे लिए तो गुरु के वचन शब्द प्रमाण का कार्य करते हैं, किन्तु गुरु को यह ज्ञान कैसे सम्भव हुआ। उत्तर है, "अपने गुरु से और उनको अपने गुरु से।" इस तरह से यह ज्ञान एक गुरु-शिष्य परम्परा के माध्यम से सुरक्षित रखा गया है। शिक्षा जो कि सुरक्षित रखी गयी है, उसे 'सम्प्रदाय' कहा जाता है। "सम्यक प्रदीयते ज्ञानम् अनेन इति सम्प्रदायः," आत्मज्ञान के लिए दी गयी शिक्षा ही सम्प्रदाय है। गुरु-शिष्य की परम्परा के

माध्यम से सम्प्रदाय को सुरक्षित रखा जाता है।

इस परम्परा की शुरुआत कैसे हुई?

ईश्वर से ही परम्परा की शुरुआत हुई है, अन्य कुछ सम्भव नहीं। उसी से प्राप्त सम्प्रदाय को परम्परा के माध्यम से सुरक्षित रखा गया है। उसी के द्वारा दिये गये उपदेश, जो कि वेदों के रूप में हैं, ऋषियों ने ग्रहण किये और परम्परा की शुरुआत हुई। अतः वेदान्त वाक्य जो परम्परा में गुरु के मुख से निकलते हैं, वे ही आत्मज्ञान के लिए प्रमाण हैं।

यदि कोई कहता है कि यह मेरी शिक्षा है, यह आपको शास्त्रों में नहीं मिलेगी। यह मेरा स्वयं का अनुभव है। इसे मैंने खोजा है। तो आप उसे किनारे कर सकते हैं। वेदान्त में सिर्फ़ वेद वाक्य जो परम्परा से गुरु मुख से प्राप्त हों, वही प्रमाण हैं। "असम्प्रदायवित् मूर्खवत् उपेक्षणीयम्," "जिसने यह ज्ञान परम्परा से गुरु मुख से ग्रहण नहीं किया उसकी, हम जहाँ तक आत्मज्ञान की बात है, उपेक्षा कर सकते हैं।"

अब हम तत्त्वबोध में प्रवेश करते हैं।

मंगलाचरणम्

वासुदेवेन्द्रयोगीन्द्रं नत्वा ज्ञानप्रदं गुरुम्।
मुमुक्षूणां हितार्थाय तत्त्व बोधोऽभिधीयते॥

यह कार्य भी, जैसी कि हमारी परम्परा है, मंगल श्लोक से शुरू होता है, इसे मंगलाचरणम् भी कहते हैं। इसके अलावा इसको प्रार्थना श्लोक या ध्यान श्लोक भी कहते हैं। हालाँकि ऐसा कोई श्रुति स्मृति वाक्य नहीं मिलता कि ग्रन्थ आरम्भ करते समय मंगलाचरण करें, किन्तु क्योंकि इसका आचार्यों द्वारा अनुसरण होता रहा है अत: यहाँ भी इस परम्परा का पालन किया गया है। जो शिष्टाचार चला आ रहा है, उससे स्मृति का एवं स्मृति से श्रुति का अनुमान होता है। अत: शिष्ट पुरुषों का आचरण अनुकरणीय है।

मंगलाचरण तीन प्रकार का होता है नमस्कारात्मक, आशीर्वादात्मक एवं वस्तुनिर्देशात्मक। जिसमें इष्टदेवता अथवा गुरु आदि को नमस्कार किया जाये उसे नमस्कारात्मक मंगलाचरण कहते हैं। जिसमें उनसे आशीर्वाद माँगा जाये या जिस मंगलाचरण में आशीर्वाद दिया जाये, उसे आशीर्वादात्मक मंगलाचरण एवं इनके अतिरिक्त जो हो उसे वस्तुनिर्देशात्मक मंगलाचरण कहते हैं।

प्रत्येक कार्य जिसको आप पूर्ण करने के इच्छुक हों, उसको प्रार्थना से शुरू करना चाहिए। इसके कारण हैं—

1. प्रेरणा—कार्य को उसकी पूर्णता तक पहुँचाने के लिए प्रेरणा की आवश्यकता होती है और लम्बे समय तक किसी कार्य के लिए प्रेरित रहना आसान नहीं है।

2. प्रयत्न—उचित प्रयत्न की भी आवश्यकता होती है। उचित प्रयास के अभाव में भी कार्य की पूर्णता संदिग्ध रहती है। प्रयत्न, पर्याप्त और सही दिशा में होना चाहिए।

3. दैवम्—इसको भाग्य भी कहा जाता है। कई बार पर्याप्त प्रयत्न सही दिशा में करने पर और प्रेरणा होने पर भी कार्य नहीं सधता, जैसे किसान पूरी मेहनत के साथ फसल बोता है, किन्तु आवश्यक बरसात न हो तो, कार्य सिद्ध नहीं होगा। इसे ईश्वर अनुग्रह भी कहा जाता है।

ईश्वर अनुग्रह भी अर्जित किया जा सकता है और प्रार्थना इसके लिए माध्यम है। उन सब चीज़ों के लिए जो हमारे हाथ में नहीं हैं। हम ईश्वर के अनुग्रह की अपेक्षा करते हैं, अतः प्रार्थना करते हैं।

4. धैर्य—उपरोक्त तीनों कारकों के होने पर धैर्य की भी आवश्यकता होती है। कई बार सब कुछ सम्पूर्ण होने पर भी, परिणाम आने में समय लग जाता है। ऐसे में धैर्य होना आवश्यक है।

हम ज्ञानी गुरु को ईश्वर मानते हैं, क्योंकि हम शिक्षा प्राप्त करते हैं, वह है "अहं ब्रह्मास्मि" और जो गुरु इसकी शिक्षा दे रहा है, उसे अवश्य ही इसका ज्ञान होगा। अतः उसे ईश्वर ही माना जाता है। बाद में धीरे-धीरे प्रगति होती है कि सब कुछ ईश्वर ही है। लेकिन शुरुआत करने के लिए गुरु को ईश्वर मानना एक अच्छी शुरुआत हो सकती है। इसलिए गुरु से प्रार्थना करना ईश्वर से प्रार्थना करने के समान ही है।

गुरु कौन है? "गृणाती उपदिशती इति गुरु" जो शिक्षा देता है, जो ज्ञान देता है, वह ही गुरु है। उस गुरु को नमस्कार। यहाँ पर गुरु का नाम वासुदेवेन्द्र है और योगीन्द्र का अर्थ है ज्ञानियों में श्रेष्ठ।

तत्त्वबोध का अर्थ है "तत्त्वस्य बोधः तत्त्वबोधः।" "तत्त्व अर्थात् सत्य और सत्य का ज्ञान ही तत्त्वबोध है।" जीव, जगत् व ईश्वर का यथार्थ ज्ञान तत्त्वबोध है।

मुमुक्षु का अर्थ हुआ "मोक्तुम इच्छु मुमुक्षु," जिसकी मुक्ति की इच्छा हो।

ज्ञानियों में श्रेष्ठ अपने गुरु वासुदेवेन्द्र को जो कि ज्ञान प्रदान करने वाले हैं, उनको प्रणाम करके मैं मुमुक्षुओं के हित के लिए तत्त्वबोध प्रस्तुत करता हूँ।

हित का अर्थ हुआ कि जो मुमुक्षु का मुख्य ध्येय है, जो कि मोक्ष है, उसके साधन रूप में प्रस्तुत किया गया है।

अनुबन्ध चतुष्ट्य

अनुबन्ध चतुष्ट्य चार परिचयात्मक बिन्दु होते हैं, जो कि पुस्तक के प्रारम्भ में दिये जाते हैं। जिनसे कोई अध्ययन का इच्छुक यह जान सके कि क्या यह उसके हित के लिए है या नहीं? वह इसका अधिकारी है या नहीं? यह ज्ञान अनुबन्ध चतुष्ट्य से होता है।

विषय—ग्रन्थ की विषयवस्तु क्या है?

प्रयोजन—ग्रन्थ से प्राप्त ज्ञान से क्या लाभ होगा?

अधिकारी—कौन इसका उचित अधिकारी है?

सम्बन्ध—ग्रन्थ एवं उसके विषय का आपस में क्या सम्बन्ध है?

ये चार बिन्दु अनुबन्ध चतुष्ट्य के अन्तर्गत आते हैं। तत्त्वबोध का अनुबन्ध चतुष्ट्य निम्न है।

विषय—तत्त्वबोध, सत्य का ज्ञान।

प्रयोजन—"मुमुक्षाणां हितार्थाय," अर्थात् "मुमुक्षुओं का हित जो कि मोक्ष है।" अतः प्रयोजन मोक्ष हुआ।

अधिकारी—मुमुक्षु, जिसको मोक्ष की इच्छा हो, वह इसके अध्ययन का अधिकारी है।

सम्बन्ध—प्रतिपादक प्रतिपाद्य सम्बन्ध है, ग्रन्थ उद्घाटित करने वाला और विषय उद्घाटित होने वाला है।

अधिकारित्व

साधनचतुष्ट्यः सम्पन्नाधिकारिणां मोक्षसाधनभूतं तत्त्वविवेक प्रकारं वक्ष्यामः।

अर्थ—हम साधन चतुष्ट्य सम्पन्न अधिकारी के लिए मोक्ष के साधन भूत तत्त्वविवेक का प्रकार बताने जा रहे हैं।

व्याख्या—यहाँ पर वक्ष्यामः का प्रयोग किया गया है, जो कि बहुवचन है, अर्थात् हम बता रहे हैं। वक्ता अपने आपको पूरी परम्परा से सम्बद्ध कर रहा है।

"तत्त्वविवेक प्रकारं" का अर्थ हुआ, "सत्य की विवेकपूर्वक समीक्षा का साधन।" अतः अर्थ हुआ कि हम वह साधन बता रहे हैं कि किस प्रकार सत्य की विवेकपूर्वक समीक्षा की जाये। जो कि मोक्ष का हेतु है, उनके लिए जिनके पास साधन चतुष्ट्य की सम्पत्ति है।

किसी स्थिति का विश्लेषण करके सत् से असत्, नित्य से अनित्य वस्तु का भेद जानकर अलग करने की क्षमता को यहाँ तत्त्वविवेक कहा गया है। वह क्षमता और ऐसा करने की प्रक्रिया दोनों ही विवेक के नाम से जाने जाते हैं।

अगर जो हमें प्रतीत हो रहा है और जो हमारी ज्ञानेन्द्रियों द्वारा जिस रूप में ग्रहण हो रहा है, अगर वह वैसा ही सत्य है तो, तत्त्वविवेक की आवश्यकता नहीं है। क्योंकि जो आपको दिख रहा है, वह जिस रूप में आप जान रहे हो, वैसा ही सत्य है। तो विवेक से सत्य जानने की आवश्यकता ही कहाँ है। "नेत्राभ्याम् दृष्ट्वा अपि देहौ, तु धी मन्यते एकम् सत्य अन्यम् प्रतिबिम्बरू च," अर्थात् जब जल में हम अपनी देह का प्रतिबिम्ब देखते हैं तो, नेत्रों से दो

शरीर दिखने पर भी हमारी बुद्धि विवेक द्वारा यह समझती है कि इनमें से एक वास्तविक है और दूसरा प्रतिबिम्ब है। यहाँ जो हमें दिखाई पड़ रहा है, दो देह, वह वास्तविक नहीं है। अतः विवेक की आवश्यकता है। अगर दोनों ही देह वास्तविक होतीं तो, विवेक की आवश्यकता नहीं थी। फिर दोनों ही सत्य थीं।

तत्त्व, जो सार रूप है, वह आत्मा कही गयी है। तत्त्व, जो कि आत्मा है, वह हमारे लिए बिलकुल अनजान नहीं है। हम उसे जानते हैं, किन्तु इतना मात्र जानते हैं कि जो उसके बारे में गलत धारणाएँ बनाने के लिए पर्याप्त हो। अज्ञान के कारण हम अनात्मा का सम्बन्ध आत्मा से मानकर दोनों को एक साथ मिश्रित करके एक के गुण-दोषों को, दूसरे पर आरोपित कर देते हैं। यहाँ पर आत्मा व अनात्मा को देह व प्रतिबिम्ब की तरह अलग-अलग करके देखना व समझना आवश्यक है और इसके लिए विवेक की आवश्यकता पड़ती है।

ऐसा करने का प्रयोजन क्या है?

यह तत्त्वविवेक ही सत्य को जानने, आत्मा को वैसा जानने का माध्यम है जैसी वह है। यह आत्मज्ञान ही मोक्ष है। यहाँ ज्ञान के लिए शास्त्र 'प्रमाण' हैं और आत्मा 'प्रमेय,' जिसे जाना जाना है, और जब प्रमाण व प्रमेय की संगत होती है तो 'प्रमा,' यथार्थ ज्ञान, उत्पन्न होता है। जब प्रमा उत्पन्न होती है तो, अज्ञान का निवारण अवश्य ही होगा। अज्ञान के निवारण के साथ उससे सम्बन्धित समस्याओं का भी समाधान हो जाता है। ज्ञान सदैव बुद्धि में ही होगा, इस बात को ध्यान में रखने की आवश्यकता है। क्योंकि ज्ञान को बुद्धि में स्थान लेना है, अतः ज्ञान के लिए बुद्धि को उस स्तर का होना आवश्यक है। अतः साधन चतुष्ट्य सम्पत्ति की आवश्यकता बतायी है और उसे अधिकारित्व माना गया है।

साधन चतुष्ट्य चार प्रकार की योग्यताएँ हैं, जो कि आपको इस ज्ञान का अधिकारी बनाती हैं। इसके बारे में आगे चर्चा करेंगे।

साधन चतुष्ट्यम्

साधन चतुष्ट्यं किम्? नित्यानित्यवस्तुविवेकः। इहामुत्रार्थफलभोगविरागः। शमादिषट्कसम्पत्तिः मुमुक्षुत्वं चेति।

अर्थ—चार साधन कौन-कौन से हैं?

चार साधन, नित्य-अनित्य-वस्तु-विवेक। इस लोक एवं परलोक से वैराग्य। शम से शुरू होने वाली छह सम्पत्तियाँ और मुमुक्षत्व हैं।

व्याख्या—यह पाठ गुरु-शिष्य संवाद के रूप में है और हमारे उपनिषद् मुख्यतः इसी रूप में हैं। 'भगवद्गीता' भी संवाद रूप में ही है। गुरु शिष्य के संवाद रूप में होना, इस तथ्य को भी प्रकट करता है कि ये ज्ञान गुरु के पास जाकर उससे ही ग्रहणीय है। कुछ उपनिषदों में गुरु व शिष्य के नाम भी प्रकट होते हैं, किन्तु कुछ में नाम प्रकट नहीं होते।

साधन चतुष्ट्य का अर्थ हुआ, चार प्रकार के साधन या योग्यताएँ। साधन चतुष्ट्य, जो कि मुख्य योग्यता है, इस ज्ञान को आत्मसात करने के लिए आवश्यक है। यह शुरुआत में ही इसीलिए दिया गया है कि अगर आप तत्त्वबोध का अध्ययन करना चाहें, तो पहले ही जान लें कि आपके लिए यह उपयुक्त है भी कि नहीं।

साधन चतुष्ट्य क्या है?

यह प्रश्न शिष्य द्वारा पूछे जाने पर गुरु उत्तर देता है कि नित्य-अनित्य वस्तु का विवेक, यहाँ और कहीं और भी फल के भोग की अनिच्छा, छः

सम्पत्तियाँ जो शमादि नाम से जानी जाती हैं, क्योंकि शम उनमें पहली है, और मोक्ष की इच्छा चौथी है। इनके समूह को साधन चतुष्ट्य कहते हैं।

नित्यानित्यवस्तु विवेकः—नित्य-अनित्य वस्तु के विवेक का अर्थ है भेद बुद्धि अर्थात् दो वस्तुओं में भेद करने की क्षमता। नित्य अनित्य वस्तु का विवेक हुआ नित्य क्या है और अनित्य क्या है इसका भेद करने की क्षमता। यदि हम ऐसा कुछ चाहते हैं जो स्थायी हो और हम ऐसा स्थायित्व अनित्य वस्तुओं के माध्यम से ढूँढ रहे हैं, तो हमें निराशा ही हाथ लगेगी। अगर हम नित्य सुख, नित्य सुरक्षा जो कि स्थायी हो, उसको अनित्य वस्तुओं में ढूँढ रहे हैं तो, निराशा हाथ लगना अवश्यम्भावी है। अतः नित्य अनित्य वस्तु विवेक की आवश्यकता है।

विवेक के लिए आवश्यक है कि आप भावनाओं में न बहें अपितु बौद्धिक ईमानदारी का प्रयोग करें। भावनाओं को किनारे करके बौद्धिक ईमानदारी का प्रयोग तार्किक रूप से करना आवश्यक है।

इहामुत्रार्थफलभोगविरागः—विराग का अर्थ हुआ उदासीनता, भोगों के प्रति राग का अभाव या उदासीनता ही भोग के प्रति विराग हुआ। फलभोग विराग हुआ कर्मों के मिलने वाले फल के प्रति उदासीनता, उनको भोगने के प्रति विशेष राग का अभाव होना, फलभोग विराग हुआ। इह का अर्थ हुआ इस जगह अर्थात् भू-लोक में एवं अमुत्रार्थ का अर्थ हुआ, भू-लोक के अलावा अन्य लोकों में। अतः इहामुत्रार्थफलभोगविराग का अर्थ हुआ, कर्मों के भू-लोक में मिलने वाले, पुत्र-धन-धान्यादि एवं स्वर्गादि लोकों में मिलने वाले भोगरूप फलों के प्रति उदासीनता।

शमादिषट्कसम्पत्ति—छः शमादि योग्यताएँ, जो कि आवश्यक बतायी गयी हैं, वे हैं शम, दम, उपरम, तितिक्षा, श्रद्धा एवं समाधान। इनका आगे विस्तार से वर्णन आयेगा।

मुमुक्षुत्वं—"मोक्तुम इच्छु मुमुक्षु।" "जिसकी मोक्ष की प्रबल इच्छा हो, वह मुमुक्षु है।" जिसका श्रेयस ही पुरुषार्थ हो और जिसने पुरुषार्थ निश्चय कर लिया कि मोक्ष ही उसके लिए पुरुषार्थ है। वह मुमुक्षु और

उसकी मानसिक स्थिति ही 'मुमुक्षुत्वं' है।

सिर्फ़ उत्सुकता से कि ज़रा देखें इसमें क्या है। ऐसी भावना वाले इस पाठ का लाभ उठाने के योग्य नहीं हैं। जब तक मुमुक्षा न हो तब तक आप इससे पूर्ण लाभ नहीं उठा सकते।

चारों साधनों का वर्णन

नित्यानित्यवस्तु विवेकः कः? नित्यवस्त्वेकं ब्रह्म तद्व्यतिरिक्तं सर्वमनित्यम्। अयमेव नित्यानित्यवस्तु विवेकः।

अर्थ—नित्य अनित्य वस्तु विवेक किसे कहते हैं?

नित्य वस्तु एक ब्रह्म है, उसके अतिरिक्त सब कुछ अनित्य है। यह ही नित्य अनित्य वस्तु विवेक है।

व्याख्या—शिष्य विस्तार से जानने का इच्छुक है कि नित्य अनित्य वस्तु का विवेक क्या है। गुरु का उत्तर है कि नित्य वस्तु सिर्फ़ एक ब्रह्म ही है। उसके अतिरिक्त सब कुछ अनित्य है। यह समझ ही नित्य अनित्य वस्तु विवेक है।

नित्य वह है जो समय के प्रभाव से मुक्त है, जो समय के अधीन नहीं है। ऐसी नित्य वस्तु सिर्फ़ ब्रह्म है। ब्रह्म को यहाँ पर हम ईश्वर के रूप में देख सकते हैं, ईश्वर को ही ब्रह्म कहा गया है। ब्रह्म का अर्थ होता है 'बड़ा।' बड़ा एक सापेक्षिक शब्द है, अगर हम कहते हैं कि बड़ा, तो हमें यह भी बताना होगा कि कितना बड़ा। जैसे हम कह सकते हैं, बड़ी चींटी और हम यह भी कह सकते हैं बड़ा हाथी। बड़ी चींटी निश्चित रूप से छोटे से भी छोटे हाथी से छोटी ही होगी। अतः बड़े शब्द को सार्थक रूप में यहाँ प्रयोग करने के लिए यह स्पष्ट करना आवश्यक है कि कितना बड़ा। अगर हम इसके साथ यह स्पष्ट नहीं करते कि कितना बड़ा, तो उस 'बड़ा' की कोई सीमा नहीं है। वह अनन्त हो जायेगा।

यहाँ पर शिष्य को ब्रह्म का ज्ञान नहीं है, किन्तु उसे गुरु पर विश्वास है। अतः उसके श्रद्धा युक्त विश्वास से यह ज्ञान, बुद्धि में स्थान लेता है कि ब्रह्म है और वह नित्य है। यहाँ पर यह ज्ञान परोक्ष है अर्थात् प्रत्यक्ष नहीं है।

ब्रह्म, समय के बन्धन से मुक्त है, वह अनादि व अनन्त है। जिसका न कोई आदि है न अन्त। यहाँ पर यह समझना आवश्यक है कि अनादि का अर्थ यह नहीं कि उसका अन्त नहीं हो सकता। इसका उदाहरण अज्ञान है, जिसका कोई आदि नहीं, किन्तु अन्त अवश्य होता है। ब्रह्म का न कोई आदि है न अन्त।

क्योंकि न तो ब्रह्म का कोई आदि है न अन्त, तो एक चीज़ स्पष्ट हो जाती है कि ब्रह्म की उत्पत्ति सम्भव नहीं। अतः यह कर्मों द्वारा उत्पन्न फल नहीं हो सकता, क्योंकि कर्मों का फल उत्पन्न होता है अतः वह सादि हुआ, उसकी एक निश्चित शुरुआत है।

ब्रह्म ही क्योंकि नित्य है, अतः ब्रह्म की प्राप्ति ही मोक्ष है। अन्य कोई वस्तु अनित्य होने से नित्य मोक्ष प्रदान नहीं कर सकती। धर्म, अर्थ, काम, ब्रह्म की प्राप्ति का साधन नहीं हो सकते, क्योंकि ये कर्म हैं और कर्मों से ब्रह्म की प्राप्ति सम्भव नहीं।

ब्रह्म क्योंकि समय एवं स्थानादि की सीमाओं से मुक्त है। उसे समय व स्थानादि की सीमाओं में प्राप्त नहीं किया जा सकता। वह सर्वदा सर्वत्र ही है। अतः उसकी प्राप्ति सिर्फ़ अन्वेषण रूप में ही होगी। यह प्रकट होना कि "वह सर्वदा सर्वत्र है, एवं वह सर्वदा सर्वत्र व्याप्त ब्रह्म मैं ही हूँ," ही उसकी प्राप्ति है। इसी को "प्राप्तस्य प्राप्ति" भी कहते हैं, अर्थात् "वह प्राप्त करना जो सदैव से आपके पास ही है।" धर्म, अर्थ, काम "अप्राप्तस्य प्राप्ति" है, क्योंकि आप ऐसा कुछ पाते हैं, जो आपके पास है नहीं, किन्तु ब्रह्म तो आप ही हो।

शंका—जो प्राप्त ही है, उसको प्राप्त करने के लिए परिश्रम की क्या आवश्यकता, वह तो प्राप्त ही है?

समाधान—कभी-कभी कुछ वस्तुएँ हमें प्राप्य ही होती हैं, किन्तु हम अज्ञान के कारण उनकी प्राप्ति स्वीकार नहीं करते या उन्हें उस रूप में नहीं जानते जो वे हैं। हम गलती से कुछ और रूप में जानकर उन्हीं की प्राप्ति का प्रयास करते हैं। उदाहरण के रूप में गले में पहने हुए हार को ढूँढना। अगर आप उसको सर्वत्र ढूँढ रहे हैं और उसके न मिलने पर परेशान हैं, ऐसे में कोई सज्जन आपके गले की तरफ़ इशारा करते हुए बताता है कि जो हार आप ढूँढ रहे हैं

वह यह है, तो आपको हार की प्राप्ति हो गयी। इसके साथ ही आपका हार न मिलने से उत्पन्न हुआ कष्ट भी समाप्त हो गया। किन्तु क्या आपने कुछ ऐसा पाया जो आपके पास था ही नहीं? आपने वही पाया जो आपके पास था, किन्तु अज्ञान के कारण वह अप्राप्त प्रतीत हो रहा था।

विवेक ही परिपक्व होने पर वैराग्य में परिणत होता है। अतः यह अत्यन्त आवश्यक सम्पत्ति है। इसे प्राप्त कैसे किया जाये? वेदानुकूल धार्मिक जीवनशैली, कर्मयोगी की जीवनशैली का जीवन जीना ही विवेक प्राप्ति का सर्वश्रेष्ठ साधन है। वेदों द्वारा आपके वर्ण के अनुसार आपके जो कर्तव्य बताये गये हैं, उनको एक कर्मयोगी की तरह करते रहना। विवेकी महात्माओं की संगत। श्रवण एवं मनन, ये विवेक प्राप्ति के कुछ उपाय हैं।

विरागः कः? इह स्वर्गभोगेषु इच्छाराहित्यं।

अर्थ—विराग किसे कहते हैं?

इस लोक या स्वर्गलोक के भोगों के प्रति इच्छा का अभाव।

व्याख्या—विराग क्या है? राग का अर्थ हुआ लालसा, अभिलाषा और विराग का अर्थ हुआ राग का अभाव। विराग को ही वैराग्य कहा जाता है।

अभी हमने पिछले श्लोकों में विवेक के स्वरूप, महत्त्व एवं उपाय की, जिससे विवेक की उत्पत्ति हो, चर्चा की। यहाँ हम वैराग्य के स्वरूप, महत्त्व व उपाय की चर्चा करेंगे।

वैराग्य क्या है? यह जानने से पहले यह देखना उचित है कि जिसे वैराग्य समझा जाता है, वह वैराग्य नहीं है ।

इच्छाओं का ज़बर्दस्ती दमन वैराग्य समझा जाता है। यह स्वस्थ मानसिकता नहीं है और यह काफ़ी खतरनाक भी साबित हो सकता है। यह आपको रुग्ण मानसिकता वाला भी बना सकता है।

कभी-कभी भावनाओं की कुछ लहरें भी आती हैं, जिनको वैराग्य समझा जाता है। ऐसा किसी की शवयात्रा में जाने पर, प्यार में धोखा खाने पर आदि में होता है। यह वैराग्य प्रतीत होता है, किन्तु यह वैराग्य नहीं है।

इसे श्मशान वैराग्य के नाम से जाना जाता है। श्मशान जाने पर भी यह वैराग्य होता है, किन्तु यह रहता कितने समय है? यह आपके विवेक की परिपक्वता से उत्पन्न नहीं हुआ है। बस कुछ परिस्थितियों के कारण आप भावों में बह गये हैं जो कि क्षणिक है।

संसार से घृणा व वैमनस्य भी वैराग्य नहीं है। अगर आप धन या स्त्री से घृणा करते हैं तो, यह भी वैराग्य नहीं है। यह जिहास वैराग्य के नाम से जाना जाता है।

यह वह वैराग्य नहीं है जिसकी यहाँ आवश्यकता है, न ही इन्हें वास्तविक वैराग्य की श्रेणी में रखा जा सकता है। हाँ, ये परिस्थितियाँ बाद में वास्तविक वैराग्य में परिणत हो सकती हैं।

"वैराग्य" का अर्थ हुआ "राग का अभाव।" राग का अर्थ हुआ ऐसे मूल्यों को वस्तु में देखना, जो उसमें नहीं हैं। जो व्यक्तिपरक मूल्य हम किसी वस्तु में जोड़ देते हैं, जो कि उसमें हैं नहीं, वह राग है और उसका अभाव ही वैराग्य है। उदाहरण के लिए जीवनयापन के लिए धन का होना न्यायसंगत है। धन में खरीदने की क्षमता है। जीवनयापन करने के लिए कुछ मूलभूत आवश्यकताएँ हैं, जो धन के माध्यम से प्राप्त की जा सकती हैं। यहाँ तक उचित है, किन्तु यदि हम यह जानें कि धन से ही हमारा जीवन सुरक्षित है, धन से बढ़कर इस जीवन में कुछ नहीं, यह राग है। यह आप धन पर व्यक्तिपरक मूल्य आरोपित कर रहे हैं। असुरक्षा का भाव धन होने के पश्चात् भी बना रहता है। क्योंकि धन में यह मूल्य हमारे द्वारा आरोपित है, वह वास्तव में है नहीं।

ऐसे ही हमारे प्रेम सम्बन्ध होते हैं। हम उनमें ऐसे मूल्य आरोपित कर देते हैं कि कुछ समय ऐसा प्रतीत होता है कि अमुक व्यक्ति के अभाव में जीवन ही सम्भव नहीं है। किन्तु जब वह व्यक्ति नहीं था, तब भी जीवन था। जब वह नहीं होगा, तब भी जीवन चलता रहेगा।

अतः ऐसे व्यक्तिपरक, अतिशयोक्तिपूर्ण मूल्यों का आरोपण न करना ही वैराग्य है। वस्तुनिष्ठ मूल्यों को पहचानने की क्षमता और व्यक्तिपरक मूल्यों को आरोपित करने का अभाव ही राग का अभाव है। इसी को वैराग्य कहा जाता है।

राग व्यक्तिपरक मूल्यों के आरोपण से उत्पन्न उत्कट इच्छा को भी कहते हैं। इसका अभाव वैराग्य हुआ।

कार्य के नाश के लिए कारण का नाश भी आवश्यक है, जैसे अगर आपका रक्तचाप बढ़ रहा है तो इसका कारण जानना आवश्यक है और उसका निस्तारण आवश्यक है। अगर यह अधिक नमक खाने से बढ़ रहा है, तो डॉक्टर आपसे नमक कम करने को कहेगा। उसी प्रकार राग का कारण है, व्यक्तिपरक मूल्यों के आरोपण से उत्पन्न उत्कट इच्छा। अत: इसके नाश के लिए व्यक्तिपरक मूल्यों का नाश भी आवश्यक है। व्यक्तिपरक मूल्यों को आरोपित करने का अभाव ही राग का अभाव है और यही वैराग्य है।

दो तरह की इच्छाओं के बारे में जान लेना महत्त्वपूर्ण है। एक जो व्यक्ति को बन्धन में डालती हैं और दूसरी जो ऐसा बन्धन उत्पन्न नहीं करती हैं। भोगों से सम्बन्धित जो इच्छाएँ ऐसी प्रतीत होती हैं कि जिनके पूरा होने से जीवन की सार्थकता नज़र आती है और पूरा न होने पर अशान्तिकारक होती हैं। वे बन्धन उत्पन्न करने वाली होती हैं। ऐसी इच्छाएँ जो कि पूरी हों तो भी ठीक, न हों तो भी ठीक। वे बन्धन उत्पन्न नहीं करतीं।

कई लोगों को यहाँ भू-लोक के भोग पर्याप्त नहीं लगते, वे स्वर्गादि लोकों के भोगों के इच्छुक होते हैं। वह भी साधक के लिए बन्धन ही है। मस्तिष्क अगर परिपक्व न हो तो, मोक्ष समझ में नहीं आता, स्वर्गादि भोग ही लुभावने लगते हैं। इस संसार व स्वर्गादि में भोगों से सम्बन्धित बन्धनप्रद इच्छाओं का अभाव इस पाठ में वैराग्य कहा गया है।

स्वर्ग में भी भोग पूरे होने पर आपको वापस भू-लोक में आना पड़ता है और संसार का चक्र चलता रहता है। अत: स्वर्ग के भोग भी अनित्य ही हैं। यह ध्यान में रखना आवश्यक है।

वैराग्य की आवश्यकता क्यों है?

यह आपको आन्तरिक शक्ति प्रदान करता है। अगर आप किसी भोग से बँधे नहीं हो तो आप राजाओं के राजा हो।

अगर वैराग्य नहीं है तो, राग इतने शक्तिशाली और समय और श्रम का नाश करने वाले होते हैं कि आपके पास इनके पीछे भागते रहने के अलावा कोई और चारा नहीं होता। इसके पश्चात् कुछ शक्ति व समय बचेगा, इसमें सन्देह है।

वैराग्य आपके मस्तिष्क की अवस्था वैसी रखता है, जैसी आत्मज्ञान के लिए आवश्यक है। सांसारिक भोगों में अनुरक्त व्यक्ति को आत्मज्ञान की प्राप्ति के लिए किये जाने वाले प्रयास अन्यथा ही लगेंगे। कुछ समय के प्रयास के पश्चात् वे शक्तिशाली भोग शीघ्र ही उसे वापस खींच लेंगे।

वैराग्य आगे आने वाली शमादिषट्क सम्पत्ति की प्राप्ति में महत्त्वपूर्ण भूमिका निभाता है।

वैराग्य प्राप्ति के साधन क्या हैं?

नित्य-अनित्य वस्तु का विवेक वैराग्य प्राप्ति का साधन है। अगर यह विवेक परिपक्व हो तो, वैराग्य होना सुलभ है। जब आप भोगों के अनित्यत्व दोष से भली-भाँति परिचित हों और आपकी बुद्धि इतनी परिपक्व हो कि आपकी खोज नित्यत्व की है, जो कि अनित्य वस्तुओं में नहीं हो सकता, तो आपको वैराग्य की प्राप्ति होती है।

कर्मयोग का जीवनयापन रागों को शान्त करता है, जो कि वैराग्य की प्राप्ति का साधन है।

वैराग्य के महत्त्व को अधिक-से-अधिक समझना और उस पर मनन करना भी वैराग्य प्राप्ति का साधन है। आप अधिक-से-अधिक मनन करें कि कैसे भोगों की इच्छा व वैराग्य का अभाव आपकी पीड़ा का कारण बनता है।

जब हम किसी भोग के प्रति आकर्षित होते हैं तो, उसमें जो दोष हैं, उनके दर्शन और उसकी प्राप्ति हेतु जो आप कीमत चुकाते हैं, उसका यथार्थ ज्ञान भी वैराग्य प्राप्ति में सहायक होता है।

याज्ञवल्क्य ऋषि जब संन्यास लेने जा रहे थे तो, उन्होंने अपनी सम्पत्ति अपनी पत्नियों, मैत्रेयी व कात्यायनी में बाँटनी चाही। मैत्रेयी ने उनसे पूछा कि

क्या वित्त से अमृतत्व की प्राप्ति होगी "यन्नु म इयं भगो: सर्वा पृथिवी वित्तेन पूर्णा स्यात् स्यात्कथं तेनामृता स्यामिति," तो याज्ञवल्क्य ने जवाब दिया था "नेति होवाच याज्ञवल्क्यो यथैवोपकरणवतां जीवितं तथैव ते जीवितंस्यादमृतत्वस्य तु नाशास्ति वित्तेनेति," अर्थात् "नहीं, भोग सामग्रियों से सम्पन्न मनुष्यों का जैसा जीवन होता है वैसा ही तेरा जीवन होगा किन्तु धन से, वित्त से, तो अमृतत्व की आशा नहीं है।"

इस पर मैत्रेयी ने कहा, "सा होवाच मैत्रेयी येनाहं नामृता स्यां किमहं तेन कुर्यां यदेव भगवान्वेद तदेव में ब्रूहिति," अर्थात् "जिससे मुझे अमृत्व की प्राप्ति न हो उसका मैं क्या करूँगी?" फिर मैत्रेयी ने याज्ञवल्क्य से पूछा था कि अमृत्व जिससे प्राप्त हो वह ज्ञान दो। तत्पश्चात् याज्ञवल्क्य ने प्रसन्न होकर आत्मतत्व की शिक्षा मैत्रेयी को दी थी। यह वैराग्य विवेक से उत्पन्न है। यह जिज्ञासा वैराग्य है।

जब आपका लक्ष्य आत्मज्ञान जैसा महत्त्वपूर्ण हो तो, सांसारिक भोग तुच्छ हो जाते हैं। बच्चों के लिए गुब्बारे महत्त्वपूर्ण होते हैं, किन्तु जब आप परिपक्व हो जाते हैं तो आप गुब्बारा प्रेम का अतिक्रमण कर देते हैं, फिर आपके पास उनसे अधिक महत्त्वपूर्ण कार्य होते हैं।

शमादिसाधनसम्पतिः का? शमोदम उपरमस्तितिक्षा श्रद्धा समाधानं चेति।

अर्थ—शमादि साधन सम्पत्ति क्या है? शम, दम, उपरम, तितिक्षा, श्रद्धा एवं समाधान।

व्याख्या—शिष्य पूछता है कि शमादि साधन सम्पत्ति क्या है?

गुरु उत्तर देता है कि शम, दम, उपरम, तितिक्षा, श्रद्धा एवं समाधान यह छः योग्यताओं को मिलाकर शमादि सम्पत्ति कहते हैं।

शमः कः? मनोनिग्रहः।

अर्थ—शम किसे कहते हैं? मन का निग्रह।

व्याख्या—शिष्य प्रश्न पूछता है कि शम क्या है?

गुरु उत्तर देता है कि मनोनिग्रह अर्थात् मन के ऊपर आधिपत्य या मन कैसे कार्य करे इसमें दक्षता।

मन के साथ कोई युद्ध नहीं है। किसी को परास्त नहीं करना है। अगर आपका मन, जिस कार्य को आप कर रहे हैं उसके लिए उपलब्ध है तो, आपके पास यह सम्पत्ति है। नहीं तो आप श्रवण करने बैठे हैं। गुरु उपदेश दे रहा है और आपका मन घर की परिस्थितियों का आकलन कर रहा होगा। इस तरह इधर-उधर भागते रहने वाला मन आत्मज्ञान के लिए उपयुक्त नहीं है। अतः मनोनिग्रह की आवश्यकता है। मन को जब आवश्यकता हो जिस प्रकार की आवश्यकता हो, उस हिसाब से उपलब्ध रहना चाहिए। यह आपकी मन की दक्षता को दर्शाता है।

मनोनिग्रह का अर्थ यह नहीं है कि भावनाएँ नहीं होनी चाहिए या उसमें कोई विचार नहीं होने चाहिए। यह तात्पर्य नहीं है।

मन का अगर उचित सहयोग नहीं है तो, आपके पास शान्ति नहीं हो सकती व अशान्त मन ज्ञान की प्राप्ति के लिए कदापि उपयुक्त नहीं कहा जा सकता।

अगर आपके पास शम की सम्पत्ति मौजूद है तो, ये दम प्राप्ति में भी उपयोगी है।

शम प्राप्ति के उपाय क्या हैं?

सर्वप्रथम अपने मन के द्वारा उत्पन्न भावनात्मक उद्वेगों को पहचानें व उनके द्वारा उत्पन्न अशान्ति व बाधाओं का विश्लेषण करें। ऐसी भावनाएँ जो आपको लगता है कि अशान्ति उत्पन्न करती हैं उन्हें पहचानें, जैसे मेरे मन में क्रोध है, ईर्ष्या है, लालच है, जो कुछ भी है स्वीकार करें। ईमानदारीपूर्वक यह कार्य करें और कुछ समस्या है तो उसे स्वीकार करें। समस्या को जानना व उसे स्वीकार करना उसके समाधान की तरफ़ पहला कदम है। जब वे भावनाएँ उठें तो उनको पहचानें व उनका विश्लेषण करें। जानने का प्रयास करें कि कैसे वे आपके अन्दर ही छुपी हैं और कैसे जब कोई उनको सतह पर लाने का निमित्त बंनता है, वे तुरन्त सतह पर आ जाती हैं। इस पर ईमानदारीपूर्वक कार्य करने की आवश्यकता है।

जब कोई व्यक्ति आप को क्रोध दिलाता है तो, वह क्रोध को उत्पन्न नहीं करता। क्रोध सदैव से ही आप में है। वह सिर्फ़ ढका रहता है। एक दिखावटी चादर ओढ़ी रहती है शान्ति की। दूसरा तो सिर्फ़ उस चादर को हटाने का निमित्त बनता है।

जब आप इन भावनाओं को उठने पर पहचानने लगें, बजाय इसके कि आप उनके साथ ही बह जायें, तो इनका विश्लेषण करें, कैसे ये आपको अशान्ति प्रदान करती हैं और कैसे ये आपके आत्मज्ञान के लक्ष्य में बाधा बन सकती हैं। विश्लेषण करने पर ये शान्त होती हैं। कर्म एवं कर्मफल का ज्ञान, प्रभु स्मरण, कर्मयोग का अभ्यास भी इसमें काफ़ी सहायता करता है और आप अपने मन पर दक्षता प्राप्त कर सकते हैं। ध्यान व मन्त्र जप इसमें काफ़ी उपयोगी साबित होता है।

यह समझना आवश्यक है कि ये भावनाएँ, जो अशान्ति का कारण हैं, वे भी प्रकृति की व्यवस्था का ही भाग हैं और यह व्यवस्था भी ईश्वर ही है। ईश्वर ही इस प्रकृति की व्यवस्था के रूप में प्रकट होता है।

दमः कः ? चक्षुरादिबाह्येन्द्रियनिग्रहः।

अर्थ—दम किसे कहते हैं? चक्षुः आदि बाह्य इन्द्रियों का निग्रह।

व्याख्या—शिष्य के पूछने पर कि दम क्या है?

गुरु उत्तर देता है कि चक्षु आदि जो बाह्य इन्द्रियाँ हैं, उनको अपने प्रभुत्व में रखना ही दम है।

इन्द्रियाँ दो तरह की हैं। ज्ञानेन्द्रियाँ एवं कर्मेन्द्रियाँ।

ज्ञानेन्द्रियाँ वे हैं जिनके द्वारा हमें विभिन्न शब्दस्पर्शादि अनुभव प्राप्त होते हैं।

ये पाँच हैं—

श्रोतेन्द्रियाँ—जिनसे हम सुनते हैं वे इन्द्रियाँ। ध्यान रखने वाली बात है कि कर्ण जो कि श्रोतेन्द्रियों के रूप में जाने जाते हैं जब हम उनकी बात श्रोतेन्द्रियों के रूप में करते हैं, तो इसका अर्थ जो दिखायी दे रहे हैं, वे कान न होकर

सूक्ष्म शरीर में स्थित श्रोतेन्द्रिय हैं। जो हमें स्थूल शरीर में दृश्य है, उसे गोलक कहा जाता है।

स्पर्शेन्द्रिय—वह इन्द्रिय जिससे हमें स्पर्श का एहसास होता है। इसका गोलक स्थूल शरीर में त्वचा के रूप में है।

चक्षुः इन्द्रिय—वह इन्द्रिय जिससे दिखता है। गोलक आँखों के रूप में है।

रसनेन्द्रिय—वह इन्द्रिय जिसमें रस ग्रहण की क्षमता है। गोलक जिह्वा के रूप में है।

घ्राणेन्द्रिय—वह इन्द्रिय जिसमें सूँघने की क्षमता है। गोलक नाक के रूप में है।

कर्मेन्द्रियों का अर्थ है वे इन्द्रियाँ जो कि कर्म करने में सक्षम हैं। ये भी पाँच हैं।

हस्तेन्द्रिय—वह इन्द्रिय जिसमें पकड़ने की क्षमता है। इसका गोलक हाथ है।

पादेन्द्रिय—वह इन्द्रिय जिसमें गति की क्षमता है। इसका गोलक पैर है।

वागेन्द्रिय—वह इन्द्रिय जिसमें बोलने की क्षमता है। इसका गोलक भी जिह्वा है।

जननेन्द्रिय—वह इन्द्रिय जिसमें उत्पत्ति की क्षमता है। इसका गोलक उपस्थ है।

गुदेन्द्रिय—वह इन्द्रिय जिसमें मलों को निष्कासित करने की क्षमता है। इसका गोलक गुदा व रोमछिद्र हैं।

इन इन्द्रियों पर प्रभुत्व ही दम है।

इन इन्द्रियों को अन्तःकरण के सापेक्ष बाह्य माना जाता है और ये बहिर्मुखी हैं, इनकी गति बाहर की तरफ़ होती है, अतः इन्हें बाह्य इन्द्रियाँ कहा गया है।

ज्ञानेन्द्रियों पर प्रभुत्व का क्या अर्थ है? ज्ञानेन्द्रियों की सहायता से ही हमारा अन्तःकरण आधार सामग्री प्राप्त करता है। जिसके आधार पर वह विश्लेषण करता है और हमें संसार के विभिन्न अनुभव प्राप्त होते हैं। अगर हम अपनी ज्ञानेन्द्रियों को इस प्रकार से तैयार करें कि जो अनुभव हमारे आध्यात्मिक विकास में सहायक हैं, उनको हम अधिक-से-अधिक ग्रहण करें और इसके विपरीत की अधिक-से-अधिक उपेक्षा करें। जैसे अधिकांश

व्यक्ति राजनीतिज्ञों और अभिनयकर्ताओं के प्रति व्यर्थ प्रलाप को पसन्द करते हैं और लगातार ऐसे मौकों की खोज में रहते हैं जहाँ उन्हें इनकी गप्प हाँकने को मिले। अगर आपका इन्द्रिय निग्रह हो तो, आप इस प्रकार के व्यर्थ के कार्यों से अपने आपको दूर रख सकते हैं जो कि आध्यात्मिक विकास में नकारात्मक प्रभाव डालते हैं।

कई बार ऐसे दृश्य या शब्द हमें देखने-सुनने पड़ जाते हैं जो कि मन के लिए उपयुक्त नहीं हैं, इनमें रस न लें और जितनी जल्दी हो उस स्थान या परिस्थिति से अपने आपको अलग करें। जो अनुभव आध्यात्मिक विकास में सहायक हैं उनमें अपनी इन्द्रियों को समुचित रूप से लगाये रखना यह ही ज्ञानेन्द्रिय निग्रह है, यह दम है।

माना कुछ ऐसी परिस्थितियाँ होती हैं। कोई व्यक्ति आपके अन्दर के क्रोध को बाहर लाने का निमित्त बन जाता है। शम काम नहीं करता और आप क्रोधित हो जाते हैं। अब क्रोध जब उत्पन्न हो गया तो आप अपनी इन्द्रियों को अपने वश में रखते हुए उस व्यक्ति से कह सकते हैं कि अभी आप क्रोध में हैं। हम आपस में बाद में बात करेंगे, जब परिस्थितियाँ अनुकूल हों और दोनों क्रोध में न हों। इस तरह भावनाओं को जो दूसरे को हानि पहुँचा सकती हैं, उनको पहचानना और उनकी इन्द्रियों द्वारा सर्वश्रेष्ठ ढंग से अभिव्यक्ति जिससे सबको कम-से-कम कष्ट हो, यह भी दम है।

जब कोई आपको कष्ट पहुँचाता है तो, यह समझना आवश्यक है कि प्रत्येक व्यक्ति के व्यवहार का कारण उसके संस्कार होते हैं। किन परिस्थितियों में उसका पालन-पोषण हुआ है। उसको कैसा अन्तःकरण ईश्वर की कृपा से पूर्वजन्म कृत कर्मों से प्राप्त हुआ है। अगर ये सारी परिस्थितियाँ आपकी भी वैसी ही होतीं तो, आप भी उस परिस्थिति में वही करते जो उसने किया है। इस तरह से हम उसके द्वारा किये गये कर्म को मान्यता प्रदान करते हैं। यह समझना आवश्यक है कि उसके द्वारा किये गये कर्म ईश्वर की व्यवस्था व उसके नियमों के ही अनुसार हैं। उन्हें न्यायोचित नहीं ठहराया जा सकता, किन्तु फिर भी उनको ईश्वर की व्यवस्था के अनुरूप ही देखना और मान्यता प्रदान करना आवश्यक है।

रसनेन्द्रिय का ध्यान रखना अति आवश्यक है। क्या भक्ष्य है? क्या अभक्ष्य है? इसका ध्यान रखना अति आवश्यक है। वैदिक अध्ययन में प्रगति चाहने वाला मद्य, प्याज, लहसुन आदि अभक्ष्यों को अवश्य त्याग दे।

वागेन्द्रिय का ध्यान भी अवश्य रखें। वाक् संयम को योग का प्रथम द्वार माना जाता है, जिससे किसी को कष्ट पहुँचे ऐसा भाषण न करें। सत्य भाषण करें। बोलने से पहले सोचें कि आपके वाक्य अनुद्वेग कारक हों। इनसे किसी को कष्ट न पहुँचे। निश्चित करें कि जो आप बोल रहे हैं वह सत्य व मन को प्रिय लगने वाला हो। जो कुछ आप बोल रहे हैं, उसका कोई उद्देश्य हो। निरुद्देश्य ही, बिना आवश्यकता के व्यर्थ में ही बोलते न रहें। यह भी देखें कि दूसरा आपकी बात को सुनना भी चाहता है कि नहीं।

दम का क्या महत्त्व है?

दम साधक को शम के अभ्यास में सहायता प्रदान करता है। जब हम बाह्य इन्द्रियों द्वारा भेजी जाने वाली सामग्री पर नज़र रखते हैं। हम ऐसी सामग्री को छानते रहते हैं, जो कि आध्यात्मिक विकास में बाधक है और हम उनसे दूरी बनाये रखते हैं। इससे शम के अभ्यास में भी सहायता प्राप्त होती है।

दम हमें अनावश्यक अपराध बोध एवं अन्यों व अपने आपको अनावश्यक कष्ट से बचाता है। व्यर्थ का समय व ऊर्जा को बर्बाद होने से बचाता है। अतः यह साधक की एक महत्त्वपूर्ण सम्पत्ति है।

दम की प्राप्ति के उपाय?

मौन, उपवास आदि धार्मिक अभ्यास जिनमें आपको अपनी इन्द्रियों पर नियन्त्रण की आवश्यकता होती है, वे भी दम की प्राप्ति में सहायक होते हैं।

अपनी दिनचर्या का विश्लेषण करें कि आप प्रत्येक कार्य को मर्यादित रूप से करें। शास्त्रों द्वारा निर्धारित मर्यादाओं का अवश्य पालन करें। किसी भी वस्तु में अगर आपको लगता है कि आपकी अति आसक्ति है तो, उनको मर्यादित करने का संकल्प के साथ अभ्यास करें। संकल्प आपको आवश्यक शक्ति व प्रेरणा प्रदान करता है। बिना सशक्त संकल्प के किये गये

प्रयास अधिकतर निष्फल हो जाते हैं।

उपरमः कः ? स्वधर्मानुष्ठानमेव।

अर्थ—उपरम किसे कहते हैं? स्वधर्म के अनुष्ठान को ही उपरम कहते हैं।

व्याख्या—शिष्य का प्रश्न है कि उपरम किसे कहते हैं?

गुरु का उत्तर है कि स्वधर्म अनुष्ठान। हालाँकि उपरम अन्य अर्थों में भी प्रयुक्त होता है, किन्तु गुरु के अनुसार यहाँ पर यह स्वधर्मानुष्ठान के अर्थ में है।

'स्व' का अर्थ है अपना एवं 'धर्म' का अर्थ है, आपके शास्त्रों द्वारा निहित कर्तव्य। 'अनुष्ठान' का अर्थ है उनका पालन करना, उनका अभ्यास करना। अतः अर्थ हुआ अपने उन कर्तव्यों का पालन करना, जो शास्त्रों द्वारा आपके लिए निहित हैं।

अगर हम वह करते हैं जो हमें नहीं करना चाहिए व वह नहीं करते जो करना चाहिए तो, इसे प्रमाद कहा जाता है। अपने कर्तव्यों के प्रति अजागरूकता और उनका लोप, प्रमाद है।

जैसे संध्यावन्दन द्विज मात्र के लिए कर्तव्य बताया गया है। संध्यावन्दन को नित्य करना उपरम व जागरूकता की कमी या अकारण ही उसका लोप प्रमाद कहा जायेगा।

कर्तव्यों के रास्ते में हमारे राग, द्वेष बाधा नहीं बनने चाहिए। हमें वह नहीं करना चाहिए जो हमारा मन करता है, अपितु वही करना चाहिए जो कर्तव्य है। जहाँ बात धर्म की हो वहाँ अपनी पसन्द-नापसन्द को किनारे रखना आवश्यक है।

जब आप धर्म का अनुसरण करते हैं तो, आपको सन्तुष्टि का एहसास होता है एवं आपको किसी कार्य को करने पर ग्लानि का अनुभव नहीं होता। क्योंकि आप धर्म के साथ हैं, इसलिए ग्लानि क्यों होगी? "धर्मः रक्षति रक्षितः" "जो धर्म की रक्षा करता है, धर्म उसकी रक्षा करता है।" ईश्वर की कृपा का भी आपको अनुभव होता है।

उपरम की प्राप्ति के साधन क्या हैं?

शास्त्र में प्रमाण्य बुद्धि होनी आवश्यक है। आप इससे पूरी तरह सहमत होने चाहिए कि आपके जो कर्तव्य शास्त्रों द्वारा निहित हैं, वे ही आपके लिए सर्वश्रेष्ठ हैं। धर्म का आपके जीवन में महत्त्वपूर्ण स्थान होना, उस पर श्रद्धा होना आवश्यक है। इसके मूल्य को आपको समझना पड़ेगा।

तितिक्षा कः? शीतोष्णसुखदुःखादि सहिष्णुत्वं।

अर्थ—तितिक्षा क्या है? शीत-उष्ण, सुख-दु:ख आदि के प्रति सहनशीलता।

व्याख्या—शिष्य का प्रश्न है कि तितिक्षा क्या है?

गुरु का उत्तर है कि शीत-उष्ण आदि जो एक-दूसरे के विपरीत प्रतीत होने वाले अनुभव होते हैं। जो सुख-दु:ख प्रदान करते हैं, उनके प्रति सहिष्णुता। उनको बिना किसी प्रकार की शिकायत बिना प्रतिकार के सहना तितिक्षा है।

अगर तितिक्षा नहीं है तो ज़्यादा-से-ज़्यादा आपका समय शिकायतें करते हुए गुज़रेगा। आप परिस्थितियों को अपने सुखानुकूल बनाने में अपना अधिक समय व्यतीत करते रहेंगे।

तितिक्षा प्राप्ति के साधन क्या हैं?

सर्वश्रेष्ठ साधन है कर्मयोग। कर्मयोग में आप प्रत्येक कर्म को ईश्वर को अर्पित करते हुए चलते हैं और जो कुछ परिस्थितियाँ आपके जीवन में आपके सामने आती हैं। आप उन्हें ईश्वर का प्रसाद मानकर ग्रहण करते हैं। यही कर्मयोग है। प्रसाद में क्या है, इसके प्रति कभी कोई दुर्भाव नहीं रखा जाता। न ही प्रसाद में यही मिलना चाहिए, ऐसी कोई पूर्वधारणा बनायी जाती है। प्रसाद में क्या मिलता है आप उस हिसाब से निर्धारित अवश्य करते हैं कि उसका क्या इस्तेमाल किया जाये, पर उसके प्रति आपके मन में शिकायत या दुर्भावना नहीं होती। जैसे प्रसाद में भस्म मिल जाये तो आप उसे माथे पर लगा लेते हैं। पुष्प मिल जाये तो उसे सिर पर रख देते हैं। फल मिल जाये तो खा लेते हैं। अर्थात् क्या प्रसाद मिलता है, उस हिसाब से प्रसाद को सर्वश्रेष्ठ रूप से ग्रहण करते हैं। किन्तु उसकी अवमानना नहीं करते। जो कुछ कर्मों का फल

ईश्वर प्रदान करता है उसको प्रसाद बुद्धि से ग्रहण करना, यही कर्मयोग है।

ईश्वर से प्रार्थना करें कि मुझे उन परिस्थितियों का सामना करने की उन्हें स्वीकार करने की क्षमता दें, जिन्हें मैं बदल नहीं सकता। हे ईश्वर इतना साहस प्रदान करें कि जिन्हें मैं बदल सकता हूँ उनको बदलूँ। हे ईश्वर इतनी बुद्धि प्रदान करें कि समझ सकूँ, मैं क्या बदल सकता हूँ एवं क्या नहीं।

श्रद्धा कीदृशी? गुरुवेदान्तवाक्येषुविश्वासः श्रद्धा।

अर्थ—श्रद्धा कैसी होती है? गुरु एवं वेदान्त वाक्यों में विश्वास श्रद्धा है।

व्याख्या—श्रद्धा कैसी होती है? गुरु का उत्तर है कि गुरु और वेदान्त वाक्यों में विश्वास श्रद्धा है।

अध्यात्म में हम चार प्रकार की श्रद्धाओं की बात करते हैं। ईश्वर श्रद्धा, आत्म श्रद्धा, शास्त्र श्रद्धा एवं गुरु श्रद्धा। यह चारों प्रकार की श्रद्धाओं की आवश्यकता होती है। मोक्ष साधन में आप ईश्वर से बचकर चोरी छिपे नहीं निकल सकते। उसकी कृपा अति आवश्यक है। आपकी ईश्वर पर श्रद्धा है तो, आपका शास्त्रों से सम्बन्ध जुड़ता है। तभी शास्त्र कृपा प्राप्त होती है। ईश्वर पर श्रद्धा नहीं है तो कर्मयोग नहीं हो पाता। बिना कर्मयोग के कई महत्त्वपूर्ण योग्यताओं से आप वंचित रह जाते हैं, जो ज्ञान मार्ग के लिए आवश्यक हैं। अध्यात्म मार्ग में कई उतार-चढ़ाव आते हैं। आपको लगातार प्रेरित रहना पड़ता है और इन सबके लिए ईश्वर की कृपा की, उस पर श्रद्धा की आवश्यकता होती है।

आत्मश्रद्धा भी आवश्यक है। आपका अपने ऊपर विश्वास होना आवश्यक है कि आप मोक्ष पुरुषार्थ के योग्य अधिकारी हो और आप में क्षमता है। अगर आपको अपनी क्षमता पर ही सन्देह होगा तो सफलता संदिग्ध ही है।

शास्त्रों पर श्रद्धा भी अति आवश्यक है। यहाँ पर शास्त्रों का तात्पर्य वेदान्त वाक्यों से है। शास्त्रों पर और जिसके द्वारा वे शास्त्र हम तक पहुँचते हैं उस गुरु पर श्रद्धा होना आवश्यक है।

शास्त्रों में प्रमाण्य बुद्धि का होना आवश्यक है। आपको विश्वास होना

चाहिए कि शास्त्र ही ब्रह्म ज्ञान के लिए एकमात्र उपाय हैं और गुरु वेदान्त वाक्यों के यथार्थ को हम तक पहुँचाने में पूर्ण रूप से सक्षम है। अगर गुरु एवं शास्त्रों पर ही सन्देह रहेगा तो, कैसे शंका रहित ज्ञान बुद्धि में स्थान ले सकता है?

जैसे रंग के लिए आँखें प्रमाण हैं। आँखें किस रंग का अनुभव करती हैं, उसकी पुष्टि कर्ण से नहीं की जा सकती। इसकी वैधता सिर्फ़ आँख से जाँची जा सकती है। कोई भी प्रमाण अपने आपसे ही प्रमाणित होता है, किसी अन्य से नहीं। अगर प्रमाण में कोई त्रुटि है, तो भी यह उसी प्रमाण से ही प्रमाणित किया जा सकता है। जैसे अगर आपको रंग में त्रुटि दिखाई देती है तो यह आँखों से ही प्रमाणित हो सकता है, कर्ण आदि अन्य इन्द्रियों से नहीं। इसी तरह आत्मज्ञान के लिए शास्त्र ही प्रमाण हैं। इन्हें किसी अन्य प्रमाण के माध्यम से मान्यता की न तो आवश्यकता है और न ही यह सम्भव है।

श्रद्धा का अर्थ यह नहीं कि अपनी बुद्धि का इस्तेमाल न करें। जैसे आप आँखों से कोई रंग देखते हैं तो आप अपनी बुद्धि का इस्तेमाल विश्लेषण के लिए अवश्य ही करते हैं। किन्तु आप आँखों को प्रमाण भी अवश्य ही मानते हैं। इसी तरह शास्त्रों को प्रमाण मानते हुए बुद्धि का युक्तिसंगत प्रयोग आवश्यक है।

श्रद्धा का अर्थ यह कदापि नहीं है कि प्रश्न न पूछें। जब भी कोई शंका उठे, उसके समाधान हेतु गुरु से प्रश्न अवश्य करें और उसका समाधान अवश्य करायें। दुश्तर्कों से अवश्य सतर्क रहें।

हम किसी प्रमाण की प्रमाणिकता की माँग, उसे प्रयोग किये बिना नहीं कर सकते। हम बिना आँख खोले यह माँग नहीं कर सकते कि पहले प्रमाण दें कि आँख मैं जब खोलूँगा तो मुझे दिखेगा। अगर आप आँखों का प्रयोग नहीं करोगे तो, कर्ण से आप इसकी प्रमाणिकता की जाँच नहीं कर सकते। जैसे मैं बोलूँ कि मैंने आँखें खोली हैं और मुझे सूर्य दिखाई दे रहा है। आपको इसकी जाँच के लिए आँख ही खोलनी पड़ेगी। आप कर्ण से इसकी प्रमाणिकता की जाँच नहीं कर सकते। इसी तरह शास्त्र ब्रह्मज्ञान का प्रमाण है और बिना इसके प्रयोग के इसकी प्रमाणिकता की माँग नहीं कर सकते। क्योंकि शास्त्रों के ज्ञान

के लिए शास्त्र ही प्रमाण हैं। आप किसी और प्रमाण से इनकी प्रमाणिकता की जाँच नहीं कर सकते। इसलिए शास्त्र को प्रमाण रूप में स्वीकार करना आवश्यक है और इसके लिए शास्त्रों में श्रद्धा की आवश्यकता है।

शास्त्र को किस विषय में प्रमाण के रूप में स्वीकार करना आवश्यक है?

जिस विषय के सन्दर्भ में हम यह कह रहे हैं कि यह विषय शास्त्रों द्वारा प्रतिपादित है एवं उस विषय एवं शास्त्रों में प्रतिपाद्य प्रतिपादक का सम्बन्ध है।

वेदों में घी का भी वर्णन आता है। क्या घी को जानने के लिए वेद आवश्यक हैं? क्या घी को और प्रमाणों से नहीं जाना जा सकता? यदि घी को सिर्फ़ वेदों द्वारा ही जाना जा सकता, यदि घी के लिए सिर्फ़ वेद ही प्रमाण होते तो घी हमारी इन्द्रियों द्वारा जाना जाने वाला नहीं होता। घी का ज्ञान वेदों द्वारा उद्घाटित नहीं है। क्योंकि यह अन्य प्रमाणों से भी जाना जा सकता है, अतः प्रतिपाद्य प्रतिपादक सम्बन्ध नहीं है। जीव ब्रह्म ऐक्यं विषय है उसके लिए शास्त्र ही प्रमाण हैं, अतः प्रतिपाद्य प्रतिपादक सम्बन्ध है। अतः ऐसे विषय जो कि शास्त्रों द्वारा ही जाने जा सकते हैं, जैसे पाप-पुण्य, स्वर्ग-नर्क, आत्मा, जीव ब्रह्म ऐक्यं, शास्त्र ही इनके लिए प्रमाण हैं।

गुरु पर श्रद्धा की क्यों आवश्यकता है?

यदि मैं गणित बिना गुरु के सीख सकता हूँ तो, वेदान्त में क्या समस्या है? ध्यान रहे "मैं अपने आप ही खोजूँगा" वाली बुद्धि वेदान्त में काम नहीं करती। वेदान्त में गुरुपरम्परा का महत्त्व है। वेदान्त एक ऐसा खजाना है, जिसकी चाबी गुरु के पास ही रहती है। जो गुरु परम्परा से उसे प्राप्त होती है। आप अपने आप पूरी ज़िन्दगी उस खजाने के इधर-उधर घूमते हुए व्यतीत कर देंगे और भ्रमित ही रहेंगे। अगर आप चाहते हैं कि आप उस खजाने को पा सकें तो, गुरु के अलावा कोई चारा नहीं है। मुण्डक भाष्य में भगवान शंकराचार्य कहते हैं कि "शास्त्राज्ञोपि स्वातांत्र्येण ब्रह्मज्ञानानुसंधानम् न कुर्यात," "आप अगर कई शास्त्रों को जानने वाले हैं तो भी बिना गुरु के ब्रह्मज्ञान प्राप्ति का प्रयास न करें।" अतः ब्रह्मानुसन्धान में गुरु का अत्यन्त महत्त्व है। वेदान्त के वाक्यों को किस तरह उद्घाटित करना है यह अत्यन्त महत्त्वपूर्ण है, अन्यथा

वेदान्त विरोधाभास से भरा पड़ा नज़र आता है और यह किसी को भी भ्रमित कर सकता है। इसलिए गुरु पर श्रद्धा की आवश्यकता है कि वह जो अर्थ प्रदान कर रहा है, जो चाबी वह हमें प्रदान कर रहा है, वह सही चाबी है। इस संरक्षित रखे गये ज्ञान एवं ज्ञान को उद्घाटित करने की विधि को सम्प्रदाय कहते हैं। यही ज्ञान गुरु-शिष्य परम्परा के माध्यम से सुरक्षित रखा गया है।

श्रद्धा की आवश्यकता क्यों है?

कई लोगों को श्रद्धा के नाम से परेशानी होती है, क्योंकि वे कई जगह श्रद्धा के नाम पर ठगे गये होते हैं। अतः श्रद्धा नाम के प्रति उनमें नकारात्मक भावना भर जाती है। हर जगह यह होता है कि आपको सकारात्मक व नकारात्मक दोनों प्रकार के लोग मिलते हैं। किन्तु आप अपने दैनिक जीवन में देखेंगे कि श्रद्धा के बिना कई कार्य ऐसे हैं जो सम्भव नहीं। माना आप एक सर्जरी के लिए जा रहे हैं, तो क्या आपकी यह डॉक्टर पर श्रद्धा ही नहीं कि वह सब कुछ ठीक ही करेगा? वह जो औजार प्रयोग कर रहा है, वे उचित ही होंगे। वह जब एनेस्थीसिया देगा तो भी आप बाद में होश में आ ही जाओगे। अगर आपकी श्रद्धा नहीं है तो आप सर्जरी के लिए नहीं जा सकते। आपको अगर डॉक्टर या अस्पताल पर श्रद्धा है तो आप चिन्तामुक्त रह सकते हैं।

इसीलिए कहा भी गया है— "श्रद्धावान लभते ज्ञानं," अर्थात् "श्रद्धावान को ही ज्ञान की प्राप्ति होती है।" शंकालु प्रवृत्ति वाले ज़्यादा समय तक इस मार्ग पर टिक नहीं पाते।

श्रद्धा प्राप्ति के उपाय?

पहले इस बात को पूर्ण रूप से शंकारहित रूप से समझना आवश्यक है कि आत्मज्ञान के लिए शास्त्र ही एकमात्र प्रमाण हैं। इसको जितने बेहतर रूप से आप समझ पायेंगे उतनी आपकी शास्त्रों में श्रद्धा प्रगाढ़ होगी।

गुरु के महत्त्व को समझना और गुरु की महिमा जैसी शास्त्रों में बतायी गयी है, उसे समुचित रूप से समझने से गुरु के प्रति श्रद्धा का आविर्भाव होता है।

ईश्वर के लिए की गयीं प्रार्थनाएँ श्रद्धा को बढ़ाने में सहायक होती हैं।

ईश्वर से उचित गुरु की प्राप्ति के लिए प्रार्थना अवश्य करनी चाहिए। अगर आप गुरु की खोज में हैं तो, आप में उतनी क्षमता शायद ही हो कि आप गुरु की क्षमता को पहचान सकें। अगर आप में इतनी क्षमता है कि आप जान सकें कि दूसरे को ब्रह्मज्ञान है कि नहीं, तो आप ब्रह्मज्ञानी ही हैं। आपको गुरु की आवश्यकता नहीं। अतः गुरु प्राप्ति में कई बार आप गलत हाथों में भी चले जाते हैं और अपना समय व शक्ति व्यर्थ करते हैं। अतः उचित गुरु की प्राप्ति के लिए ईश्वर की कृपा की आवश्यकता होती है। अगर आप गलत गुरु पर श्रद्धा करते हैं तो, शायद आप अपना श्रम व समय बर्बाद करेंगे। किन्तु इसी भय में अगर सही गुरु पर श्रद्धा न कर पाओ तो, कुछ भी न पा सकोगे। अतः मुझे सही गुरु प्राप्त हो, इसके लिए ईश्वर से प्रार्थना करते रहें। अपनी शिष्यत्व की योग्यता को परिष्कृत करें तो सही गुरु की प्राप्ति होगी व उस पर श्रद्धा भी होगी।

जब आपको सहायता की आवश्यकता है तो, आप सहायता माँग सकते हैं। इसमें कुछ भी गलत नहीं है। अगर आप सहायता माँगते हो तो, जिस स्रोत से सहायता माँगते हो, उस पर श्रद्धा होनी आवश्यक है। अगर श्रद्धा न हो तो मिलने वाली सहायता का पूरा उपयोग नहीं कर पाओगे।

वेदान्त हमें एक समीकरण प्रदान करता है। समीकरण में दो भाग हैं जो कि समान होने पर भी भिन्न प्रतीत होते हैं। वेदान्त उद्घाटित करता है कि जीव एवं ईश्वर समान हैं। यहाँ पर दोनों ध्रुव विरोधी प्रतीत होते हैं और कोई समानता नज़र नहीं आती। यहाँ पर अगर हमारी श्रद्धा नहीं है तो हम, यह समीकरण सिद्ध कैसे होती है, इसे जानने का प्रयास ही नहीं करेंगे। शुरुआत में ही पूरा पक्ष जाने बगैर इसका खंडन कर देंगे। अतः यह देखने के लिए कि जाँच की जाये कि यह कैसे सही है। इस हेतु आपको शंका का लाभ शास्त्रों को देना ही पड़ेगा। अगर जाँच के पश्चात् आपको प्रतीत हो कि यह समीकरण सिद्ध नहीं होती, समीकरण त्रुटिपूर्ण है। फिर आप स्वतन्त्र हैं कि आगे कि खोज जैसा आपको उचित प्रतीत हो वैसे ही करें। किन्तु आपको इसे समझने के लिए शास्त्रों पर श्रद्धा रखनी होगी, ताकि जाँच आगे बढ़ सके। धीरे-धीरे धीर पुरुषों की यह श्रद्धा ही प्रमाण्य बुद्धि में बदल जाती है।

समाधानं किम्? चित्तेकाग्रता।

अर्थ—समाधान किसे कहते हैं? चित्त की एकाग्रता।

व्याख्या—समाधान किसे कहते हैं? गुरु द्वारा उत्तर दिया गया कि चित्त की एकाग्रता। किसी विषय पर चित्त को केन्द्रित रखने की क्षमता को चित्त एकाग्रता कहते हैं। "एकम् अग्रे यस्य सः एकाग्रः" अर्थात् "जिसके लिए एक समय में एक ही वस्तु या विषय उसके सामने हो वह एकाग्र है।" जैसे वेदान्त का आप श्रवण कर रहे हों तो, आपके चित्त में उस समय सिर्फ़ वेदान्त ही हो, वह इधर-उधर न भटक रहा हो। समाधान को शंकाओं के निवारण के रूप में भी जाना जाता है। किन्तु यहाँ ध्यान को एक ही जगह पर केन्द्रित रखने की यह क्षमता ही समाधान कही गयी है।

यहाँ पर "सम्यक् आधानं" को समाधान कहा गया है। इसका अर्थ हुआ मन को उचित जगह पर लगाना, एकाग्र होने की क्षमता एकाग्रता है। चित्त एकाग्रता का अर्थ हुआ चित्त की एकाग्र होने की क्षमता। अगर आप वेदान्त श्रवण कर रहे हैं तो, जो उपदेश दिये जा रहे हों, चित्त उन पर ही एकाग्र हो। अगर ऐसा है तो आपके पास समाधान सम्पत्ति उचित मात्रा में उपलब्ध है।

चित्त एकाग्रता की क्यों आवश्यकता है?

अगर आप में एकाग्रता है तो, आप विषय की गहराई में जा सकते हैं। अन्यथा विषय की गहरी समझ हो पाना संदिग्ध है। श्रवण में भी कुछ विषयों को आप समझ पाते हैं और कुछ आप सुन ही नहीं पाते, क्योंकि चित्त वहाँ था ही नहीं। इससे विषय की बहुत उथली समझ ही हो पाती है। क्योंकि चित्त एकाग्र ही नहीं था। फिर आपको उनको पुनः दोहराना पड़ता है अन्यथा विषय समुचित रूप से बुद्धि में नहीं बैठता। यदि फिर भी विषय एकाग्रता की कमी से बुद्धि में भली-भाँति नहीं बैठता तो आप या तो गलत को सही समझ लेंगे या फिर निराशा का उद्‌भव होता है और प्रतीत होने लगता है कि यह आपकी क्षमता से बाहर की बात है। ऐसे में आप अपने लक्ष्य से डगमगा जाते हैं।

अपने लक्ष्य पर केन्द्रित रहना और प्राप्ति तक उससे इधर-उधर न होना भी समाधान है।

चित्त एकाग्रता की प्राप्ति के उपाय क्या हैं?

ध्यान एवं आसन की साधना इसके उपाय हैं। आप एक ही अवस्था में बैठने का अभ्यास अवश्य करें। पद्मासन, अर्धपद्मासन या सुखासन में कम-से-कम 45 मिनट तक ध्यान लगाकर बैठने का अभ्यास करें। इस साधना से एकाग्रता बढ़ती है।

इसी के साथ शमादिषट्क सम्पत्ति का विवरण पूरा होता है। आगे साधन चतुष्ट्य की अन्तिम सम्पत्ति मुमुक्षुत्व की चर्चा है।

मुमुक्षुत्वं किम्? मोक्षो मे भूयादिति इच्छा।

अर्थ—मुमुक्षुत्व किसे कहते हैं? हमें मोक्ष की प्राप्ति हो यह इच्छा।

व्याख्या—यह साधन चतुष्ट्य की अन्तिम सम्पत्ति के रूप में वर्णित है। शिष्य का प्रश्न है कि मुमुक्षुत्व क्या है?

गुरु उत्तर देता है कि मुझे मोक्ष की प्राप्ति हो ऐसी इच्छा मुमुक्षुत्व है। मुमुक्षु की स्थिति मुमुक्षुत्व है। मुमुक्षु की एक ही मुख्य इच्छा होती है, वह है मोक्ष की प्राप्ति। अन्य सभी इच्छाएँ इसकी प्राप्ति के लिए सहयोग के रूप में ही होती हैं। सभी इच्छाएँ मोक्ष से ही मुख्यतः सम्बद्ध रहती हैं। ऐसी मनःस्थिति और दृढ़ निश्चय ही मुमुक्षुत्व है। इसका अर्थ यह नहीं कि आपको रातों को नींद न आती हो। आप बेचैन व अधीर हों। किन्तु आप तैयार हों वे सब कुछ करने के लिए जो मोक्ष प्राप्ति के लिए आवश्यक है, इसके प्रति आपका निश्चय दृढ़ है। यह मुमुक्षुत्व है।

मुमुक्षुत्व क्यों आवश्यक है?

मोक्ष प्राप्ति की जो यात्रा है, मुमुक्षुत्व ही उसके लिए ईंधन का काम करता है। इसके अभाव में अधिक प्रगति सम्भव नहीं है। अगर आप कुछ लोगों पर थोड़ा वेदान्त का प्रभुत्व जमाने के लिए, दिखावे के लिए वेदान्त का अध्ययन कर रहे हैं, तो अधिक प्रगति की सम्भावना नहीं है। आपको इस विषय का गहन ज्ञान नहीं हो पायेगा और न ही मोक्ष तक की यात्रा ही ईंधन के अभाव में पूरी हो पायेगी।

यदि अन्य साधन सम्पत्तियों की कहीं कुछ कमी भी है, किन्तु अगर आप मुमुक्षु हैं तो आप उनकी प्राप्ति के उपाय कर लेंगे। क्योंकि आप वे सब कुछ करने को तत्पर रहते हैं जो कि आपके इस लक्ष्य में सहायक हैं। मुमुक्षुत्व के अभाव में ऐसा करने का कोई ठोस प्रेरणादायक कारण न रहेगा, जिससे आप जैसे भी कष्ट हों उठाने को तैयार हों।

मार्ग में कई लोभ भी हैं, जो मति को भ्रमित कर देते हैं। मुमुक्षुत्व के अभाव में इस मार्ग पर बने रहना संदिग्ध है।

मुमुक्षुत्व प्राप्ति के उपाय क्या हैं?

विवेक, मुमुक्षुत्व की प्राप्ति का उपाय है। नित्य-अनित्य वस्तुओं का विवेकपूर्वक गहन विश्लेषण। अपने स्वयं के जीवन का, अपने लक्ष्य का और उसके लिए प्रयुक्त साधनों का विवेकपूर्वक गहन विश्लेषण मुमुक्षुत्व की उत्पत्ति में सहायक होता है। कर्मयोगी का जीवन जीना इसके लिए अत्यन्त महत्त्वपूर्ण है। मुमुक्षा ही बाद में ब्रह्मजिज्ञासा में परिवर्तित हो जाती है।

तथ्यात्मक रूप से हर कोई मुमुक्षु ही है। क्योंकि धर्म, अर्थ, काम के रूप में भी मोक्ष ही आपका लक्ष्य है। लेकिन हर किसी को हम मुमुक्षु नहीं कहते, क्योंकि तथ्यात्मक रूप से मोक्ष लक्ष्य होते हुए भी भ्रम के कारण लक्ष्य धर्म, अर्थ, काम ही प्रतीत होते हैं। अत: आपको मोक्ष को लक्ष्य के रूप में चुनना पड़ेगा, तभी आप इस सम्पत्ति के ग्राहक समझे जायेंगे।

एतत् साधन चतुष्ट्यम्। ततस्तत्त्वविवेकस्याधिकारिणो भवन्ति।

अर्थ—ये ही चार साधन हैं। इसके बाद ही तत्त्व विवेक के अधिकारी होते हैं।

व्याख्या—यह साधन चतुष्ट्य है। इसके पश्चात् वे सत् के विवेकपूर्ण ज्ञान के अधिकारी होते हैं। ऐसा कहकर यह बताया गया है कि यह साधन चतुष्ट्य ही प्रमुख अधिकारित्व है। अगर यह है तो आप अधिकारी हैं। इसमें लिंग, वर्णादि का वर्णन नहीं है, अपितु सिर्फ़ साधन चतुष्ट्य को ही योग्यता माना गया है।

साधन चतुष्ट्य सम्पत्ति आपको प्रयत्नपूर्वक ही प्राप्त करनी होगी। साधन चतुष्ट्य सम्पत्ति को समझना, इसको पाना नहीं है। आत्मज्ञान के सम्बन्ध में

आत्मा का ज्ञान ही आत्मा को पाना है, किन्तु साधन चतुष्ट्य के सम्बन्ध में यह लागू नहीं होता, क्योंकि साधन चतुष्ट्य क्रियातन्त्र है एवं आत्मा का ज्ञान वस्तुतन्त्र है। आपको इसका ज्ञान होना चाहिए, किन्तु इसके पश्चात् इसकी प्राप्ति के लिए प्रयास भी आवश्यक हैं। किस प्रकार के प्रयासों की आवश्यकता है वह हम पहले ही देख चुके हैं।

अगर आपको पी.एच.डी. करनी है तो आपको एम.ए. करना ही होगा। तभी आपको पी.एच.डी. करने का अधिकार प्राप्त होगा। एम.ए. करने में कितने साल लगते हैं? 15-20 साल और पी.एच.डी. में कुछ ही साल लगते हैं। इसी तरह साधन चतुष्ट्य सम्पत्ति की प्राप्ति में पर्याप्त समय लग सकता है और यह क्रमिक प्रक्रिया है।

साधन चतुष्ट्य महत्त्वपूर्ण है, किन्तु यह लक्ष्य नहीं है। यह मोक्ष नहीं है, अपितु यह उसकी प्राप्ति के लिए अधिकारित्व है। जैसे एम.ए. करना पी.एच. डी. नहीं है, अपितु यह अधिकार है कि अब आप पी.एच.डी. कर सकते हैं।

कैसे पता चले कि साधन चतुष्ट्य सम्पत्ति अब पर्याप्त मात्रा में है और अब हम अधिकारी हैं?

साधन चतुष्ट्य सम्पत्ति ही मोक्ष पुरुषार्थ को प्रासंगिक, प्रभावशाली और सुखद बनाती है। अतः अगर आपको इसमें बहुत संघर्ष नहीं करना पड़ता, अगर आपको लगता है यात्रा सुखद है, प्रभावपूर्ण है और इसकी प्रासंगिकता आपको स्पष्ट नज़र आती है, तो आपके पास मोक्ष पुरुषार्थ को प्रारम्भ करने के लिए आवश्यक साधन चतुष्ट्य सम्पत्ति है।

वेदान्त साधन चतुष्ट्य की प्राप्ति हेतु उत्तम साधन नहीं है, क्योंकि वह यह मानकर चलता है कि आप में ये योग्यताएँ हैं। हालाँकि हम थोड़ी बहुत साधन चतुष्ट्य सम्पत्ति से भी शुरुआत कर सकते हैं और धीरे-धीरे श्रवण, मनन, निदिध्यासन से इसकी प्राप्ति भी होती रहती है। किन्तु अगर साधन चतुष्टय बहुत ही कम मात्रा में है तो, उचित होगा कि पहले कुछ मात्रा में अर्जित करने पर अधिक ध्यान दिया जाये।

वेद पूर्वभाग, कर्मकाण्ड इसके लिए सर्वश्रेष्ठ साधन हैं। नित्य, नैमेत्तिक कर्म एवं कर्मयोग इसी को प्रमुखता से ध्यान में रखते हैं। वैदिक जीवन शैली, जो वेदों द्वारा विहित है, इसके लिए सर्वश्रेष्ठ है। शास्त्रों के प्रति व उनके वचनों के प्रति श्रद्धापूर्ण रवैया आवश्यक है। पूरी जीवनशैली श्रद्धापूर्ण होनी चाहिए। अतः पंच महायज्ञ एवं संध्यादि कर्म अति आवश्यक हैं। इसी को अन्तःकरण शुद्धि के रूप में भी जाना जाता है।

ईश्वर अर्पण बुद्धि होनी भी आवश्यक है। अपने प्रत्येक कर्म को ईश्वर की आराधना के रूप में देखें व उसी को प्रत्येक कर्म अर्पित करें। जो भी कर्मफल मिले, उसे ईश्वर का प्रसाद मानकर उसे धन्यवाद करते हुए प्रेमपूर्ण रूप से स्वीकार करें।

तत्त्वविवेक

तत्त्वविवेकः कः? आत्मा सत्यं तदन्यत् सर्वं मिथ्येति।

अर्थ—तत्त्वविवेक किसे कहते हैं? आत्मा सत्य है उसके अतिरिक्त सब कुछ मिथ्या है।

व्याख्या—शिष्य का प्रश्न है कि तत्त्वविवेक क्या है? जिसके लिए इस साधन चतुष्ट्य सम्पत्ति की आवश्यकता है, वह क्या है?

गुरु संग्रह वाक्य के रूप में उत्तर प्रदान करता है। उपदेश संक्षेप एवं विस्तार दो प्रकार से दिया जाता है। हमारे शास्त्रों में उपदेश पहले संग्रह वाक्य के रूप में संक्षेप में दिये जाने की परिपाटी है। उसके पश्चात् अगर श्रोता की शंका का निवारण नहीं होता और उसमें और जानने की उत्सुकता है तब जाकर विस्तार से वर्णन किया जाता है। इसको समास व व्यास पद्धति के रूप में भी जाना जाता है।

सिर्फ़ कुछ शब्दों में उत्तर देना व जिज्ञासा होने पर भी उसका विस्तार न समझाना भी उचित नहीं है। सीधे विस्तार में जाना, श्रोता इच्छुक है या नहीं इसको महत्त्व न देना भी उचित नहीं है।

गुरु का उत्तर है कि आत्मा सत्य है व उसके अतिरिक्त सब कुछ मिथ्या है।

आत्मा, सत्य व मिथ्या इन शब्दों के अर्थों को भली-भाँति जान लेना अति आवश्यक है।

सत्य—जिस प्रकार 'घट' एक वस्तु का नाम है, उसी प्रकार से 'सत्' या

'मिथ्या' किसी वस्तु का नाम नहीं है। यह हमारी किसी वस्तु की समझ को प्रकट करते हैं। किसी वस्तु की सत्तात्मक प्रकृति क्या है, इसके लिए सत् या मिथ्या शब्दों का प्रयोग होता है।

जिसका अस्तित्व है वह सत् है, जैसे घट, पट आदि, हालाँकि आगे विश्लेषण करने पर वे भी मिथ्या ही होते हैं। जिसका अस्तित्व नहीं है, उसको तुच्छ कहते हैं, शशश्रृंगवत्, जैसे खरगोश के सींग।

अब घट में भी घट जो है वह सार रहित नाम रूप है, जो अपने अस्तित्व के लिए मृत्तिका (मिट्टी) पर आधारित है। अतः हम कहते हैं कि घट मिथ्या है व मृत्तिका सत् है। हालाँकि मृत्तिका भी मिथ्या ही है, किन्तु इस दृष्टान्त के आधार पर सत् एवं मिथ्या को समझने के लिए इसे सत् कह रहे हैं।

अतः जो अपने अस्तित्व के लिए किसी अन्य पर निर्भर हो, वह मिथ्या है और जो किसी अन्य पर निर्भर न हो वह सत् है। इसे इस तरह भी कहा जा सकता है कि जो वस्तु न तो यह कहा जा सके कि यह सत् है और न ही वह तुच्छ के समान असत् ही हो, उसे मिथ्या कहते हैं। ''सदसद्भ्याम् अनिर्वचनीयम्,'' अर्थात् ''जो कि स्पष्ट रूप से सत्-असत् के रूप में परिभाषित नहीं किया जा सकता वह मिथ्या है।'' यह भी ध्यान रखने योग्य है कि कोई वस्तु मिथ्या है का तात्पर्य यह नहीं कि यह वस्तु बुरी है। मिथ्या शारीरिक रूप से सत्य से दूर नहीं है। यदि आपको सत् खोजना है तो आपको जहाँ मिथ्या है, वहीं देखना होगा। मृत्तिका कहाँ है? जहाँ घट है। जब हम कहते हैं कि आत्मा सत्य है व उसके अतिरिक्त सब कुछ मिथ्या, तो आत्मा कहाँ है? जहाँ कुछ भी है वहीं आत्मा है। जहाँ मिथ्या है वहीं सत् है। जगत् मिथ्या है तो सत् कहाँ है? जहाँ यह जगत् है वहीं सत् है।

आत्मा को सत् कहा गया है, अर्थात् आत्मा सत् है एवं जो आत्मा नहीं है वह मिथ्या है। तात्पर्य है कि आत्मा अपने अस्तित्व के लिए किसी अन्य पर निर्भर नहीं है। उसके अलावा सब कुछ अपने अस्तित्व के लिए आत्मा पर ही निर्भर है। मिथ्या का सार भी सत् ही होगा, जैसे घट का सार मृत्तिका है, जिस पर वह अपने अस्तित्व के लिए निर्भर है। अतः प्रत्येक वस्तु जो आत्मा

नहीं है वह मिथ्या है। वह अपने अस्तित्व के लिए आत्मा पर निर्भर है और उसका तत्त्व या सार या सत्य आत्मा ही है।

"आत्मा सत् है" का अर्थ है कि "मैं सत् हूँ" और मैं ही सबका सार हूँ। अगर यह कहा जाये कि ब्रह्म सत् है व वही सबका सार है तो हमें इससे समस्या न होगी, क्योंकि ब्रह्म श्रुति द्वारा प्रतिपादित शब्द है, जिसके बारे में हमें ज्ञान नहीं है। श्रुति पर हमें श्रद्धा भी है, तो हम मान लेंगे कि चलो एक ब्रह्म है और वह सत् है, सबका सार है। किन्तु जैसे ही यह कहा जाता है कि यह तुम ही हो तो शंका उत्पन्न हो जाती है, क्योंकि आप अपने आपको जानते हो। यह अलग बात है कि आप अपने प्रति गलत धारणाएँ अज्ञान के कारण बना लेते हो। पहले से ही देह-अभिमान के संस्कार इतने प्रबल होते हैं कि इस तथ्य को समझने में बाधक बन जाते हैं।

शास्त्र कहते हैं कि आपकी अपने प्रति जो धारणाएँ हैं, वे अज्ञानजनित हैं। आप अपने आपको जो नहीं हो, वह समझ लेते हो। अनात्मा को आत्मा समझ लेते हो। इसी के कारण भ्रम उत्पन्न होता है।

आत्मा की परिभाषा

आत्मा कः ?

अर्थ—आत्मा किसे कहते हैं?

व्याख्या—शिष्य प्रश्न करता है कि आत्मा क्या है? वह क्या है जिसकी आप बात कर रहे हो?

स्थूलसूक्ष्मकारणशरीराद्व्यतिरिक्तः पंचकोशातीतः सन्नवस्थात्रय साक्षी सच्चिदानन्दस्वरूपः सन् यस्तिष्ठति स आत्मा।

अर्थ—जो स्थूल, सूक्ष्म एवं कारण शरीर से भिन्न है, जो पाँचों कोशों से परे है, जो तीनों अवस्थाओं की साक्षी है एवं सच्चिदानन्दस्वरूप है, वह आत्मा है।

व्याख्या—दो प्रकार से आत्मा को बताया गया है। प्रथम आत्मा क्या नहीं है और द्वितीय आत्मा क्या है। यह बताया गया है कि आत्मा स्थूल, सूक्ष्म एवं कारण शरीर से भिन्न पाँच कोशों से अतीत तीनों प्रकार की अवस्थाओं की साक्षी है।

इस तरह बताने की क्या आवश्यकता थी? सीधे ही क्यों नहीं बताया गया कि आत्मा क्या है। जैसे मैं आपसे पूछता हूँ कि भारत का प्रधानमन्त्री कौन है? तो आप सीधे प्रधानमन्त्री कौन है ही बताओगे। यह नहीं बताओगे कि यह प्रधानमन्त्री नहीं है, वह भी प्रधानमन्त्री नहीं है।

इस तरह बताये जाने का कारण है। क्योंकि आत्मा पूरी तरह से हमारे लिए अज्ञात नहीं है एवं यह हमारे लिए पूरी तरह से ज्ञात भी नहीं है। अगर

कोई भी वस्तु भली प्रकार से ज्ञात हो, तो समस्या नहीं होती और अगर पूरी तरह अज्ञात हो, तो भी समस्या नहीं होती। किन्तु बीच की स्थिति भ्रान्ति उत्पन्न करने में सक्षम है। यह ही आत्मा के साथ है। यह हमारे लिए पूर्ण रूप से ज्ञात नहीं है। अतः हम भ्रान्ति से अनात्मा को आत्मा समझ लेते हैं और अनात्मा के गुण-धर्म को आत्मा पर अध्यारोपित कर देते हैं। यह भ्रान्ति सार्वभौमिक है। यह बात भी ध्यान देने योग्य है कि हम प्रत्येक अनात्मा को भी आत्मा नहीं समझते। हम यह नहीं समझते कि मैं घट या पट हूँ। अतः यहाँ स्पष्टीकरण की आवश्यकता नहीं है। जिन अनात्मा को हम आत्मा में अध्यारोपित करते हैं और उनके गुण-धर्म को आत्मा के गुण-धर्म समझ लेते हैं, उनका स्पष्टीकरण आवश्यक है। अतः स्पष्ट किया गया है कि ये अनात्मा, जिनको आप आत्मा समझ लेते हो, वे आत्मा नहीं हैं। इसको आत्मा-अनात्मा विवेक के नाम से भी जाना जाता है। इसे प्रसक्तस्यप्रतिषेद्ध कहते हैं, अर्थात् जो प्रासंगिक है, उसका प्रतिषेद्ध।

आप जब बोलते हो कि मैं पुरुष हूँ, मैं स्त्री हूँ, तो ये शरीर के ही गुण-धर्म हैं, जो आप 'मैं' जो कि आत्मा है, पर अध्यारोपित करते हैं। सर्वप्रथम यह जान लेना और इसे स्वीकार करना आवश्यक है कि यह भ्रान्ति है। तभी आगे की यात्रा सम्भव है। अगर समस्या ही नज़र नहीं आयेगी तो उसके निराकरण के लिए प्रयास भी सम्भव नहीं है।

अनात्मा, जिसकी आत्मा के रूप में भ्रान्ति होती है, को शास्त्र कई तरह से प्रस्तुत करते हैं। इसे प्रक्रिया कहा जाता है। उन्हीं प्रक्रिआओं में से एक है शरीर त्रय प्रक्रिया। गुरु उत्तर देता है कि तीनों शरीर स्थूल, सूक्ष्म एवं कारण से यह आत्मा भिन्न है। इन तीनों के बारे में आगे विस्तार से वर्णन है। यहाँ पर यह जान लेना आवश्यक है कि तीनों शरीर मिथ्या होने से सत् जो कि आत्मा है, उससे भिन्न नहीं हैं लेकिन आत्मा अवश्य ही तीनों से भिन्न है, जैसे घट मृत्तिका से भिन्न नहीं है, किन्तु मृत्तिका, घट नहीं है। अगर मृत्तिका को समाप्त कर दिया जाये तो घट भी समाप्त हो जायेगा। वहीं अगर हम घट को समाप्त कर दें तो मृत्तिका समाप्त नहीं होगी, उसका अस्तित्व बना रहेगा।

अगर अनात्मा को आत्मा से अलग करना है तो सिर्फ़ बौद्धिक रूप से

ही करना पड़ेगा, भौतिक रूप से मिथ्या, सत् से अलग नहीं है।

यह अनात्मा जो तीन शरीरों के रूप में प्रस्तुत की गयी है, वह ही पाँच कोशों के रूप में भी प्रस्तुत की जाती है। इसका भी आगे वर्णन होगा। यहाँ पर यह बताया गया है कि आत्मा पाँच कोशों से अतीत है, उनसे परे है। पाँच आवरण, जिनको कि कोश भी कहा जाता है, शरीर त्रय ही हैं। जिन्हें एक अलग प्रकार से प्रस्तुत किया गया है। इन्हें आवरण, जो कि ढक देता है, के रूप में देखा जाता है। हालाँकि यह भौतिक रूप से आत्मा को नहीं ढक सकते, क्योंकि मिथ्या सत्य को भौतिक रूप से ढक नहीं सकती। जैसे घट, मृत्तिका को नहीं ढक सकता, किन्तु यह भ्रान्ति के लिए आधार प्रदान करता है। ऐसे ही पाँच कोश भ्रान्ति के लिए आधार प्रदान करते हैं। जिनसे अनात्मा की आत्मा रूप में भ्रान्ति होती है। यह पाँच कोश हैं अन्नमय, प्राणमय, मनोमय, विज्ञानमय एवं आनन्दमय।

जब हम कहते हैं कि मैं उस दिन पैदा हुआ तो, यहाँ पर आत्मा को अन्नमय कोश समझने की भ्रान्ति का आधार अन्नमय कोश, जो कि स्थूल शरीर है, होता है।

जब हम कहते हैं कि मैं भूखा हूँ, स्वस्थ नहीं हूँ, तो यह आत्मा सम्बन्धी भ्रान्तियाँ ही हैं, जिनके लिए आधार प्राणमय कोश है। जब हम कहते हैं कि मैं दयालु हूँ, मैं उदार हूँ, तो ये मनोमय कोश सम्बन्धी भ्रान्तियाँ हैं। इसी प्रकार यदि आप कहते हैं, "मैं इतना बुद्धिमान हूँ" या "इतना मूर्ख हूँ," ये भी आत्मा सम्बन्धी भ्रान्तियाँ ही हैं, जिसके लिए आधार विज्ञानमय कोश है। यदि आप कहते हैं, "मुझे कुछ नहीं पता, मैं तो बस सुखी हूँ," तो यह भी आत्मा सम्बन्धी भ्रान्ति ही है। जिसके लिए आधार आनन्दमय कोश है। आत्मा इन पाँचों कोशों का सत्य है। अतः ये पाँचों कोश आत्मा ही हैं, किन्तु आत्मा इन पाँचों से भिन्न है।

अवस्थात्रय साक्षी से तात्पर्य है कि जीव के अनुभवों की तीन अवस्थाएँ हैं जाग्रत, स्वप्न एवं सुषुप्ति। सुषुप्ति का तात्पर्य गहरी निद्रा की अवस्था है, जहाँ स्वप्न भी न हो। आत्मा इन तीनों की साक्षी है, वह स्वयं जागने

वाली स्वप्न देखने वाली या गहरी निद्रा में शयन करने वाली नहीं है। वह ये तीनों अवस्थाओं .वाली भी नहीं है।

"मैं जागा हुआ हूँ," "मैंने सपना देखा," "मैं बहुत अच्छा सोया।" जब हम यह कहते हैं, तो हम आत्मा को जागने वाला, स्वप्न देखने वाला, गहरी निद्रा में सोने वाला होने की भ्रान्ति में होते हैं। किन्तु शास्त्र कहते हैं कि आत्मा इन तीनों अवस्थाओं की साक्षी है। वह न तो जागने वाली है न स्वप्न देखने वाली और न सुषुप्ति वाली ही है।

आत्मा अनात्मा में भेद करने की एक प्रक्रिया है जिसे "दृग्दृश्य विवेक" कहते हैं। उसका प्रयोग करने पर हम इस निष्कर्ष पर पहुँचते हैं कि आत्मा अनात्मा नहीं है। दृग् अर्थात् देखने वाला एवं दृश्य का अर्थ हुआ वस्तु जो देखी जा रही है। यहाँ इनका अर्थ "जानने वाला" एवं "जाना जाने वाला" के रूप में लिया जाता है।

मैं जानने वाला हूँ और मैं जो जान रहा हूँ, वह दृश्य है और मैं दृश्य नहीं हूँ, अर्थात् "दृग्दृश्यं नास्ति।" मैं जानता हूँ कि मैं घट नहीं हूँ, घट दृश्य है। अपने शरीर से भिन्न जो कुछ दृश्य है, हम मानते हैं वह हम नहीं हैं। यहाँ तक हमारा "दृग्दृश्य विवेक" पूर्णतः कार्यरत है, किन्तु शास्त्र कहते हैं कि इसका और आगे भी प्रयोग करें। क्या आप अपने शरीर को जानते हैं। यदि आप जानते हैं तो, आप जानने वाले दृग् व शरीर जाना जाने वाला दृश्य हो गया और सिद्धान्त है— "दृग्दृश्यं नास्ति"। जो कुछ आपके द्वारा जाना जा सकता है, उसको हम कहते हैं "इद्म प्रत्यय" और जो जानने वाला है वह है "अहम्"। जब आप कहते हैं, "मैं अनुभव करता हूँ," तो आप दृग् और जो आप अनुभव करते हो, वह दृश्य हुआ। अतः जो आप अनुभव करते हो, आप नहीं हो। इस सिद्धान्त को भली प्रकार समझ लें।

इसी तरह हम स्थूल, सूक्ष्मशरीर और कारण शरीर से अवगत हैं, या हो सकते हैं। अतः यह दृश्य व 'मैं' जो इनसे अवगत होता है, मैं वह दृग् हूँ। अतः इन तीनों से भिन्न हूँ।

इसी तरह शास्त्र बताते हैं कि तुम आत्मा हो और तुम तीनों अवस्थाओं

जाग्रत, स्वप्न व सुषुप्ति के साक्षी हो।

फिर गुरु बताता है कि आत्मा सत्, चिद् एवं आनन्द लक्षण वाली है। जो इन तीनों लक्षणों वाली है, वह ही आत्मा है। इन तीनों लक्षणों के बारे में भी आगे विस्तार से चर्चा होगी।

लक्षण का प्रयोजन क्या है?

लक्षण का प्रयोजन अन्यों के साथ भेद ज्ञान व व्यवहार है। जिसका लक्षण करना है, वह लक्ष्य होगा, उसे लक्ष्य कहेंगे व उसमें ही लक्ष्यता रहेगी। जैसे अगर हमें पृथ्वी का लक्षण करना है, तो लक्ष्य पृथ्वी हुआ, लक्ष्यता पृथ्वी में रहेगी। लक्ष्यता का निर्धारण करने वाला लक्ष्यतावच्छेदक पृथ्वीत्व हुआ, जिसे हम कह सकते हैं पृथ्वीपन। अब यहाँ यह ध्यान रखना है कि लक्षण व लक्ष्यतावच्छेदक एक ही न हों, नहीं तो बोध नहीं होगा। अतः यह एक दोष है। दूसरा लक्षण में अतिव्याप्ति, अव्याप्ति एवं असम्भव दोष न हों। इन दोषों से मुक्त लक्षण ही उचित लक्षण होगा। जैसे अगर हम पृथ्वी का लक्षण करते हैं "पृथ्वीत्व" तो लक्षण व लक्ष्यतावच्छेदक एक ही होने से दोष है। यदि हम कहते हैं, "रूपवत्वं" तो, क्योंकि रूप तो जल में भी होता है व तेज में भी, अतः यहाँ लक्षण की व्याप्ति तेज, जो कि लक्ष्य नहीं है, में भी होने से अतिव्याप्ति दोष होगा। अतः हम कहेंगे "रूपवत्वं न पृथ्वी लक्षणं अतिव्याप्तिरूपदोषग्रस्तत्वात्।"

इसी प्रकार यदि हम गाय का लक्षण करते हैं "त्रिनेत्रवत्वं" तो असम्भव दोष होगा, क्योंकि यह लक्षण लक्ष्य, जो कि गाय है, में जाता ही नहीं है। गाय के तीन नेत्र नहीं होते हैं। इसी प्रकार अगर हम गाय को लक्ष्य करके लक्षण करें, "कपिलत्वं" अर्थात् यदि हम गाय का लक्षण भूरापन कहें तो, वह काली गाय में नहीं जायेगा, अतः अव्याप्ति दोष होगा। अतः हम कहेंगे, "कपिलत्वं न गोलक्षणं अव्याप्तिरूपदोषग्रस्तत्वात्," अव्याप्तिरूप दोष होने से "कपिलत्वं" गाय का लक्षण नहीं है।

अतः लक्षण इन दोषों से मुक्त होना चाहिए। यदि हम कहें कि आत्मा का लक्षण "आत्मवत्वं" है तो, वह लक्ष्यतावच्छेदक जो कि "आत्मवत्वं" है, के समान होने पर बोध कराने में समर्थ न होगा। आत्मा का लक्षण

बताया गया है "सद्चिदानन्द"।

मैं सचेतन हूँ, इस पर किसी को शायद ही शंका हो। यदि मैं आपसे पूछूँ कि क्या आप सचेतन हो? यदि आप सोच में भी पड़ जाओ तब भी, क्योंकि सोचने के लिए चेतना की ही आवश्यकता होती है।

यह तो निश्चित है कि जाग्रत अवस्था में आप चैतन्य हो, स्वप्न अवस्था में भी आप चैतन्य ही होते हो, अन्यथा स्वप्नों का बोध सम्भव नहीं होता। सुषुप्ति में भी आप चैतन्य ही होते हो, अन्यथा आप जागने पर कैसे कहते कि मैं अच्छे से सोया। अतः तीनों ही अवस्थाओं में एक वस्तु व्याप्त थी, चेतनता। जाग्रत अवस्था में स्वप्नावस्था व सुषुप्ति नहीं थी, स्वप्न में जाग्रत अवस्था व सुषुप्ति नहीं थी। इसी तरह सुषुप्ति में अन्य दो अवस्थाएँ नहीं थीं, किन्तु चेतना सभी अवस्थाओं में थी। इसलिए इस निष्कर्ष पर पहुँचा जा सकता है कि मेरी मूल प्रकृति चेतना है। जो सभी अवस्थाओं में अबाधित है। अन्य सभी संयोगवश हैं, जो कि किसी संयोग विशेष पर निर्भर करती हैं। यहाँ पर यह जानना आवश्यक है कि मैं ही वह चेतना हूँ, यह ही ज्ञान है। इस शरीर को जो चेतनता प्रदान करता है, वह चैतन्यता है और वह मैं हूँ।

कभी भी चेतना की अनुपस्थिति को सिद्ध नहीं किया जा सकता। सिद्ध करने के लिए प्रमाण व्यापार की आवश्यकता होती है। बिना चेतनता के कोई भी प्रमाण व्यापार कैसे सम्भव है? अतः इसे स्थापित करना सम्भव नहीं है। अतः चेतनता को किसी भी काल में "नहीं है" ऐसा प्रमाणित नहीं किया जा सकता। अतः तीनों कालों में अबाधित होने से वह चेतनता, जो आप हो, वही सत् है।

आप जब प्रसन्न होते हो तो, आप शिकायत नहीं करते। क्योंकि यह आपके लिए स्वाभाविक है। जो आपके लिए स्वाभाविक न हो, उसकी आपको शिकायत होती है। अप्रसन्नता की आपको शिकायत हो सकती है, क्योंकि वह आपका स्वभाव नहीं है। पूर्णता की आप शिकायत नहीं करते, अतः पूर्णता या आनन्द आपका स्वभाव है। इसके लिए सुषुप्ति अवस्था का विश्लेषण आगे करेंगे।

स्थूल शरीर

स्थूल शरीरं किम्?

पंचीकृतपंचमहाभूतैः कृतं सत्, कर्मजन्यं सुखदुःखादिभोगायतनं शरीरमस्ति जायते वर्धते विपरिणमते अपक्षीयते विनश्यतीति षडविकारवदेतत्स्थूलशरीरम्।

अर्थ—स्थूल शरीर क्या है? शरीर जो पंचीकृत पाँच महाभूतों से बना, कर्मों से प्राप्त, सुख-दुःखादि भोगने का स्थान है, जिसमें अस्तित्व, जन्म, वृद्धि, न वृद्धि होती है न क्षय, क्षय एवं विनाश छः प्रकार के विकार होते हैं, वह स्थूल शरीर है।

व्याख्या—स्थूल शरीर क्या है? इसको चार भागों में परिभाषित किया गया है।

प्रथम है, इसका सामान्य कारण जो बताया गया है— "पंचीकृत महाभूतैः कृतम् सत्, कर्मजन्यम्।" इसे स्थूल शरीर कहा जाता है। स्थूल का सामान्य अर्थ बड़ा, मोटा आदि लिय़ा जाता है। यहाँ पर इसका यह अर्थ नहीं है, अपितु इसका अर्थ है, जो इन्द्रियों से ग्राह्य है, इन्द्रियों द्वारा ग्रहण किया जा सकने वाला है, वह शरीर। यह वही शरीर है जिसके बारे में हम सामान्यतः जानते हैं और विज्ञान जिसकी शरीर के रूप में बात करता है।

यह बताया गया है कि यह पंचीकृत महाभूतों से बना है। महाभूत पाँच हैं, आकाश, वायु, अग्नि, जल एवं पृथ्वी। यह सूक्ष्म व पंचीकृत दोनों रूपों में हैं। जब ये सृष्टि क्रम में उत्पन्न होते हैं तो, ये सूक्ष्मावस्था में होते हैं। फिर एक विशिष्ट प्रक्रिया जिसे पंचीकरण कहते हैं, उससे ये स्थूलावस्था में आते

हैं। जो कि इन्द्रियों से ग्राह्य है। पंचीकरण के पश्चात् ये पंचीकृत महाभूत कहे जाते हैं। पंचमहाभूत जड़ हैं, इसलिए इनसे बनने वाला शरीर भी जड़ ही होगा। यह स्थूल शरीर का सामान्य कारण है।

हमें सारे स्थूल शरीर पंचीकृत महाभूतों से बने होने पर भी इनमें विभिन्नताएँ दिखायी देती हैं। इसका कारण है, स्थूल शरीर के जन्म का विशेष कारण जो कि 'कर्म' है। अतः इसे 'कर्मजन्यं' कहा गया है, अर्थात् कर्म के कारण उत्पन्न। कर्म का तात्पर्य यहाँ पर कर्मों के अदृष्ट फल से है। कर्म का अर्थ कर्म एवं उसका अदृष्ट फल दोनों है। यह अदृष्ट फल जो पुण्य-पाप के रूप में जाना जाता है। यह प्रत्येक व्यक्ति के पास अलग-अलग मात्रा में है। यह स्थूल शरीर का विशेष कारण बताया गया है और यह शरीरों में दिखायी देने वाली विभिन्नताओं का कारण भी स्पष्ट करता है। कई पुस्तकों में 'सत्कर्मजन्यं' ऐसा पाठ है। सत् को कर्म के साथ संयुक्त करके देखना उचित नहीं है, क्योंकि स्थूल शरीर सिर्फ़ सत्कर्मों का ही परिणाम नहीं है। यह देवस्थूल शरीर के बारे में तो कहा जा सकता है, किन्तु यह लक्षण सारे स्थूल शरीरों पर लागू नहीं होता। अव्याप्ति दोष होने से इसे स्थूल शरीर के लक्षण के रूप में नहीं लिया जा सकता। ''पंचीकृत महाभूतेः कृतं सत्'' व ''कर्मजन्यं'' इस रूप में ही इसे लेना उचित है।

मनुष्य योनि में जो स्थूल शरीर प्राप्त होता है, वह पाप-पुण्य का मिश्रण होता है। इसलिए मनुष्यों को सुख-दुःख दोनों को भोगना पड़ता है।

सुखदुःखादिभोगायतनम्—यह स्थूल शरीर सुख-दुःखादि के भोग का स्थान है। 'आदि' का अर्थ यहाँ पर ऐसे अनुभवों से है जो कि तटस्थ हों या सुख-दुःख दोनों का मिश्रण हों। किसी भी अनुभव की प्राप्ति के लिए आपको स्थूल शरीर की आवश्यकता होती है। अतः यह भोग का आयतन कहा गया है। जैसे आप किसी भी शहर में जाओ, चाहे आप वहाँ कोई भी क्रियाकलाप करो, आपको वहाँ एक ठिकाने की आवश्यकता होती है, जहाँ से आप अपने सारे कार्यों को कर सकें। वैसा ही यह स्थूल शरीर है, जिसे सूक्ष्म शरीर क्रियाकलापों को करने के लिए ठिकाने के तौर पर इस्तेमाल करता है।

षड्विकारवत्—यह स्थूल शरीर छः प्रकार के विकारों से युक्त है।

अस्ति जायते वर्धते विपरीणमते अपीक्षयते विनश्यति।

ये छः विकार हैं। अस्ति, यह गर्भाशय में अस्तित्व में आता है। जायते, यह पैदा होता है। इसे जायते अस्ति इस रूप में भी लिया जा सकता है। वर्धते, इसमें वृद्धि होती है। विपरीणमते, एक निश्चित उम्र तक वृद्धि के पश्चात् इसमें वृद्धि नहीं होती और इसका क्षय भी नहीं होता। कुछ समय के लिए यह वृद्धि व क्षय से रहित प्रतीत होता है। जहाँ दोनों समान रूप से होते रहते हैं। अपीक्षयते, फिर इसका क्षय शुरू हो जाता है। विनश्यति, फिर इसका नाश हो जाता है। यह ही स्थूल शरीर के छः विकार हैं।

हम ऐसे स्थूल शरीर की कामना नहीं कर सकते, जो इन छः विकारों से मुक्त हो। यह एक तथ्य है, जिसे झुठलाया नहीं जा सकता। इससे कोई प्रभाव नहीं पड़ता, वह आपका है या आपके पति/पत्नी का या आपके अन्य बन्धु-बान्धवों का। स्थूल शरीर मरणधर्मा है। इसे इसी रूप में स्वीकार करना आवश्यक है।

इस स्थूल शरीर के गुण-धर्मों को हम आत्मा पर अध्यारोपित करते हैं और आत्मा को पैदा हुआ, बढ़ने वाला, क्षय को प्राप्त होने वाला समझते हैं। हम मृत्यु को आत्मा का नाश समझ लेते हैं। इसी के आधार पर हम आत्मा को पुरुष, स्त्री आदि लिंगों से युक्त गोरा, काला आदि भी समझ लेते हैं।

हम यह शिकायत नहीं कर सकते कि शरीर का क्षय क्यों हो रहा है? बुढ़ापा क्यों आ रहा है? मृत्यु क्यों हो रही है? हम यह शिकायत नहीं कर सकते क्योंकि ये ही स्थूल शरीर के गुण-धर्म हैं। हम शिकायत नहीं कर सकते कि नींबू खट्टा क्यों हो रहा है? हम शिकायत नहीं कर सकते कि नमक, नमकीन क्यों हो रहा है? क्योंकि यही ही तो उनका गुण-धर्म है। शिकायत वहाँ पर होती है, जहाँ पर कोई चीज़ अपने सामान्य गुण-धर्म के विपरीत प्रतीत हो रही हो, जैसे अगर आप खाने में नमक डालें और खाना मीठा हो जाये तो, शिकायत की जा सकती है, किन्तु नमक अगर नमकीन हो तो, शिकायत युक्तिसंगत नहीं हो सकती। इसी प्रकार शरीर का क्षय, नाश होने की शिकायत उचित नहीं, यह ही इसका गुण-धर्म है।

सूक्ष्म शरीर

सूक्ष्म शरीरं किम्?

अपंचीकृतपंचमहाभूतैः कृतं सत् कर्मजन्यं सुखदुःखादिभोगसाधनं पंचज्ञानेन्द्रियाणि पंचकर्मेन्द्रियाणि पंचप्राणादयो मनश्चैकं बुद्धिश्चैकैवं सप्तदशकलाभिः सह यत्तिष्ठति तत्सूक्ष्मशरीरं।

अर्थ—सूक्ष्म शरीर क्या है?

अपंचीकृत पंच महाभूतों से बना हुआ, कर्म से प्राप्त, सुख-दुःखादि के भोग का साधन, पाँच ज्ञानेन्द्रियों, पाँच कर्मेन्द्रियों, पाँच प्राण आदि, एक मन और एक बुद्धि सत्रह कलाओं से जो युक्त है, वह सूक्ष्म शरीर है।

व्याख्या—दूसरा शरीर है सूक्ष्म शरीर, जो कि इन्द्रियों के द्वारा दृश्य नहीं है। यह स्थूल शरीर एवं आत्मा के मध्य की कड़ी है। चैतन्यता की स्थूल शरीर से अभिव्यक्ति का कारण सूक्ष्म शरीर ही है। चेतन व जड़ जगत् में अन्तर सूक्ष्म शरीर के कारण ही है। चैतन्यता तो सर्वत्र ही है, किन्तु उसकी अभिव्यक्ति सूक्ष्म शरीर के कारण ही हो पाती है। स्थूल शरीर में अनुभव की जाने वाली चेतनता आत्मा के कारण ही है, किन्तु वह अभिव्यक्त सूक्ष्म शरीर के माध्यम से ही होती है। जब सूक्ष्म शरीर, स्थूल शरीर से अलग हो जाता है तो चेतनता सर्वत्र होते हुए भी, अभिव्यक्ति का उचित माध्यम न होने से, स्थूल शरीर जड़ समान हो जाता है। इसी को मृत्यु कहा जाता है।

अपंचीकृतपंचमहाभूतैः कृतं

यह अपंचीकृत अर्थात् सूक्ष्म पंच महाभूतों से बना है। यह इसका सामान्य कारण है। यह स्थूल शरीर से भिन्न है, क्योंकि यह अपंचीकृत महाभूतों से बना है। अपंचीकृत महाभूतों का अर्थ है, वे महाभूत जो अभी पंचीकरण की प्रक्रिया से नहीं गुज़रे हैं। यह सूक्ष्म महाभूतों से बना है, अतः सूक्ष्म है व इन्द्रिय गोचर नहीं है।

इसका विशेष कारण हैं कर्म, जिनको अभी तक भोगा नहीं गया है। यह भोग का साधन है। अतः सृष्टि के प्रारम्भ में कर्मों के भोग के लिए इस शरीर का आविर्भाव होता है। किस प्रकार के कर्मों का फल भोगना हैं, किस प्रकार भोगना है, उसके हिसाब से भोग का आयतन स्थूल शरीर प्राप्त होता है। सूक्ष्म शरीर किस रूप में होगा, कितनी विकसित अवस्था में इसकी अभिव्यक्ति होगी, यह मिलने वाले स्थूल शरीर पर निर्भर करता है।

सुखदुःखादि भोग साधनम्।

सूक्ष्म शरीर साधन है, जिसके द्वारा सुख-दुःखादि कर्म भोगे जाते हैं। स्थूल शरीर सुख-दुःखादि भोगने का आयतन है, घर है। सूक्ष्म शरीर वह साधन है जिसके द्वारा आप सुख-दुःख आदि भोगते हो।

पंचज्ञानेन्द्रियाणि पंचकर्मेन्द्रियाणि पंचप्राणादयो मनश्चैकं बुद्धिश्चैकैवं सत्पदशकलाभिः सह यत्तिष्ठति तत्सूक्ष्मशरीरं।

पाँच ज्ञानेन्द्रियाँ, पाँच कर्मेन्द्रियाँ, पाँच प्राणों व एक मन एवं एक बुद्धि इन 17 भागों का योग सूक्ष्म शरीर है।

ज्ञानेन्द्रियाँ रस, रूप, गन्धादि को प्राप्त करती हैं। मन एवं बुद्धि ज्ञानेन्द्रियों द्वारा प्रदत्त सामग्री के विश्लेषण का कार्य करते हैं। कर्मेन्द्रियों के माध्यम से उत्पाद, आउटपुट, प्राप्त होता है। मन एवं बुद्धि को संयुक्त रूप से अन्तःकरण के नाम से जाना जाता है। इसी को मन, बुद्धि, चित्त व अहंकार के रूप में भी देखा जा सकता है। अन्तःकरण की भावनात्मक, संकल्प, विकल्पात्मक स्थिति 'मन' व उसकी ही निश्चयात्मक स्थिति 'बुद्धि' नाम से जानी जाती है। स्मृति की क्षमता को 'चित्त' व मैं की भावना को 'अहंकार' कहा जाता है। अहंकार का अर्थ यह नहीं कि मैं कितना विद्वान हूँ अपितु ''मैं मूर्ख हूँ'' यह भी अहंकार का ही परिणाम है। अहं की भावना होना ही अहंकार है।

स्मृति को सामान्यतः हम मन के व अहंकार को बुद्धि के रूप में ही देखते हैं।

पाँच प्राण प्राणवायु ही हैं। यह प्राणवायु ही विभिन्न प्रकार के कार्यों को करते हुए, भिन्न-भिन्न नामों से जानी जाती है।

सूक्ष्म शरीर भी विकारी होता है। यह भी परिवर्तित होता रहता है। हालाँकि इसके विकार इतनी जल्दी प्रभाव में नहीं आते, जितने स्थूल शरीर के। सूक्ष्म शरीर का भी अन्त होता है। जब मोक्ष की प्राप्ति होती है, तब सूक्ष्म शरीर का अन्त होता है।

पाँच ज्ञानेन्द्रियाँ

श्रोतं त्वक्चक्षुः रसना घ्राणमिति पंचज्ञानेन्द्रियाणी।

अर्थ—श्रोत, त्वक्, चक्षु, रसना, घ्राण यह पाँच ज्ञानेन्द्रियाँ हैं।

व्याख्या—पाँच ज्ञानेन्द्रियों का वर्णन है। श्रोत अर्थात् जिससे सुनते हैं वह इन्द्रिय। जिसका गोलक कर्ण के रूप में स्थूल शरीर में दृष्ट होता है। त्वक् अर्थात् स्पर्श जिससे हमें ग्रहण होता है वह इन्द्रिय। इसका गोलक त्वचा के रूप में स्थूल शरीर में दृश्य है। चक्षु का अर्थ जिससे रूप-रंग ग्रहण होता है, वह इन्द्रिय। इसका गोलक नेत्र रूप में स्थूल शरीर में दृश्यमान होता है। रसना अर्थात् जिससे हम रस ग्रहण करते हैं वह इन्द्रिय। इसका गोलक स्थूल शरीर में जिह्वा के रूप में दृश्य होता है। घ्राणेन्द्रिय अर्थात् जिससे हम गन्ध को ग्रहण करते हैं, वह इन्द्रिय। इसका गोलक नाक के रूप में दृश्य है।

यह ध्यान रखना आवश्यक है कि गोलक स्थूल शरीर में अवस्थित अंग है व इन्द्रियाँ सूक्ष्म शरीर में होती हैं।

इन इन्द्रियों के अधिष्ठातृ देवताओं का वर्णन भी किया गया है।

ज्ञानेन्द्रियों के अधिष्ठातृ देवता

श्रोतस्य दिग्देवता। त्वचो वायुः। चक्षुषुः सूर्यः। रसनाया वरुणः। घ्राणस्याश्विनौ। इति ज्ञानेन्द्रियदेवताः।

अर्थ—श्रोत का देवता दिशा। त्वचा का वायु। चक्षु का सूर्य। रसना का वरुण। घ्राण के अश्विनीकुमार। ये ज्ञानेन्द्रियों के देवता हैं।

व्याख्या—एक व्यक्ति की इन्द्रियों की कुछ क्षमता होती है। वह जो भी क्षमता हो, उसकी एक सीमा होती है। चाहे वह सुनने की क्षमता हो, चाहे देखने की या कुछ और। सबकी एक निश्चित क्षमता होती है। कुछ की चाहे कुछ कम हो, कुछ की अधिक, लेकिन सीमा अवश्य होगी। एक व्यक्ति विशेष की क्षमता एक वृहद् व्यवस्था का एक हिस्सा होती है। अगर सबकी देखने की क्षमता को एक साथ मिला दिया जाये तो, वह एक सम्पूर्ण क्षमता होगी, पूरी व्यष्टि का योग होगी। उस क्षमता को एक रूप देकर उसको देवता नाम दिया जाता है। क्योंकि ये शक्तियाँ स्थूल नहीं हैं। अतः दृश्य व साकार नहीं हैं, किन्तु फिर भी ध्यान के उपयोग के लिए हम उन्हें एक रूप दे देते हैं। वह रूप जो देवता में निहित शक्ति को उद्घाटित करता हो, सारी देखने की क्षमताओं को अगर मिला दिया जाये तो, उस सम्पूर्ण शक्ति को सूर्य का नाम दिया गया है। स्थूल रूप से दृश्यमान सूर्य ही उस देवता का गोलक हो गया। इसी प्रकार सुनने की क्षमता का अधिष्ठातृ देवता दिशा को कहा गया है।

सारे देवताओं को संयुक्त रूप से देखा जाये तो, ईश्वर है। ईश्वर को ही जब एक विशिष्ट क्षमता, एक तथ्य के दृष्टिकोण से देखा जाता है तो, वह ही उसका अधिष्ठातृ देवता हो जाता है। जो सम्पूर्ण है वह ईश्वर है, जैसे हम अपने शरीर को सम्पूर्णता के साथ देखें तो एक व्यक्ति है और इसी को हम नाक, कान, पैर आदि के योग के रूप में भी देख सकते हैं। प्रत्येक देवता भी ईश्वर है क्योंकि वह ईश्वर से भिन्न नहीं है, वह हमारा ईश्वर को ही देखने का एक दृष्टिकोण है और सबका योग भी ईश्वर ही है।

इस प्रकार श्रोत का देवता दिशा, त्वचा का वायु, चक्षु का सूर्य, रसना का वरुण, घ्राण के अश्विनी कुमार, ये ज्ञानेन्द्रियों के देवता कहे गये हैं।

ज्ञानेन्द्रियों का कार्यक्षेत्र

श्रोत्रस्य विषयः शब्दग्रहणम्। त्वचो विषयः स्पर्शग्रहणम्। चक्षुषो विषयः रूपग्रहणम्। रसनाया विषयः रसग्रहणम्। घ्राणस्य विषयः गन्धग्रहणम् इति।

अर्थ—श्रोत का विषय शब्द ग्रहण, त्वचा का विषय स्पर्श ग्रहण, चक्षु का विषय रूप ग्रहण, रसना का विषय रस ग्रहण, घ्राण का विषय गन्ध ग्रहण है।

व्याख्या—प्रत्येक ज्ञानेन्द्रि का कार्यक्षेत्र बताया गया है। श्रोतेन्द्रि का विषय शब्द अर्थात् ध्वनि ग्रहण करना है। त्वचा का विषय स्पर्श ग्रहण करना। चक्षु का विषय रूप ग्रहण करना। रसना का विषय रस ग्रहण अर्थात् स्वाद ग्रहण करना व घ्राणेन्द्रिय का विषय गन्ध ग्रहण करना है।

पाँच ज्ञानेन्द्रियों से हम पाँच विषयों को ग्रहण करते हैं और तथ्य यह ही है कि हम इन पाँच विषयों से ही इस संसार से व्यापार करते हैं। जब भी हम कहते हैं कि वस्तु इन्द्रियों से ग्राह्य है तो हम इन पाँचों में से किसी विषय द्वारा वस्तु को ग्रहण करने की बात करते हैं। अगर वस्तु में इन पाँचों में से कोई भी गुण न हो तो वह इन्द्रियों से ग्राह्य नहीं होगी।

पाँच कर्मेन्द्रियाँ

वाक्पाणिपादपायूपस्थानीति पंचकर्मेन्द्रियाणि।

अर्थ—वाक्, पाणि, पाद, पायु और उपस्थ ये पाँच कर्मेन्द्रियाँ हैं।

व्याख्या—वाक्, हस्त, पाद, पायु, उपस्थ ये पाँच कर्मेन्द्रियाँ हैं। बोलने की क्षमता जिस इन्द्रिय से सम्भव है, उसको वाक् कहा गया है। यह भी सूक्ष्म शरीर में ही स्थित है। वाक् का स्थूल शरीर में गोलक मुख है। वस्तु को ग्रहण करने की क्षमता जिस इन्द्रिय से है, उसे पाणि कहा गया है। इसका गोलक हाथ है। पाद गति करने की क्षमता व गोलक पैर है। पायु, मल को निष्कासित करने की क्षमता व इसका गोलक गुदाद्वार व रोम छिद्र हैं। उपस्थ प्रजनन की क्षमता व गोलक जननेन्द्रिय है।

कर्मेन्द्रियों के अधिष्ठातृ देवता

वाचो देवता वह्निः। हस्तयोरिन्द्रः। पादयोर्विष्णुः। पायोर्मृत्युः। उपस्थस्य प्रजापतिः। इति कर्मेन्द्रियदेवताः।

अर्थ—वाणी के देवता अग्नि, हस्त के इन्द्र, पाद के विष्णु, पायु के मृत्यु तथा उपस्थ के प्रजापति हैं। ये कर्मेन्द्रियों के देवता हैं।

व्याख्या—वाक् का देवता वह्नि अर्थात् अग्निदेव को बताया गया है। पाणि का देवता इन्द्र, पाद का देवता विष्णु, पायु का देवता मृत्यु, उपस्थ का देवता प्रजापति, जो कि ब्रह्माजी हैं, को बताया गया है। यह कर्मेन्द्रियों के देवता हैं।

कर्मेन्द्रियों के कार्यक्षेत्र

वाचो विषयः भाषणम्। पाण्योर्विषयः वस्तुग्रहणम्। पादयोर्विषयः गमनम्। पायोर्विषयः मलत्यागः। उपस्थस्य विषय आनन्दः इति।

अर्थ—वाणी का विषय बोलना है, हाथ का वस्तु ग्रहण करना, पाद का गमन करना, पायु का मल त्याग तथा उपस्थ का विषय आनन्द है।

व्याख्या—वाक् का विषय भाषण, पाणि का विषय वस्तु ग्रहण करना, पाद का विषय गमन करना है। पायु का विषय मल निष्कासन है, जो भी शरीर में व्यर्थ के पदार्थ हैं, उनको मल कहा गया है। उनको शरीर से उत्सर्जित करने का कार्य पायु का है। उपस्थ का विषय आनन्द है। उपस्थ से आप वंशवृद्धि करते हैं व इसमें आनन्द का समावेश होता है। ये कर्मेन्द्रियों के विषय हैं।

पाँच प्राण

यहाँ पर पाँच प्राणों की चर्चा नहीं की गयी है, किन्तु हमारे विचार से इनकी यहाँ पर थोड़ी जानकारी उपयोगी होगी। पाँच प्राणों की जहाँ तक बात है तो वे वायु ही हैं, प्राणवायु ही अलग-अलग कार्यों में नियुक्त होने पर अलग-अलग नामों से जानी जाती है।

प्राणवायु—जो वायु हम श्वास द्वारा भीतर ग्रहण करते हैं, वह ही प्राणवायु कहलाती है। इसका स्थान मुख, नासिका के मध्य में तथा हृदय में माना गया है। श्वास लेना व छोड़ना यह प्राणवायु का कार्य है।

अपानवायु—वायु ही जब गुदा, लिंग आदि शरीर के निचले हिस्सों में व्याप्त

होकर मल, मूत्रादि निष्कासन के लिए सहायक होती है तो, यह अपानवायु नाम से जानी जाती है।

व्यानवायु—वायु जब सारे शरीर में परिसंचरण का कार्य करती है, तो उसकी संज्ञा व्यान बतायी गयी है। व्यानवायु का स्थान सारा शरीर है।

समानवायु—समानवायु का स्थान नाभि प्रदेश माना जाता है और इसका कार्य पाचन का है।

उदानवायु—उदानवायु का स्थान कंठ है। मृत्यु के समय या विष आदि खा लेने या शरीर में विषैले तत्त्वों के निर्माण पर यह क्रियाशील होती है। यह उल्टी होने का कारण है और बाहरी पदार्थों को शरीर के भीतर प्रवेश से रोकती है। इसके कारण ही मृत्यु के समय अन्न-जल छूट जाता है।

इन मुख्य भेदों के अलावा प्राणवायु के ही पाँच अन्य उपभेद भी हैं। इनके नाम नाग, धनंजय, कूर्म, देवदत्त एवं कृंकल हैं। इनके बारे में विस्तार से चर्चा इस पुस्तक का विषय न होने से नहीं कर रहे हैं।

यह स्थूल एवं सूक्ष्म शरीर का वर्णन हुआ। आगे कारण शरीर की चर्चा करेंगे।

कारण शरीर

कारण शरीरं किम्?

अनिर्वाच्यानाद्यविद्यारूपं शरीरद्वयस्य कारणमात्रं सत्स्वरूपाज्ञानं निर्विकल्पकरूपं यदस्ति तत्कारणशरीरम्।

अर्थ—कारण शरीर किसे कहते हैं? जो अनिर्वचनीय, अनादि, अविद्यारूप है तथा दोनों शरीरों का कारण है, जो अपने स्वरूप के अज्ञान के रूप में एवं निर्विकल्परूप है, वह "कारण शरीर" है।

व्याख्या—अन्य दो शरीरों का कारण होने से इसे "कारण शरीर" कहा जाता है। जब हम यह कहते हैं कि यह शरीर सूक्ष्म एवं स्थूल शरीर का कारण है, तो सूक्ष्म एवं स्थूल शरीर को इस कारण शरीर का कार्य कहा जायेगा। कार्य वह होता है, जिसकी सृष्टि हुई है एवं कारण वह होता है, जिससे सृष्टि हुई है। तात्विक रूप से किसी भी चीज़ की नूतन सृष्टि नहीं होती है, अपितु उपलब्ध वस्तुओं का ही नूतन एवं बुद्धिमत्तापूर्ण संयोजन होता है। इसे ही सृष्टि कहा जाता है। जो सृष्टि होती है, वह होने की क्षमता सदैव से उन वस्तुओं में होती है, जिनकी सहायता से वह सृष्टि होती है।

हम लकड़ी के द्वारा मेज़ का निर्माण करते हैं। मेज़ होने की क्षमता सदैव से ही लकड़ी में थी, किन्तु यह अव्यक्त थी। आप जो अव्यक्त रूप में था, उसे ही व्यक्त रूप में लाते हो और यही सृष्टि है। अव्यक्त रूप में स्थिति को 'कारण' और उसका व्यक्त होना ही 'कार्य' कहा जाता है। जिसको आप मेज़ कह रहे हो वह लकड़ी ही है। किन्तु उसी लकड़ी को, जो कारण थी, अब

कार्य अवस्था में 'मेज़' के रूप में देखा जाता है, जो कि पहले अव्यक्त था।

इसी प्रकार सूक्ष्म एवं स्थूल शरीर की अव्यक्त अवस्था को कारण शरीर कहा जाता है। कारण शरीर में सूक्ष्म एवं स्थूल शरीर निर्विकल्प रूप, अव्यक्त रूप में हैं। उनमें भेद सम्भव नहीं। इनमें भेद तभी सम्भव है, जब वे वयक्त अवस्था में आ जाते हैं, जैसे बीज में वृक्ष कारण रूप में है, अव्यक्त है। अतः वहाँ वृक्ष के विभिन्न भागों, अर्थात् जड़, तना आदि का भेद सम्भव नहीं है। जब वह वृक्ष के रूप में व्यक्त होता है, तभी जड़, तना आदि का भेद स्पष्ट होता है।

कारण शरीर को अविद्या भी कहा जाता है। अविद्या ही सूक्ष्म एवं स्थूल शरीर में परिणत होती है। इसी अविद्या को माया भी कहा जाता है। यह अविद्या अनादि है अर्थात् इसकी कोई शुरुआत नहीं है, क्योंकि इसकी कोई शुरुआत नहीं है, यह सदैव से ही है, अतः इसका कोई कारण नहीं है।

यह अनिर्वाच्य है अर्थात् इसको सत् या असत् की श्रेणी में नहीं रखा जा सकता। इसे सत् नहीं कहा जा सकता, क्योंकि ज्ञान की प्राप्ति होने पर इसकी निवृत्ति हो जाती है। यह भी नहीं कहा जा सकता कि यह है ही नहीं। इसे शशशृंगवत्, खरगोश के सींग की तरह, भी नहीं कहा जा सकता, जैसे कि खरगोश के सींग हैं ही नहीं। व्यवहार में यह सूक्ष्म व स्थूल शरीर का कारण है। अतः यह नहीं कहा जा सकता कि यह है ही नहीं। अतः इसके लिए एक अलग ही श्रेणी बनायी गयी है। जिसका नाम है 'मिथ्या।' मिथ्या का अर्थ इस सन्दर्भ में हुआ जो न तो सत् है न असत्।

सुषुप्ति अवस्था में जब स्थूल शरीर एवं सूक्ष्म शरीर तिरोहित हो जाते हैं, तो उस अवस्था में कारण शरीर का अनुभव होता है। यह अज्ञान एवं आनन्द की अवस्था होती है। उस अनुभव का विश्लेषण करने पर कारण शरीर को समझने में सहायता प्राप्त हो सकती है। वेदान्त का कार्य हालाँकि अज्ञान का विश्लेषण करना न होकर अपने स्वरूप को जानना है। जिसके प्रति आपका अज्ञान है, उसी को भली-भाँति जानने पर अज्ञान की निवृत्ति हो जाती है। किन्तु अल्प मात्रा में इसकी जानकारी भी उपयोगी है। सुषुप्ति अवस्था अपने स्वरूप का अज्ञान है। इसे इस तरह भी कहा जा सकता है कि जो सुषुप्ति अवस्था में स्वरूप अज्ञान के रूप में है, वह कारण शरीर है।

यह अविद्या दो रूपों में है, विक्षेपरूप एवं आवरणरूप। जब हम कहते हैं कि यह सूक्ष्म एवं स्थूल शरीर का कारण है। तो यह इसका विक्षेपरूप है, जो दोनों शरीरों को प्रक्षेपित करता है। जब हम कहते हैं "स्वरूप अज्ञान" तो यह इसकी आवरणशक्ति रूप है, जो कि स्वरूप को ढक लेती है। जब आवरण शक्ति स्वरूप या वास्तविक रूप को ढक लेती है, तब विक्षेप शक्ति कार्य करती है।

स्थूल शरीर की अवस्था सौ साल के आस-पास की ही होती है। सूक्ष्म शरीर की अवस्था तुलनात्मक रूप से बहुत ज़्यादा होती है। सूक्ष्म शरीर प्रलय के समय कारण शरीर में ही विलीन हो जाता है। कारण शरीर प्रलय के समय भी बना रहता है और आत्मज्ञान प्राप्ति से ही यह नष्ट होता है।

अविद्या के प्रभाव के कारण मैं अपने आपको अज्ञानी समझता हूँ। यह ही संसार का कारण है। वास्तव में मैं अविद्या एवं विद्या, दोनों को ही प्रकाशित करने वाला हूँ। आत्मा अज्ञान विरोधी नहीं है, यह बात भी भली-भाँति समझ लेनी चाहिए। यह अज्ञान को भी उसी भाँति प्रकाशित करती है जैसे ज्ञान को। यह दु:ख को भी उसी भाँति प्रकाशित करती है, जैसे सुख को।

शास्त्र हमें यह बताते हैं कि मैं ये तीनों शरीर नहीं हूँ। मैं ही इन तीन शरीरों का सत्य हूँ, किन्तु मैं ये शरीर नहीं हूँ जिस प्रकार घट मिट्टी है, किन्तु मिट्टी घट नहीं है।

जिन तीन शरीरों का अनात्मा, जो आत्मा नहीं है, के रूप में वर्णन आया था, उनके बारे में आवश्यक जानकारी दे दी गयी है। इन शरीरों के गुण-धर्म, आत्मा पर अज्ञान के कारण अध्यारोपित किये जाते हैं और व्यक्ति स्वयं को मोटा, छोटा, तेज़, दूरदर्शी, अज्ञानी आदि मान लेता है। यह अध्यारोपण अज्ञानजनित है। क्योंकि अज्ञान ही इसका कारण है इसलिए ज्ञान के द्वारा अज्ञान का निवारण होने से इस अध्यास का भी निवारण हो जाता है। समस्या अगर अज्ञान के कारण हो तो ज्ञान से ही निवारण होता है।

अध्यास को सरल भाषा में कह सकते हैं 'भ्रम,' जहाँ किसी वस्तु के स्थान पर दूसरी वस्तु का भ्रम होता है। यहाँ कई और विवरण शामिल हैं, पर अभी इतना जानना ही पर्याप्त होगा।

तीन अवस्थाएँ

अवस्थात्रयं किम्? जाग्रत्स्वप्नसुषुप्त्यवस्थाः।

अर्थ—तीन अवस्थाएँ कौन-सी हैं? जाग्रत, स्वप्न एवं सुषुप्ति अवस्था।

व्याख्या—अवस्थात्रय क्या है? तीन अवस्थाएँ क्या हैं? अवस्था का यहाँ पर तात्पर्य अनुभव की विभिन्न अवस्थाओं से है।

उत्तर है जाग्रत्, स्वप्न व सुषुप्ति ये तीन अवस्थाएँ हैं। पहली दो अवस्थाओं से आप भली-भाँति परिचित होंगे। सुषुप्ति का तात्पर्य, स्वप्न रहित गहन निद्रा की अवस्था से है।

यहाँ तीनों अवस्थाओं का विश्लेषण किया गया है ताकि आत्मा को इन अनुभवों की तीन अवस्थाओं के सापेक्ष भी जाना जा सके।

जाग्रदवस्था का? श्रोत्रादिज्ञानेन्द्रियाणि शब्दादिविषयैश्च ज्ञायते इति यत्सा जाग्रदवस्था। स्थूलशरीराभिमानी आत्मा विश्व इत्युच्यते।

अर्थ—जाग्रत अवस्था किसे कहते हैं? जिसमें श्रोत्र आदि इन्द्रियों से शब्द आदि विषय जाने जाते हैं, वह अवस्था। स्थूल शरीर के अभिमान वाली आत्मा को विश्व कहा जाता है।

व्याख्या—जाग्रत अवस्था क्या है? जिस अवस्था में शब्द, रूप, रस, गन्धादि इन्द्रियों के विषय को इन्द्रियों से जाना जाता है या ग्रहण किया जाता है।

यहाँ पर यह शंका हो सकती है कि स्वप्न अवस्था में भी रूप, शब्दादि

ग्रहण किये जाते हैं। हाँ, अवश्य किये जाते हैं किन्तु ये ज्ञानेन्द्रियों द्वारा ग्रहण नहीं किये जाते, अपितु वासनाओं के परिणामस्वरूप अन्तःकरण जनित होते हैं।

आत्मा का होना किसी भी अनुभव के होने के लिए आवश्यक है। चेतना ही सभी अनुभवों के रूप में अभिव्यक्त होती है। अतः सभी अनुभवों में आत्मा की उपस्थिति अनिवार्य है। अनुभव के लिए सूक्ष्म शरीर ज़िम्मेदार है, क्योंकि ज्ञानेन्द्रियाँ इसी में अवस्थित हैं। जो गोलक, जो कि स्थूल शरीर में स्थित होते हैं, के माध्यम से आधार सामग्री, रस, रूप, गन्ध आदि ग्रहण करती हैं। अतः जब हमारा तादात्म्य सूक्ष्म एवं स्थूल शरीर दोनों से होता है, तो हमारी अवस्था जाग्रत होती है। स्थूल शरीर से तादात्म्य जाग्रत अवस्था की विशिष्टता है, जो अन्य दो अवस्थाओं में नहीं होती है।

जाग्रत अवस्था में स्थूल शरीर अभिमानी आत्मा को विश्व नाम से जाना जाता है। आत्मा को ही जीव की जाग्रत अवस्था में विश्व कहा गया है।

विश्व क्यों कहा गया है?

विश्व का अर्थ हुआ पूर्ण। जाग्रत अवस्था में आत्मा पर अनात्मा का आवरण पूर्ण रहता है। कारण शरीर, सूक्ष्म एवं स्थूल शरीर तीनों का आवरण होता है। यह जीव की पूर्ण अभिव्यक्ति है। अतः इसे विश्व कहते हैं। इसी अवस्था में जीव, कर्ता एवं भोक्ता है। स्वप्न अवस्था में जीव सिर्फ़ भोक्ता होता है। स्वप्न में किये गये कर्मों का फल नहीं मिलता।

स्वप्नावस्था केति चेत्? जाग्रदवस्थायां यद्दृष्टं यच्छ्रुतं तज्जनितवासनया निद्रासमये यः प्रपंचः प्रतीयते सा स्वप्नावस्था। सूक्ष्मशरीराभिमानी आत्मा तैजसः इति उच्यते।

अर्थ—अगर प्रश्न है स्वप्न अवस्था किसे कहते हैं? सोते समय, जाग्रत अवस्था में जो देखा तथा सुना जाता है, उससे जनित वासना के द्वारा निर्मित जो प्रपंच प्रतीत होता है, उसे 'स्वप्न अवस्था' कहते हैं। सूक्ष्म शरीर की अभिमानी आत्मा तैजस कही जाती है।

व्याख्या—स्वप्न अवस्था क्या है? अगर यह तुम्हारा प्रश्न है तो, यह अनुभव

की वह अवस्था है, जिसमें संसार के अनुभव जाग्रत अवस्था में इकट्ठे किये गये संस्कारों द्वारा निद्रा अवस्था में उनके प्रक्षेपण से होते हैं।

जाग्रत अवस्था के अनुभव जो हम देखते हैं, सुनते हैं, और जो हमारे चित्त पर अंकित हो जाते हैं। उन्हें वासना या संस्कार कहा जाता है। वासना अच्छे या बुरे सभी प्रकार के अनुभवों के चित्त पर अंकन को कहा जाता है। यह वासना निद्रा अवस्था में प्रक्षेपित होती है और हमें विभिन्न अनुभव होते हैं। इसे ही 'स्वप्न अवस्था' कहते हैं। इससे जो प्रपंच निद्रा के समय अनुभव होता है, उसे 'स्वप्न' कहते हैं। यह वासना इसी जन्म की न होकर हमारे पूर्व जन्मों की भी होती है। आप अपने स्वप्नों को अन्य के साथ बाँट नहीं सकते। क्योंकि आपका स्वप्न संसार आपने स्वयं ही तैयार किया होता है। स्वप्न में आप सिर्फ़ भोक्ता होते हो, कर्ता नहीं। इसलिए आप पर स्वप्न में किये गये पुण्य-पापों का लेप नहीं होता। यदि कोई आपको स्वप्न में दुःख पहुँचाता है तो आप उस व्यक्ति को इसके लिए ज़िम्मेदार भी नहीं ठहरा सकते हैं।

स्वप्न अवस्था के लिए जाग्रत अवस्था का तिरोहित (छिपा) होना आवश्यक है। इसी को 'निद्रावस्था' कहा गया है। अगर आप जाग्रत अवस्था में हो व आपको जाग्रत अवस्था में प्रतीत होने वाले संसार का पूरा अनुभव हो रहा है, आप उसके प्रति चेतन हो, तो आप निद्रा अवस्था में नहीं हो और आप स्वप्न अवस्था में नहीं जा सकते।

स्वप्न अवस्था में आपको यह भान नहीं होता कि यह स्वप्न है। उस समय यह यथार्थ ही प्रतीत होता है। सिर्फ़ जाग्रत अवस्था में आने पर ही स्वप्न को 'स्वप्न था,' इस रूप में जाना जा सकता है।

स्वप्न अवस्था में आत्मा सूक्ष्म शरीर से सम्बद्ध होती है, अज्ञान के कारण यह प्रतीत होता है।

सूक्ष्म शरीर अभिमानी आत्मा को 'तैजस' कहा गया है। तैजस का अर्थ होता है 'दीप्त।' स्वप्नावस्था में सिर्फ़ विचार से ही सारे प्रपंच का निर्माण होता है। विचारों को मनःज्योति कहा जाता है, अर्थात् मन की ज्योति। ज्योति से ही वस्तुएँ दीप्त होती हैं और हम उन्हें देख पाते हैं। विचार ही वे ज्योति

हैं, जिससे स्वप्नसंसार दीप्त होता है। इसी कारण इस अवस्था में आत्मा को 'तैजस' कहा गया है।

अब हम सुषुप्ति अवस्था का विश्लेषण करेंगे।

ततः सुषुप्त्यवस्था का? अहं किमपि न जानामि सुखेन मया निद्राऽनुभूयत इति सुषुप्त्यवस्था। कारणशरीराभिमानी आत्मा प्राज्ञ इत्युच्यते।

अर्थ—तब सुषुप्ति अवस्था किसे कहते हैं? मुझे कुछ नहीं पता है, मैंने सुखपूर्वक निद्रा का अनुभव किया, यह सुषुप्ति अवस्था है। कारण शरीर अभिमानी आत्मा को प्राज्ञ कहा जाता है।

व्याख्या—सुषुप्ति अवस्था क्या है? यहाँ गुरु; सीधे हमारा जो सुषुप्ति का सामान्य अनुभव है, उसकी बात करते हुए बताते हैं कि वह अवस्था जिसके प्रति जागने पर हम कहते हैं— "मैं कुछ नहीं जानता मेरे द्वारा निद्रा सुखपूर्वक अनुभव की गयी, मैं सुखपूर्वक सोया।" जिसके प्रति ऐसी स्मृति आपको होती है, निद्रा की वह अवस्था "सुषुप्ति अवस्था" होती है।

आपने क्या अनुभव किया? मैं कुछ नहीं जानता अर्थात् संसार के अनुभवों के प्रति अज्ञान की अवस्था। यहाँ सुख के अनुभव की स्मृति अंकित होती है, क्योंकि यहाँ पर आप जाग्रत व स्वप्न अवस्था में प्रतीत होने वाले सांसारिक संघर्षों से मुक्त होते हो। हमारे दुःखों का कारण, हमारे अन्तःकरण की घटनाओं का विश्लेषण कर राग द्वेष के प्रभाव से प्राप्त निष्कर्ष ही होता है। सुषुप्ति में सूक्ष्म एवं स्थूल दोनों शरीर तिरोहित हो जाते हैं। न तो आपको अपने स्थूल शरीर का भान होता है, न ही आप अपनी इन्द्रियों द्वारा उनसे सम्बन्धित विषय ग्रहण कर रहे होते हो, न ही इस समय अन्तःकरण वासनाओं को प्रक्षेपित कर रहा होता है। इस समय सूक्ष्म शरीर के अव्यक्त अवस्था में होने से अन्तःकरण भी अव्यक्त अवस्था को प्राप्त हो जाता है। सिर्फ़ कारण शरीर जो कि अविद्या है, वह रह जाता है। अतः यह अज्ञान की अवस्था है।

जब हम सुषुप्ति से बाहर आते हैं तो, हम स्मरण करते हैं कि मैं सुखपूर्वक सोया। किन्तु सुषुप्ति अवस्था में हम यह नहीं कह सकते, जाग्रत अवस्था में आने के पश्चात् ही हमें स्मरण होता है। यदि हमें स्मरण होता है तो इसका

अर्थ यह भी निकलता है कि हमें अनुभव अवश्य हुआ होगा। अनुभव हुआ होगा तभी स्मृति बनी है। अतः यह कहा गया है कि सुषुप्ति अवस्था अज्ञान की व आनन्द की अवस्था है।

प्रश्न उठता है कि यदि अनुभव हुआ है तो, क्योंकि सूक्ष्म शरीर के अव्यक्त अवस्था में होने पर अन्तःकरण भी अव्यक्त होगा। ऐसे में अनुभव कहाँ अंकित हुए? कहाँ यह स्मृति अंकित हुई? इसका उत्तर है कि अव्यक्त अन्तःकरण में ही यह अनुभव अंकित होते हैं। अव्यक्त अन्तःकरण में इस वृत्ति का उत्पन्न होना स्वीकार किया गया है। जिसका कि ''मैं कुछ नहीं जानता'' और ''मैं सुखपूर्वक था'' इस रूप में स्मरण होता है।

इस अवस्था में कारण शरीर अभिमानी आत्मा को 'प्राज्ञ' कहा गया है। प्राज्ञ का शाब्दिक अर्थ विचारशील, विद्वान होता है। यह ईश्वर का भी एक नाम है, अतः कुछ आचार्य यहाँ पर प्राज्ञ को ईश्वर की संज्ञा मानते हैं। सुषुप्ति में क्योंकि जीव ईश्वर का भेद, जो कि अविद्या जनित है, स्पष्ट नहीं होता। छान्दोग्य श्रुति 6.8.1 में कहा भी गया है कि वह अपने स्वरूप को प्राप्त हो जाता है, अतः आत्मा को प्राज्ञ संज्ञा, जो कि सर्वज्ञता रूप प्रज्ञा से नित्य ही संयुक्त होने के कारण प्राज्ञ नाम से परमेश्वर ही है, दी गयी है।

कुछ आचार्य यहाँ पर लक्ष्यार्थ लेते हैं और प्रायेण अज्ञ, जो कि लगभग पूर्ण अज्ञानी है, उसे 'प्राज्ञ' कहा गया है, इस तरह व्याख्या करते हैं। लगभग इसलिए कहा गया है कि वह लगभग सभी के प्रति अज्ञानी है, किन्तु अज्ञान का अज्ञान नहीं है, इसलिए पूर्ण अज्ञानी नहीं कहा गया है।

इसी के साथ तीन अवस्थाओं का वर्णन समाप्त होता है। यह जान लेना भी आवश्यक है कि वेदान्त का तात्पर्य आपको इन अवस्थाओं का सम्पूर्ण ज्ञाता बनाना नहीं है, अपितु अवस्थात्रय विवेक जिससे हो सके, उतना मात्र ज्ञान पर्याप्त है। जिससे विवेक हो सके कि आत्मा इनसे भिन्न है।

यह विवेक कैसे हो?

जाग्रत अवस्था में आत्मा, जो कि स्थूल शरीर अभिमानी होती है, उसे विश्व कहा गया है। इसी प्रकार स्वप्न में 'तैजस' व सुषुप्ति अवस्था में वही

आत्मा 'प्राज्ञ' नाम से जानी जाती है। इससे यह बात स्पष्ट होती है कि आत्मा तीनों अवस्थाओं में उपस्थित है। इससे यह भी स्पष्ट होता है कि जाग्रत अवस्था आत्मा का स्वभाव नहीं है, अन्यथा आत्मा तो स्वप्न अवस्था में भी है, किन्तु जाग्रत अवस्था का अनुभव वहाँ नहीं है। जो भी अनुभव एक समय विशेष में होता है और एक समय विशेष में वह नहीं है, वह आत्मा का स्वभाव नहीं हो सकता। इसी प्रकार स्वप्न अवस्था, सुषुप्ति व जाग्रत अवस्था, में तिरोहित हो जाती है। अतः यह भी आत्मा का स्वभाव न होकर संयोग मात्र है। इसी प्रकार सुषुप्ति अवस्था जाग्रत अवस्था में तिरोहित हो जाती है। अतः यह भी आत्मा का स्वभाव नहीं हो सकता। आत्मा तीनों अवस्थाओं में है, किन्तु इन अवस्थाओं के अनुभव आते और चले जाते हैं। अतः आत्मा के स्वभाव नहीं हो सकते। जो तीनों अवस्थाओं में समान रूप से हो और आत्मा को किसी भी काल में छोड़ता न हो, वह ही स्वभाव होगा। तीनों अवस्थाओं में चेतना बनी रहती है और अपरिवर्तित रहती है। अतः चैतन्यता ही आत्मा का स्वभाव है। चेतना तीनों अवस्थाओं की साक्षी होती है। अवस्थाओं से सम्बन्धित अनुभव आते हैं और चले जाते हैं। किन्तु चेतना तीनों ही अवस्थाओं के अनुभवों की साक्षी रहती है और तीनों ही अवस्थाओं में रहती है। जिस प्रकार प्रकाश उद्दीप्त होने वाली वस्तु के सन्दर्भ में ''दीप्त करने वाला'' ऐसी प्रतिष्ठा प्राप्त करता है, किन्तु अपने आप में यह प्रकाश मात्र है। इसी प्रकार आत्मा साक्षी की प्रतिष्ठा इन तीनों अवस्थाओं के सन्दर्भ में प्राप्त करती है। अपने आप में यह चैतन्यता मात्र है। यह अवश्य अपने आप को याद दिलाती रहे कि यह चेतना मैं ही हूँ।

आत्मा स्थूल, सूक्ष्म, कारण शरीर के संयोग से विश्व, तैजस, प्राज्ञ नामों से जानी जाती है। इन शरीरों को आत्मा की उपाधि कहा जाता है। जैसे स्फटिक के समीप जपाकुसुम, लाल रंग का पुष्प, लाने पर स्फटिक जो कि स्वच्छ पारदर्शी है, वह भी लाल रंग का प्रतीत होता है। पुष्प अपने रंग को स्फटिक को देता प्रतीत होता है। हालाँकि वास्तव में स्फटिक लाल नहीं हुआ है, किन्तु ऐसा प्रतीत होता है। जो वस्तु अपने गुणों को उपहित को देती हुई प्रतीत होती है, वह उस वस्तु की उपाधि कहलाती है। ऊपर दिये गये उदाहरण में लाल पुष्प स्फटिक की उपाधि कहा जायेगा व स्फटिक उपहित कहलायेगा।

लाल रंग को यहाँ पर उपाधि धर्म कहा जायेगा।

आत्मा स्फटिक के समान ही है और जब स्थूल शरीर आत्मा की उपाधि होता है, तो आत्मा 'जाग्रत' है। ऐसी प्रतिष्ठा प्राप्त करती है, क्योंकि सूक्ष्म शरीर अपने गुण-धर्म आत्मा को प्रदान करता प्रतीत होता है, इसलिए उसे उपाधि एवं आत्मा को उपहित कहा जायेगा। इसी प्रकार उपाधि भेद से आत्मा विश्व, तैजस व प्राज्ञ की प्रतिष्ठा प्राप्त करती है। किन्तु वास्तव में वह इनमें से कुछ भी नहीं है। कई लोग यहाँ पर गलती से समझते हैं कि आत्मा चौथी तुरीय (ब्रह्मलीन)अवस्था है। माण्डूक्य में इसका वर्णन है, पर इसे भली-भाँति समझना आवश्यक है। यहाँ यह जान लेना आवश्यक है कि न तो आत्मा कोई अवस्था है न ही कोई विशिष्ट अनुभव है। सभी प्रकार के अनुभवों का आधार है, यह सारे अनुभवों का सत्य है। ब्रह्मलीनता कोई भिन्न अवस्था न होकर आत्मा स्वयं है, जिसे कि एक अवस्था के रूप में समझ लिया जाता है।

कई लोगों को रहस्यवाद काफ़ी भाता है, उन्हें यह अच्छा लगता है कि कुछ साधनाओं के पश्चात् कुछ रहस्यात्मक अनुभव होगा। वे किसी नयी अवस्था का अनुभव करेंगे, तुरीय अवस्था। फिर अचानक वे ज्ञानी हो जायेंगे। अचानक उनको प्रत्येक वस्तु का ज्ञान हो जायेगा। ऐसा कुछ नहीं है, यह जान लें कि कोई भी अनुभव जो समय के साथ आता है, समय के साथ चला भी जायेगा। सारे अनुभव मिथ्या हैं। सारे अनुभवों का सत्य, जो कि सारे अनुभवों में समान रूप से उपस्थित है, चेतना ही सत्य है और वह सत्य मैं हूँ।

पाँच कोश

पंचकोशाः के? अन्नमयः प्राणमयः मनोमयः विज्ञानमयः आनन्दमयश्चेति।

अर्थ—पाँच कोश कौन-कौन से हैं? अन्नमय, प्राणमय, मनोमय, विज्ञानमय एवं आनन्दमय।

व्याख्या—पंचकोशों की चर्चा पहले भी हुई है। अब उनका वर्णन आता है कि वे पंचकोश कौन-कौन से हैं, जिनसे आत्मा परे है। पाँच कोश अन्नमय, प्राणमय, मनोमय, विज्ञानमय व आनन्दमय हैं। इनके बारे में विस्तार से जानने की आवश्यकता है।

तीन शरीर, जिनकी हम चर्चा कर चुके हैं, हमें आत्मा के बारे में गलत धारणा बनाने के लिए पाँच आवरण प्रदान करते हैं। इन आवरणों को ही कोश कहा जाता है। इन तीन शरीरों को पाँच कोशों के रूप में भी देखा जा सकता है। ये आवरण आत्मा के वास्तविक रूप को ढकते प्रतीत होते हैं। जिससे आत्मा पर अनात्मा का अज्ञान के कारण अध्यारोपण सम्भव होता है। इन आवरणों को बौद्धिक रूप से हटाना पड़ता है, भौतिक रूप से इनको हटाना सम्भव नहीं। अतः इस तरह का कोई भी भ्रम मस्तिष्क में रखना उचित नहीं कि पाँच कोशों से पार पाने का अर्थ इन्हें भौतिक रूप से समाप्त करना है। ये आवरण वास्तव में आपके अन्तःकरण को धूमिल करते हैं, जैसे बादलों के आँखों के आगे लगने से सूर्य ढका हुआ प्रतीत होता है। उसी प्रकार यह आवरण आत्मा को ढकते प्रतीत होते हैं।

जब आप कहते हैं कि मैं मोटा हूँ, तो आप अन्नमय कोश सम्बन्धी

गलती कर रहे हैं। आप आत्मा पर अन्नमय कोश को अध्यारोपित कर रहे हैं। इसी प्रकार मैं भूखा हूँ, मैं भावनात्मक हूँ, मैं ज्ञानी हूँ, मैं बेहद प्रसन्न हूँ आदि अन्य कोशों से सम्बन्धित गलतियाँ हैं, जो हम आत्मा के सन्दर्भ में करते हैं।

आगे पाँचों कोशों का वर्णन किया गया है।

अन्नमय कोश

अन्नमयः कः ? अन्नरसेनैव भूत्वा अन्नरसेनैव वृद्धिं प्राप्य अन्नरूपपृथिव्यां यद्विलीयते तदन्नमयः कोशः स्थूलशरीरम्।

अर्थ—अन्नमय क्या है ? अन्नरस से बना, अन्नरस से ही वृद्धि को प्राप्त हुआ, अन्नरूप पृथ्वी में जो विलीन होता है वह अन्नमय कोश, स्थूल शरीर है।

व्याख्या—स्थूल शरीर को ही अन्नमय कोश कहा गया है। इसे अन्नमय क्यों कहा गया है ? क्योंकि यह स्थूल शरीर अन्न के रस से पैदा होता है, उसी से पोषित होता है और उसी से बढ़ता है और अन्नरूप पृथ्वी में ही मिल जाता है। अतः इसे ''अन्नमय'' कहा गया है। जो भी खाद्य पदार्थ हैं, उन्हें अन्न कहा जाता है। उस खाद्य से जो पोषक तत्त्व प्राप्त होते हैं, उनको अन्न रस कहा जाता है। अन्न के रस से ही शुक्र बनता है, जो कि स्थूल शरीर की उत्पत्ति का कारण है। अन्न के रस से ही शरीर को पोषण प्राप्त होता है, जिससे वह वृद्धि को प्राप्त होता है। 'मय' का अर्थ हुआ द्वारा उत्पन्न। अर्थात् ''अन्नमय'' का अर्थ हुआ अन्न के द्वारा उत्पन्न। क्योंकि यह आत्मा के सन्दर्भ में गलत धारणा बनाने के लिए आधार प्रदान करता है, इसलिए कोश कहा गया है। यदि यह कोश की तरह आत्मा को आच्छादित न करे और इसके कारण आत्मा के सन्दर्भ में हम कोई गलत धारणा न बनायें, तो इसे सिर्फ़ अन्नमय कहा जायेगा, अन्नमय कोश नहीं।

मैं काला हूँ, मैं गोरा हूँ, मैं मोटा हूँ, मैं पतला हूँ, मैं खूबसूरत हूँ—ये सारी धारणाएँ आप जो बनाते हैं, इनके लिए अन्नमय कोश ही आधार प्रदान करता है। आप जो कि सद्‌चिदानन्द आत्मा हो, अपने आपको अन्नमय कोश के आच्छादन के कारण मैं काला हूँ, मैं गोरा हूँ, मैं मोटा हूँ, मैं पतला हूँ, मैं

खूबसूरत हूँ आदि समझने लगते हो। अज्ञान के कारण आत्मा पर यह विशेषण अध्यारोपित किये जाते हैं।

मैं आत्मा हूँ अर्थात् मैं अन्नमय कोश नहीं हूँ। क्योंकि अन्नमय कोश दृश्य है, जो जाना जाता है और मैं दृष्टा हूँ जो जानता है। मैं तो सदैव ही हूँ, किन्तु अन्नमय कोश स्वप्न व सुषुप्ति अवस्था में तिरोहित हो जाता है। जब यह तिरोहित हो जाता है, मैं तब भी हूँ। अत: मैं अन्नमय कोश नहीं हूँ।

इसे इसी तरह से समझना आवश्यक है कि मैं अन्नमय कोश नहीं हूँ, क्योंकि "आत्मा अन्नमय कोश नहीं है" का तात्पर्य यह ही है "मैं ही आत्मा हूँ" और आत्मा अन्नमय कोश नहीं है। अगर आप इसको आत्मा अन्नमय कोश नहीं है, के रूप में ही समझोगे, तो सम्भावना है कि आप यह समझने लगें कि आत्मा अन्नमय कोश नहीं है और आपकी अपने से सम्बन्धित भ्रान्तियाँ चलती रहें। यह समझना आवश्यक है, "मैं आत्मा हूँ।" आत्मा की जब भी बात होती है तो, यह मेरी ही बात चल रही होती है। मैं ही वह आत्मा हूँ, जिसका वर्णन चल रहा है। मैं सद्चिदानन्द हूँ, न मैं छोटा हूँ, न बड़ा, न काला हूँ न गोरा, मैं अन्नमय कोश नहीं हूँ।

अन्नमय कोश के प्रति हमें वस्तुनिष्ठ होना आवश्यक है। जो भी हमारे इस जन्म में सम्बन्ध हैं, वे इस अन्नमय कोश के कारण ही हैं। माँ, बाप, भाई, बहिन, पत्नी, पुत्रादि का सम्बन्ध इस अन्नमय कोश से ही है। मृत्यु के पश्चात् जब सूक्ष्म शरीर नया स्थूल शरीर प्राप्त करता है तो, ये सारे सम्बन्ध नये स्थूल शरीरों से बन जाते हैं। एक कुत्ते के रूप में जन्म लेने पर जीव सम्भव है कि पिछले जन्म में जिन पत्नी, पुत्र के बिना जीवन की कल्पना न कर सकता था, उनको ही वह काटने दौड़ पड़े।

यह कहानी बदलते स्थूल शरीरों और बदलते रिश्तों को समझने में सहायक हो सकती है—

एक परिवार में बूढ़े पिता को मछली खाना बहुत पसन्द था। इसके लिए उसने घर में ही एक तालाब बना रखा था। जिसमें उसने मछलियाँ पाली थीं। जब भी मन होता, उस तालाब से मछली निकालता और बना के खा लेता।

उसकी पत्नी को घर से बेहद लगाव था। वह बहुत लालची भी थी। उनके लड़के की पत्नी से किसी और को बेहद मोह था। उसने एक दिन लड़के की पत्नी का बलात्कार कर दिया। सबने मिलकर उस बलात्कारी की हत्या कर दी। जब पति की मृत्यु हुई, वह उसी तालाब में मछली के रूप में आ गया। उसकी पत्नी को घर से बेहद लगाव था। वह कुत्ते के रूप में पैदा हुई एवं उसी घर में आ गयी। किन्हीं कर्मों के कारण से जिनको उन्होंने मारा था, उसे मनुष्य जन्म मिला। क्योंकि उसका लगाव उनके बेटे की पत्नी से था। वह उसके गर्भ से ही पुत्र के रूप में पैदा हो गया।

पुत्र ने एक दिन मछली को, जो उसके पूर्व जन्म के पिता थे, निकाला, पकाया व खा लिया। उस मछली के कुछ हिस्से पर कुत्ता, जो कि पिछले जन्म में उस मछली की पत्नी थी, झपट पड़ा और उसे खा गया। यह देखकर उस पुत्र ने उस कुत्ते की, जो कि पिछले जन्म में उसकी माँ थी, जमकर पिटाई की और उस समय उसकी पत्नी अपने पूर्वजन्म के बलात्कारी को अपनी गोद में बैठाकर प्यार से खिला रही थी।

प्राणमय कोश

प्राणमयः कः ? प्राणाद्याः पंचवायवः वागादीन्द्रियपंचकं प्राणमयः कोशः।

अर्थ—प्राणमय क्या है? प्राण जिनके शुरू में है, वे पाँच वायु, वाग् जिनके शुरू में है, वे पाँच इन्द्रियाँ इनका समूह प्राणमय कोश है।

व्याख्या—प्राणमय क्या है? प्राणादि, जिन पाँच वायु का वर्णन पीछे किया जा चुका है, उन वायु एवं वागादि पाँच इन्द्रियों से मिलकर प्राणमय कोश बनता है। यह शरीर का ऊर्जा आवरण है, जो कि क्रिया शक्ति की द्योतक है। तीन प्रकार की शक्तियाँ हममें होती हैं—क्रिया शक्ति, इच्छा शक्ति एवं ज्ञान शक्ति। प्राणमय कोश क्रिया शक्ति प्रधान है। हमारे शरीर को कार्य करने के लिए ऊर्जा इसी कोश से प्राप्त होती है। वाक्, पाणि, पाद, पायु, उपस्थ यह जो पाँच कर्मेन्द्रियों का समूह है, इनके कार्यशील रहने के लिए ऊर्जा की आवश्यकता होती है। वह आवश्यक ऊर्जा प्राणवायु से ही प्राप्त होती है। अतः

यह प्राणमय कोश का ही अंग है, क्योंकि इस समूह की शुरुआत वाग् से होती है। अतः इसे वाग् आदि इन्द्रिय पंचक भी कहा जाता है, क्योंकि यह भी आत्मा के सन्दर्भ में गलती करने के लिए आधार प्रदान करता है, इसलिए इसे प्राणमय कोश कहा जाता है। जब हम कहते हैं कि मैं बीमार हूँ, मैं स्वस्थ हूँ, मैं भूखा हूँ तो हम आत्मा के ऊपर प्राणमय के गुणों को अध्यारोपित करते हैं।

वास्तव में देखा जाये तो आप भूखे नहीं हो, आत्मा भूखी नहीं है। आत्मा भूख-प्यास आदि से मुक्त है, किन्तु फिर भी आप शरीर के भूखा होने पर कहते हो कि मैं भूखा हूँ। यह प्राणमय कोश का आत्मा पर अज्ञान के कारण होने वाला अध्यारोपण है। इसी के कारण आप अपने आपको भूखा समझने लगते हो।

शरीर को ऊर्जा एवं भोजन की आवश्यकता है। किन्तु मुझे नहीं, मैं प्राणमय नहीं हूँ, यह समझ प्राणमय कोश का अतिक्रमण करना है।

मनोमय कोश

मनोमयः कोशः कः ? मनश्च ज्ञानेन्द्रियपंचकं मिलित्वा भवति स मनोमयः कोशः।

अर्थ—मनोमय कोश क्या है ? मन एवं पाँच ज्ञानेन्द्रियों के मिलने से जो बनता है, उसे मनोमय कोश कहते हैं।

व्याख्या—यह शरीर का भावनात्मक आवरण है। संकल्प, विकल्प, भावनाएँ, इच्छाएँ इसी आवरण के कार्य हैं। यह इच्छा शक्ति प्रधान है, क्योंकि यह भी आत्मा के मन्दर्भ में गलती करने के लिए आधार प्रदान करता है। इसलिए इसे मनोमय कोश कहा जाता है। जब हम कहते हैं कि मैं क्रोधी हूँ, मैं दुःखी हूँ, तो हम आत्मा के ऊपर मनोमय के गुणों को अध्यारोपित करते हैं।

यह समझना कि मैं मस्तिष्क नहीं हूँ, मस्तिष्क मेरा है, किन्तु मैं मस्तिष्क नहीं हूँ। क्रोध है, किन्तु मैं क्रोधी नहीं हूँ। कुछ कारण हैं जिनसे मनोमय आवरण में क्रोध प्रतीत हो रहा है, किन्तु मैं मनोमय नहीं हूँ। भावनाएँ हैं किन्तु मैं उन भावनाओं से सर्वथा भिन्न हूँ, यह समझ ही मनोमय का

अतिक्रमण, मस्तिष्क का अतिक्रमण करना है।

शंका—क्या यह समझ होने पर भी क्रोध आ सकता है?

समाधान—अवश्य, मस्तिष्क का अतिक्रमण करने पर भी आपके संस्कार, आपकी वासनाएँ कुछ समय तक बनी रहती हैं। पूर्व काल में अर्जित इन संस्कारों की छाप वैसे ही बनी रहती है, जैसे किसी स्थान पर कई वर्षों से प्याज व लहसुन रखा जाता हो तो, उसको वहाँ से हटा देने पर भी काफ़ी काल तक दुर्गन्ध बनी रहती है। किसी घटना विशेष पर जो पहला विचार मस्तिष्क में आता है। मन इन संस्कारों से प्रभावित रहता है और क्रोध कई बार आने से पहले हमारी बुद्धि से विचार-विमर्श नहीं करता। किन्तु ज्ञान होने के पश्चात् दूसरा विचार सदैव हमारे हाथ में होता है। यह हमारे हाथ में है कि हम क्रोध के विचार, जो कि पूर्वसंस्कारों से प्रभावित है, को ईंधन प्रदान करते हैं या उसको "क्रोध है, किन्तु मैं क्रोधी नहीं हूँ," इस विचार से हटा देते हैं। कुछ कारण हैं जिनसे मनोमय आवरण में क्रोध प्रतीत हो रहा है, किन्तु मैं मनोमय नहीं हूँ। इस भावना के बलवती होने पर आप शान्त हो जाते हैं।

विज्ञानमयः कोशः

विज्ञानमयः कः? बुद्धिश्च ज्ञानेन्द्रियपंचकं मिलित्वा भवति स विज्ञानमयः कोशः।

अर्थ—विज्ञानमय कोश क्या है? बुद्धि एवं पाँच ज्ञानेन्द्रियों के मिलने से जो बनता है, उसे "विज्ञानमय कोश" कहते हैं।

व्याख्या—यहाँ ध्यान देने योग्य बात यह है कि पाँच ज्ञानेन्द्रियाँ मनोमय कोश एवं विज्ञानमय दोनों में हैं, क्योंकि अन्तःकरण मन और बुद्धि के रूप में ज्ञानेन्द्रियों द्वारा मिलने वाली सामग्री के आधार पर ही कार्य करता है।

विज्ञानमय ज्ञानशक्ति प्रधान है। निर्धारण, जानना, कर्तृत्वभाव इसी विज्ञानमय का गुण है। जब हम कहते हैं कि मैं जानता हूँ, मैं नहीं जानता हूँ, मैं कर्ता हूँ, यह मैंने किया, तो हम आत्मा के ऊपर विज्ञानमय के गुणों को अध्यारोपित करते हैं और यह कोश बन जाता है। इसी के कारण मैं अकर्ता

होने पर भी अपने आपको कर्ता समझता हूँ और इसी कारण कर्मों के फलों को भोगता भी प्रतीत होता हूँ।

जब मैं यह समझ जाता हूँ कि मैं विज्ञानमय नहीं हूँ, तो मैं इस कोश का अतिक्रमण कर जाता हूँ। मैं जब अपने अकर्ता स्वरूप को समझता हूँ कि मैं सद्‌चिदानन्द आत्मा सदैव ही अकर्ता एवं अभोक्ता हूँ। मैं तो इन कर्मों का साक्षी मात्र हूँ। मेरी उपस्थिति में कर्म होते हैं, किन्तु मैं कर्ता नहीं हूँ। ऐसी समझ दृढ़ होने पर आप विज्ञानमय कोश का अतिक्रमण कर जाते हो।

प्राणमय, मनोमय व विज्ञानमय ही मिलकर सूक्ष्म शरीर के रूप में जाने जाते हैं। यदि तीन शरीरों की दृष्टि से देखें तो ये सूक्ष्म शरीर हैं। अगर पाँच कोशों की दृष्टि से देखें तो ये तीन कोश हैं।

आनन्दमय कोश

आनन्दमयः कः? एवमेव कारणशरीरभूताविद्यास्थ मलिनसत्त्वं प्रियादिवृत्तिसहितं सत् आनन्दमयः कोशः।

अर्थ—आनन्दमय किसे कहते हैं? कारणशरीरभूत, अविद्या में स्थित, प्रियादि वृत्ति सहित मलिनसत्व इस प्रकार से है, आनन्दमय कोश है।

व्याख्या—आनन्दमय कोश क्या है? वह आवरण, अविद्यारूप कारण शरीर, जो सुखानुभूति का कारण है वह ''आनन्दमय'' है। सुख की अनुभूति जो कि कारण शरीर के कारण है, उसका विश्लेषण सुषुप्ति की अवस्था के विश्लेषण में किया जा चुका है। हमें जो भी अनुभव होते हैं, उनका कारण माया के विभिन्न गुण हैं। सत्वगुण ज्ञान व सुख का कारण है। रज गुण क्रियाओं व अशान्ति का कारण है। तमोगुण सुस्ती, अज्ञान का कारण है। सुषुप्ति में हमें सुख का अनुभव होता है, अतः सत्वगुण होना चाहिए। किन्तु वहाँ ज्ञान नहीं है, अपितु अज्ञान की स्थिति है। अविद्या की विक्षेप शक्ति क्रियाशील नहीं है किन्तु आवरण शक्ति क्रियाशील रहती है, अतः सत्वगुण पूर्ण रूप से शुद्ध न होकर तमोगुण से दूषित है। इसे मलिनसत्व कहा जाता है। यह मलिनसत्व अविद्या में अवस्थित है।

इसे प्रिय आदि वृत्ति सहित बताया गया है। प्रिय आदि वृत्ति अर्थात् प्रिय जिसकी शुरुआत में है, वह वृत्तियों का समूह। सुख की तीन श्रेणियाँ हैं, जो कि क्रम से प्रिय, मोद, प्रमोद हैं। इसे इस प्रकार समझ सकते हैं। हो सकता है कि यह एकदम सटीक आकलन न हो, किन्तु इन तीनों को समझने में सहायता अवश्य प्रदान करेगा। जब आपको कोई वस्तु पसन्द है तो, उसे देखने मात्र से जो सुख की अनुभूति होती है, उसे 'प्रिय' कहते हैं। जब आपको वह प्राप्त होती है तो, होने वाली अनुभूति को मोद एवं जब आप उसका उपभोग करते हैं तो उस अनुभव को प्रमोद कह सकते हैं। उदाहरण के तौर पर अगर आपको खीर बहुत पसन्द है। आप किसी भोज पर जाते हो एवं वहाँ खीर बनती देखते हो तो, आपको जो सुख प्राप्त होता है उसको 'प्रिय' कह सकते हैं। इसी प्रकार जब वह खीर आपको परोसी जाती है तो, आपकी अवस्था मोद की एवं जब आप उसका रसास्वादन करते हैं तो, उसे प्रमोद की अवस्था कह सकते हैं।

दूसरी बात यह स्पष्ट की गयी है कि प्रिय आदि ये अनुभूतियाँ मन में उत्पन्न वृत्तियाँ हैं।

कारणशरीरभूत अविद्या में अवस्थित मलिनसत्व के कारण ही प्रिय आदि वृत्तियों एवं अज्ञान का अनुभव सुषुप्ति में होता है। यह अविद्या ही कारणशरीर है व यही आनन्दमय है। मैं, आत्मा, ही आनन्दस्वरूप हूँ और अन्तःकरण की इस विशिष्ट अवस्था के रूप में मैं ही व्यक्त होता हूँ। यह तथ्य ही ज्ञान है जो कि अविद्या से ग्रसित होता है। इस तथ्य का अज्ञान होने के कारण सुख एवं अज्ञान की स्थिति होती है। इस कारण जाग्रत एवं सुषुप्ति में होने वाले सुख का अनुभव मलिनसत्वमय होता है। क्योंकि अज्ञान की अवस्था रहती है। यह अवश्य ध्यान रखें कि सुख की अनुभूति वास्तव में मेरे ही आनन्दस्वरूप का अन्तःकरण में बनने वाला प्रतिबिम्ब है जो कि सुख के रूप में व्यक्त हो रहा है। यह ही वृत्ति के रूप में अन्तःकरण में प्रिय आदि वृत्तियों का कारण है।

जब हम कहते हैं, "मैं अब सुखी हूँ" तो हम आत्मा के ऊपर आनन्दमय के गुणों को अध्यारोपित करते हैं और यह कोश बन जाता है।

जब मैं यह समझ जाता हूँ कि मैं आनन्दमय नहीं हूँ, मैं अब सुखी नहीं हूँ, मैं कभी दुःखी था ही नहीं, अपितु मैं तो आनन्दस्वरूप हूँ। प्रियादि वृत्तियों

एवं जिसे हम सुख की अनुभूति कहते हैं, वह मेरा ही अन्तःकरण में बनने वाला प्रतिबिम्ब है, तो हम इस कोश का अतिक्रमण कर जाते हैं।

एतत् कोश पंचकम्।

अर्थ—ये पाँच कोश हैं।

व्याख्या—ये ही पाँच कोश हैं, जो आत्मा पर अज्ञान के कारण अध्यारोपित होते हैं। अपनी गलतियों को सुधारने के लिए इनका अतिक्रमण आवश्यक है। मैं, आत्मा, इनमें से कोई भी नहीं हूँ, आत्मा इनसे परे है। यह समझ ही पाँचों कोशों का अतिक्रमण करना है।

मदीयं शरीरं मदीयाः प्राणाः मदीयं मनश्च मदीया बुद्धिर्मदीयं ज्ञानमिति स्वेनैव ज्ञायते तद्यथा मदीयत्वेन ज्ञातं कटककुण्डलगृहादिकं स्वस्माद्भिन्नं तथा पंचकोशादिकं मदीयत्वेन ज्ञातमात्मा न भवति।

अर्थ—जैसे मेरे कंगन, कुण्डल, गृह आदि अपने से भिन्न रूप से जाने जाते हैं, ठीक उसी तरह मेरा शरीर, मेरे प्राण, मेरा मन और मेरी बुद्धि, मेरा ज्ञान इस प्रकार से जाने जाते हैं। अतः ये पाँच कोश आदि 'मेरे' की तरह ज्ञात होने की वजह से आत्मा नहीं हैं।

व्याख्या—यह शरीर मेरा है, प्राण मेरे हैं, मस्तिष्क मेरा है, बुद्धि मेरी है, अज्ञान मेरा है। इस तरह से सब "मेरे हैं" इस तरह से ज्ञात होते हैं। इसी तरह पंचकोश, शरीरत्रय, अवस्थात्रय "मेरे हैं" इस तरह से ज्ञात हैं। इसलिए यह मैं नहीं हूँ। जो मेरा है वह मैं नहीं हूँ। जैसे मेरी चूड़ियाँ, मेरा घर, मेरे कुण्डल ये सब मेरे हैं, किन्तु मैं न तो चूड़ी हूँ, न घर हूँ, न ही कुण्डल क्योंकि जो मेरा है वह मैं नहीं हूँ।

ध्यान रहे जिसको हम मेरा कहते हैं वह 'वस्तु' एवं 'इदं,' यह है, इस रूप में ज्ञात होता है। जैसे यह शरीर है, यह कुर्सी है आदि। जो भी 'इदं' है वह 'अहं' से भिन्न है। इस प्रकार दो वृत्तियाँ हुईं "इदं वृत्ति" एवं "अहं वृत्ति"। इदं वृत्ति का आधार अहं वृत्ति है।

आत्मा का स्वरूप

आत्मा तर्हि कः? सच्चिदानन्द स्वरूपः।

अर्थ—तो आत्मा क्या है? सत् चित् आनन्द स्वरूप।

व्याख्या—शिष्य का प्रश्न है कि तो आत्मा क्या है? न तो वह शरीरत्रय है, न पंचकोश एवं न अवस्थात्रयी ही है, तो आत्मा क्या है? गुरु उत्तर देता है कि सच्चिदानन्दस्वरूपः।

सत् चित् आनन्द जिसकी मूल प्रकृति है, वह सच्चिदानन्दस्वरूप आत्मा है।

सत् किम्? कालत्रयहऽपि तिष्ठतीति सत्। चित्किम्? ज्ञानस्वरूपः। आनन्दः कः? सुखस्वरूपः। एवं सद्चिदानन्द स्वरूपं स्वआत्मानां विजानीयात्।

अर्थ—सत् क्या है? जो तीनों कालों में रहता है। चित् क्या है? ज्ञानस्वरूप। आनन्द क्या है? सुखस्वरूप।

इस प्रकार से सबको अपनी आत्मा को भली-भाँति जानना चाहिए, जो कि सत् चित् आनन्द स्वरूप है।

व्याख्या—हालाँकि सत् का पहले वर्णन किया गया है किन्तु हम यहाँ पहले चित् के बारे में चर्चा करेंगे, इससे सत् को समझना ज़्यादा आसान होगा।

चित् को ही चैतन्यं, ज्ञानं, विज्ञानं और चित्ति भी कहा जाता है, अंग्रेज़ी में इसे कॉन्शियसनेस (consciousness) एवं अवेयरनेस (awareness) कहते

हैं। शब्दों के अनेक अर्थ हो सकते हैं, अतः सन्दर्भ को देखते हुए यह जानना आवश्यक है कि वह शब्द किस अर्थ में प्रयुक्त हुआ है।

सर्वप्रथम चित् से सम्बन्धित जो गलत अवधारणाएँ हैं, उनका निराकरण आवश्यक है। हमने आत्मा के सम्बन्ध में भी यही किया था। सर्वप्रथम आत्मा क्या नहीं है, उन अवधारणाओं को हटा दिया था। यहाँ भी हम सर्वप्रथम यह जानेंगे कि चित् क्या नहीं है—

1. चित् शरीरत्रय का अंग नहीं है।
2. चित् शरीरत्रय का गुण, धर्म नहीं है।
3. चित् आत्मा का भी गुण नहीं है, अपितु चित् ही आत्मा है।
4. चित् दृष्टा भी नहीं है, अपितु यह दृष्टा का भी सत्य है।
5. चित् दृश्य या अदृश्य वस्तु नहीं है, अपितु सभी दृश्य-अदृश्य वस्तुओं का सत्य है।
6. चित् किसी अन्य वस्तु से प्रकाशित नहीं होता। यह स्वप्रकाशित है और इससे ही सभी वस्तुएँ प्रकाशित होती हैं।

किसी भी वस्तु को हम कह सकते हैं, ''वह है'' जब वह हमें ज्ञान के प्रत्यक्ष आदि प्रमाणों के द्वारा ज्ञात हो, जैसे— ''किताब है,'' क्योंकि यह प्रत्यक्ष प्रमाण द्वारा मुझे ज्ञात है। किन्तु जब मैं कहता हूँ, ''मैं हूँ'' तो अपने स्वयं के अस्तित्व के प्रमाण के लिए किस प्रमाण की आवश्यकता है? आप यह नहीं कह सकते कि मैं देख सकता हूँ इस कारण मैं हूँ। अगर आप न भी देख सको तो भी आप हो। आप अगर यह कहते हो— ''मैं सोचता हूँ'' इसलिए मैं हूँ, 'डेकार्ड' ने इस दर्शन की नींव रखी थी, तो सुषुप्ति की अवस्था में कोई विचार नहीं है, किन्तु तब भी आप जागने पर कहते हो ''मैं सुखपूर्वक सोया।'' 'मैं' तब भी था जब विचार नहीं थे। तथ्य यह है कि ''मैं हूँ'' इसलिए मैं सोच सकता हूँ।

प्रत्येक वस्तु के लिए आपको प्रमाण की आवश्यकता है, किन्तु अपने स्वयं के अस्तित्व के लिए नहीं। आपका होना स्वतः प्रमाणित है, स्वप्रकाशित है। उस पर आधारित होकर ही पूरा संसार प्रकाशित है। यहाँ पर प्रकाश का अर्थ किसी प्रकार की लाईट से न लें। यह आत्मा के चितस्वरूप को प्रदर्शित

करने के लिए प्रयुक्त होने वाली उपमा है। प्रत्येक वस्तु प्रकाश के कारण दृष्ट होती है, क्योंकि आत्मा के कारण ही सारा संसार द्रष्ट है, अतः आप ही द्रष्टा हो एवं पूरा संसार दृश्य है। नियम यह है कि द्रष्टा दृश्य नहीं हो सकता। अगर द्रष्टा दृश्य हो जाये तो उस दृश्य का द्रष्टा कौन होगा? "अहं वृत्ति" है, उसके आधार पर ही "इदं वृत्ति" की उत्पत्ति सम्भव है। अगर "अहं वृत्ति" "इदं वृत्ति" का स्थान ले ले, तो उसका आधार क्या होगा? क्योंकि आत्मा से संसार दृश्यमान है, अतः उसे प्रकाश का भी प्रकाश कहा जाता है। और यह बात जो सदैव ध्यान में रखनी आवश्यक है कि मैं ही वह आत्मा हूँ।

सूर्य भाति-चन्द्रमा अनुभाति, सूर्य के कारण ही चन्द्रमा रोशन होता है। चक्षु भाति-सूर्य अनुभाति, नेत्र के कारण ही सूर्य रोशन है, अगर नेत्र न हों तो सूर्य का प्रकाश भी प्रकाशित नहीं कर सकता। मन भाति-चक्षु अनुभाति, मस्तिष्क है तभी नेत्र प्रकाशित है। आत्मा भाति-मन अनुभाति, "मैं हूँ," चैतन्यता है तभी मस्तिष्क प्रकाशित है। आत्मा भाति, मैं ही परमज्योति हूँ, स्वप्रकाशित हूँ, मेरे कारण ही अन्य सब प्रकाशित है। मुझे किसी अन्य के प्रकाश की आवश्यकता नहीं। मेरे ही प्रकाश से सब प्रकाशित है।

"आत्मा चित्स्वरूप है" इसका अर्थ है कि आत्मा स्वप्रकाशित है व अन्य सभी प्रकाशकों की प्रकाशित करने की क्षमता का स्रोत आत्मा ही है।

यहाँ पर यह ध्यान रखने योग्य है कि हम उस चेतना की बात न करके, जिसको फैलाया जा सकता है या ऊपर उठाया जा सकता है, या जिसके विभिन्न स्तर हों, हम उस चेतना की बात कर रहे हैं जो आत्मा का स्वरूप है। जो सदा अपरिवर्तित, स्वप्रकाशित, स्वतःसिद्ध है। जिसके कारण अन्य सब कुछ जाना जाता है। उसकी बात कर रहे हैं।

ज्ञानस्वरूप का अर्थ क्या है?

यहाँ ज्ञान का अर्थ अन्तःकरण की चेतना द्वारा प्रकाशित वृत्ति है। जैसे ही हम किसी वस्तु के सम्पर्क में आते हैं तो ज्ञानेन्द्रियों से हमें सम्बन्धित सूचनाएँ प्राप्त होती हैं। हमारा मन ज्ञानेन्द्रियों से उस वस्तु को आच्छादित करता है एवं उसके अनुसार हमारा मन आकार ग्रहण कर लेता है। मन के इस

प्रकार के बदलाव को 'वृत्ति' कहते हैं।

वृत्ति क्या है? विषयाकार अन्तःकरण परिणाम वृत्ति है। जब हम घट को देखते हैं तो, मन घट का आकार ग्रहण करता है। इस आकार ग्रहण करने को वृत्ति कहते हैं। घट को देखने पर उत्पन्न वृत्ति को घटाकार वृत्ति कहेंगे। किन्तु सिर्फ़ मन के घट के आकार ग्रहण करने मात्र से घट प्रकाशित नहीं हो जायेगा। घटाकार वृत्ति के होने को, मन के विषय के आकार लेने को "वृत्ति व्याप्ति" कहा जाता है। जब घटाकार वृत्ति उत्पन्न होती है, साथ ही साथ चित् उस वृत्ति को प्रकाशित भी करता है। इससे ही घट प्रकाशित होता है। इसे "फल व्याप्ति" कहते हैं। इस फल व्याप्ति के कारण घटाकार वृत्ति के प्रकाशित होने से घट के प्रकाशित होने को ज्ञान कहा जाता है। वृत्ति व्याप्ति व फल व्याप्ति एक साथ ही होती हैं। इनमें कुछ ऐसा नहीं है कि पहले वृत्ति व्याप्ति होती है व वह फल व्याप्ति के लिए इन्तज़ार करती रहती है, नहीं, दोनों एक साथ ही होती हैं। यह घट का प्रकाशित होना चेतना का ही व्यक्त होना है, जो कि वृत्ति के रूप में व्यक्त हुई है। चेतना ही ज्ञानस्वरूप है, इससे ही फल व्याप्ति होती है, जो कि ज्ञान है। यह ही निर्विशेष ज्ञान है, जो कि सविशेष ज्ञान के रूप में व्यक्त होता है। इसीलिए "घट ज्ञान" को हम "घट चेतना" भी कह सकते हैं। घट की चेतना ही घट का ज्ञान है या घट का ज्ञान ही घट की चेतना है।

चेतना किसी वस्तु की भाँति अनुभव करने के लिए नहीं है, अपितु यह सभी अनुभवों का सत्य है। अनुभव है, ज्ञान है तो चेतना अवश्य ही है, क्योंकि यह उनका सत्य है। चेतना ही सविशेष ज्ञान रूप में व्यक्त होती है। सभी अनुभवों में आत्मा अनुभव सम्बन्धी वृत्ति को प्रकाशित करने वाली चेतना है, जो ज्ञानस्वरूप है। सदैव याद रखने योग्य तथ्य कि "मैं ही वह आत्मा हूँ," यह ज्ञान ही आत्मज्ञान है। इसका कोई विशेष अनुभव सम्भव नहीं है, क्योंकि यह ही सभी अनुभवों का सत्य है। वेदान्त भी किसी विशेष प्रकार के अनुभव के लिए नहीं है, अपितु यह सभी अनुभवों के सत्य का उद्घाटन है।

दो प्रकार के ज्ञान होते हैं, सविशेष एवं निर्विशेष। सभी वस्तुओं का ज्ञान सविशेष ज्ञान कहा जाता है जैसे घट ज्ञान, पट ज्ञान। यह विशिष्ट वस्तु

से संलग्न ज्ञान है और यह ज्ञान अनित्य कहा जाता है। इसे ही सविशेष ज्ञान और वस्तु ज्ञान कहते हैं। घट ज्ञान में घट विशेष है और घट का ज्ञान सविशेष ज्ञान है। लेकिन इस घट एवं पट ज्ञान के पीछे ज्ञान अपने निर्विशेष रूप में है, जो कि किसी वस्तु को प्रकाशित नहीं कर रहा है, किन्तु प्रकाशस्वरूप है, प्रकाशित करने वाला है। वह निर्विशेष ज्ञान नित्य है और इसे स्वरूप ज्ञान कहा जाता है। यह ही आत्मा का स्वरूप है। इसे ही चित् कहा गया है, जो कि ज्ञान स्वरूप है। यह सारे वस्तुज्ञान का, सविशेष ज्ञान का, सत्य है। किन्तु स्वयं यह निर्विशेष है अर्थात् किसी वस्तुविशेष का ज्ञान नहीं है, जो नित्य है, वह स्वरूप है। अतः निर्विशेष ज्ञान आत्मा का स्वरूप है। इसीलिए कहा गया है कि आत्मा ज्ञान स्वरूप है। स्वरूप ज्ञान, वह ज्ञान जो कि निर्विशेष है, इसी को चित् कहा जाता है। यह बात भी ध्यान देने योग्य है कि निर्विशेष ज्ञान ही सविशेष ज्ञान के रूप में व्यक्त होता है। सविशेष ज्ञान निर्विशेष ज्ञान से सर्वथा भिन्न नहीं है।

घट का ज्ञान घट द्वारा संस्कारित चेतना का अभिव्यक्तिरण ही है। घट ज्ञान ही घट चेतना है। घट को हटा दें तो निर्विशेष ज्ञान, जो घट द्वारा संस्कारित नहीं है, वह शुद्ध चेतना है। यह शुद्ध चेतना ही ज्ञान स्वरूप है। ज्ञान स्वरूप का अर्थ है कि यह आकस्मिक नहीं है। यह अन्य अनुभवों एवं सविशेष ज्ञान की तरह आने-जाने वाला नहीं है। यह चेतना का स्वभाव है। अतः किसी भी प्रकार के ज्ञान में, अनुभव में, चेतना की उपस्थिति अनिवार्य है। इसकी अनुपस्थिति को प्रमाणित नहीं किया जा सकता।

यह चित्स्वरूप आत्मा, जो कि ज्ञान स्वरूप है, मैं हूँ। वह ही सत् है। सत् क्या है? जो कि तीनों कालों में हो, वह ही सत् है। जो भूतकाल में भी हो, वर्तमान में भी हो और भविष्य में भी रहे, जिसका अस्तित्व सदैव ही हो। जो काल के बन्धन में न हो वह सत् है। अस्तित्व को ही सत् कहा गया है।

जब हम कहते हैं ''घट है'' तो यहाँ हम दो शब्दों का प्रयोग करते हैं। 'घट' एवं 'है'। यहाँ यह 'है' शब्द का अर्थ, जो घट के अस्तित्व के होने को दर्शाता है, वह सत् है। 'घट' सत् नहीं है। वह कल नहीं था और फिर कल नहीं होगा। यह 'है' अस्तित्व है, यह ही सत् है। प्रत्येक वस्तु जिसको हम कह

सकते हैं 'है,' वह अपने होने के लिए इसी पर निर्भर है।

किसी भी वस्तु की अनुपस्थिति को प्रमाणित करने के लिए प्रमाण की आवश्यकता होगी। बिना चेतना के यह सम्भव नहीं है, क्योंकि कभी भी चेतना की अनुपस्थिति को प्रमाणित नहीं किया जा सकता। अतः चेतना का होना ही अस्तित्व का होना है। इसका न होना प्रमाणित नहीं हो सकता। अतः अस्तित्व का न होना प्रमाणित नहीं हो सकता। चेतना ही सत् है एवं चेतना ही अस्तित्व है। इसे ही सत्स्वरूप कहा गया है।

क्या मृत शरीर में भी चेतना होती है?

हाँ, अवश्य होती है किन्तु यह व्यक्त नहीं होती है। यह प्रतिबिम्बित नहीं होती, क्योंकि चैतन्यता सूक्ष्म शरीर के माध्यम से ही व्यक्त होती है। सूक्ष्म शरीर ही वह माध्यम है जिस पर चेतना प्रतिबिम्बित होकर व्यक्त होती है। मृत्यु क्या है? सूक्ष्म शरीर का स्थूल शरीर से पृथक हो जाना। जन्म क्या है? सूक्ष्म शरीर का पुनः नया स्थूल शरीर प्राप्त करना। मृत शरीर में सूक्ष्म शरीर स्थूल शरीर से अलग हो जाता है। इसी को मृत्यु कहते हैं। चेतना कहीं नहीं जाती, चेतना सर्वत्र व्याप्त है। चेतना विभु है, किन्तु व्यक्तिकरण के उचित माध्यम, सूक्ष्म शरीर के अभाव में अव्यक्त रहती है। इसी कारण जड़ पदार्थों में हमें यह तो एहसास होता है कि "वस्तु है," किन्तु यह अनुभव नहीं होता कि वे सचेतन है, जैसे एक पत्थर में आत्मा का सत् स्वरूप तो व्यक्त होता है जिससे हमें अनुभव होता है कि "पत्थर है," किन्तु सूक्ष्म शरीर के अभाव में चित् स्वरूप की अभिव्यक्ति नहीं हो पाती। अतः पत्थर हमें जड़ प्रतीत होता है।

इसको समझने के लिए हम प्रकाश का उदाहरण लेते हैं। आत्मा प्रकाश की तरह है। जिस प्रकार प्रकाश की उपस्थिति में वस्तुएँ दृश्य होती हैं। उसी प्रकार आत्मा की उपस्थिति के कारण ही संसार दृश्यमान है। प्रकाश स्वयं दृश्य नहीं होता एवं किसी वस्तु के अभाव में अव्यक्त ही रहता है। किसी वस्तु की उपस्थिति में वह वस्तु प्रकाश के कारण प्रकाशित होकर दृश्य होती है और इससे ही ज्ञात होता है कि प्रकाश है। उसी प्रकार चेतना भी सूक्ष्म शरीर के अभाव में अवयक्त रहती है। सूक्ष्म शरीर की उपस्थिति होने पर, जो कि

आत्मा की उपस्थिति में चैतन्य हो जाता है, शरीर में चेतना का भान होता है।

यह जो निर्विशेष चेतना है वह ही सत् है। सत् समय के प्रभाव से मुक्त है। समय का सत्य भी यह चेतना ही है। कोई काल ऐसा नहीं है जहाँ चेतना न हो। चेतना के अभाव को प्रमाणित नहीं किया जा सकता। चित् प्रमाता है। प्रमाता के अभाव में किसी भी विषयवस्तु को प्रमाणित करना सम्भव नहीं।

आनन्द स्वरूप क्या है?

जो चित् सत् है, वह अनन्त है। अनन्तता या कहें पूर्णता ही आनन्दस्वरूप है। यह पूर्णता ही सुख के रूप में व्यक्त होती है। सुख का विश्लेषण हम पहले भी कर चुके हैं कि जो सुख हमें अनुभव होता है, वह आत्मा की ही अभिव्यक्ति है, ध्यान देने योग्य बात यह है कि दुःख भी आत्मा की ही अभिव्यक्ति है। सुख हो या दुःख दोनों ही प्रकार की वृत्तियों को आत्मा ही प्रकाशित करती है। अनुभव होने वाले सुख का सत्य आत्मा ही है, जो कि अनन्त है, पूर्ण है। जब भी हम अपने 'अहम्' को, जो कि सीमित है, उसको जो कि अपूर्ण है, तिरोहित करते हैं, तो हम सुख का अनुभव करते हैं। आत्मा जो कि पूर्ण है, अनन्त है, वह आनन्द स्वरूप आत्मा ही सुख के रूप में व्यक्त होती है।

यह कैसे जानें कि आत्मा अनन्त है?

हम आकाश ज्ञान के कारण या कहें कि आकाश के ज्ञान के कारण जानते हैं कि आकाश है। इसी को हम "आकाश चेतना" कह सकते हैं। क्योंकि आकाश चेतना है, इसीलिए आकाश ज्ञात है। बिना आकाश चेतना, बिना आकाश ज्ञान के हम नहीं कह सकते कि आकाश है। आकाश का ज्ञान तभी सम्भव है, जब आकाशाकार वृत्ति को चेतना प्रकाशित करे। इसको अन्वय व्यतिरेक के माध्यम से समझने की कोशिश करते हैं।

अन्वय व्यतिरेक क्या है?

घट है और मिट्टी भी है। जब घट है तो मिट्टी है, जब दोनों हैं, इसे कहते हैं 'अन्वय' अगर हम घट को नष्ट कर दें तो, जब घट नहीं है तो भी मिट्टी है। घट के नष्ट होने पर भी मिट्टी है, इसे कहते हैं 'व्यतिरेक।' इससे साबित

होता है कि मिट्टी का होना घट के अस्तित्व पर निर्भर नहीं करता।

इसी प्रकार साबित हो सकता है कि घट है, मिट्टी भी है, यह अन्वय है। मिट्टी नहीं है तो घट भी नहीं है अर्थात् घट का अस्तित्व मिट्टी पर ही निर्भर करता है, उसका अपना कोई मिट्टी से स्वतन्त्र अस्तित्व नहीं है। तो हम कह सकते हैं कि घट का सत्य मिट्टी है।

इसी प्रकार आकाश है एवं चित् भी है। आकाश ज्ञान या आकाश चेतना बिना चेतना के सम्भव नहीं। यह हुआ अन्वय। सुषुप्ति में आकाश तिरोहित हो जाता है, चित् फिर भी रहता है यह व्यतिरेक हुआ। आकाश का अस्तित्व, बिना चित् के सम्भव नहीं, किन्तु चित् के लिए आकाश का होना आवश्यक नहीं। अतः आकाश का सत्य भी चित् ही है। चित् आकाश की सीमाओं से बँधा नहीं है, अपितु यह आकाश का सत्य है।

एवं सद्‌चिदानन्द स्वरूपं स्वआत्मानां विजानीयात्

इस प्रकार से सबको अपनी आत्मा को भली-भाँति जानना चाहिए जो कि सत् चित् आनन्द स्वरूप है। विजानीयात् का अर्थ हुआ भली-भाँति, क्योंकि आत्मा सामान्य रूप से "मैं हूँ" इस रूप से सभी को ज्ञात ही होती है। किन्तु अज्ञान के कारण इस पर शरीरत्रय अध्यारोपित होते हैं। अतः इसके स्वरूप का ज्ञान हमें नहीं होता। यही संसार का कारण है, अतः इसे भली-भाँति जानने को कहा गया है, सामान्य रूप से नहीं।

हम तीन प्रकार की गलत धारणाएँ अपने बारे में बना लेते हैं, जो संसार में हमारे संघर्ष का कारण हैं।

1. मैं मरणधर्मा हूँ, मृत्यु का भय सभी को रहता है। इसे अभिनिवेश भी कहा जाता है। मैं मरना नहीं चाहता, किन्तु मेरी मृत्यु अवश्य होगी।
2. मैं खुश नहीं हूँ और मैं खुश रहना चाहता हूँ। मैं जीवित रहना चाहता हूँ और मैं खुशहाल जीवन चाहता हूँ। अगर जीवन में खुशी न हो तो व्यक्ति को जीवन नीरस लगता है। वह अपनी आत्मा को दुःखी नहीं देख पाता, अज्ञान के कारण शरीर का दुःख आत्मा पर अध्यारोपित होता है। दुःख के अधिक होने पर वह इससे छुटकारा पाने के लिए

आत्महत्या जैसे कदम भी उठा सकता है।

3. मैं अज्ञानी हूँ। अज्ञान के साथ भी आप नहीं रह सकते। मनुष्य में जानने की प्रबल उत्कण्ठा रहती है। अगर आपके घर के बगल में भीड़ लगी है, तो आप बिना जाने नहीं रह पाओगे कि आखिर भीड़ क्यों लगी है। जब तक आप जान न लोगे कि भीड़ आखिर क्यों लगी है, तब तक आपका मन अशान्त रहेगा। इसका कारण मनुष्य में जानने की तीव्र लालसा है। यह ही विज्ञान की प्रगति का कारण भी है।

अतः मैं सदा जीवित रहना चाहता हूँ, मैं सदैव खुश रहना चाहता हूँ, एवं मैं ज्ञान चाहता हूँ। अन्य धर्म यहाँ पर यह कह सकते हैं कि क्योंकि आप मरणधर्मा ही हो, अतः आप जीवित नहीं रह सकते। इसे स्वीकार करो, इसका कुछ नहीं किया जा सकता। दुःख-सुख से ईश्वर आपकी परीक्षा ले रहा है, अतः दुःखों को स्वीकार करो। फिर तुम्हें स्वर्ग की प्राप्ति होगी, जहाँ कोई दुःख नहीं है।

वेदान्त बताता है कि स्वर्ग भी क्षणिक ही है, वहाँ से भी पुण्यों की समाप्ति पर पतन हो जाता है। कर्मों के फलस्वरूप प्राप्त होने वाली प्रत्येक वस्तु क्षणिक ही है।

आपकी मूलभूत समस्या है कि आप शरीर त्रय के गुण-धर्मों को आत्मा पर अध्यारोपित कर रहे हो, जिससे आप अपने आपको मरणधर्मा, सुखी-दुःखी, ज्ञानी, अज्ञानी समझते हो।

अतः वेदान्त हमें बताता है कि तुम सच्चिदानन्द स्वरूप हो, तुम अज्ञानी नहीं अपितु ज्ञान स्वरूप हो। ये समस्याएँ जिनका तुम उपाय खोज रहे हो, वे तुम्हारी समस्याएँ ही नहीं हैं। ये तो शरीर त्रय के गुण-धर्म हैं। तुम तो साक्षी हो जिसकी उपस्थिति में सब कुछ हो रहा है। तुम न तो कर्ता ही हो, न ही भोक्ता सिर्फ़ साक्षी मात्र हो। तुम सत् हो मरणधर्मा तो शरीर है। तुम चित् हो, तुम ज्ञान स्वरूप हो। अज्ञान तुम्हारे सूक्ष्म शरीर का गुण-धर्म है, तुम्हारा नहीं। तुम्हें सुखी होने की आवश्यकता नहीं, तुम आनन्द स्वरूप हो। शरीर के साथ तुम्हारे लगाव के कारण तुम शरीर की समस्याओं को अपनी समस्याएँ मान

लेते हो और अपने वास्तविक स्वरूप को भूल जाते हो।

और यह सोच, यह विचार, यह ज्ञान आमूल परिवर्तनवादी है। ये आपके सोचने का, आपके जीवन को समझने का ढंग ही बदल देते हैं। यह वेदान्त है।

जब आप इस संसार को कुछ समय के लिए भूल जाते हो और वह क्षण जब आप अपने स्वयं के ही पास होते हो तो, आप अपने आनन्द स्वरूप व पूर्णता की झलक पा सकते हो। ऐसा सुषुप्ति में भी होता है, जब द्वैतभाव का अभाव रहता है।

सृष्टि विचार

छान्दोग्य श्रुति का महावाक्य है "तत्त्वमसि"— छा. 6.8.7। इसका सन्धि विच्छेद "तत् त्वम् असि" होगा। 'त्वम्' यहाँ जीव को इंगित करता है एवं 'तत्' का तात्पर्य, छान्दोग्य श्रुति के सन्दर्भ, में ईश्वर से है। "तुम वह ईश्वर हो" यह ही इसका अर्थ है। समीकरण के रूप में इसे "जीव = ईश्वर" के रूप में देखा जा सकता है।

समीकरण के दोनों भाग समान हों एवं समान ही दिखते हों, तो उस समीकरण के विश्लेषण की आवश्यकता नहीं होगी। जैसे ईश्वर = ईश्वर। यह सिद्ध तो हो सकता है किन्तु विश्लेषण की आवश्यकता नहीं, क्योंकि यह सिद्ध ही है। इसमें अतिरिक्त प्रयास की आवश्यकता नहीं है।

अगर दोनों भाग तथ्यात्मक रूप से भिन्न हों तो समीकरण सिद्ध नहीं होगी, जैसे 2 = 3। इसमें प्रयास करने की आवश्यकता नहीं, क्योंकि यह तथ्यात्मक रूप से ही त्रुटिपूर्ण है।

समीकरण तभी उचित है एवं सिद्ध हो सकती है, जब दोनों भाग समान हों, किन्तु भिन्न-भिन्न प्रतीत होते हों। ऐसी अवस्था में समीकरण के दोनों भागों का भली-भाँति विश्लेषण आवश्यक हो जाता है, जैसे 5 = 2 - 3 + 6।

अभी तक जो कुछ हमने पढ़ा वह साधन चतुष्टय एवं 'त्वम्' पदार्थ विचार था कि, "तुम क्या हो?" "तुम्हारा वास्तविक स्वरूप क्या है?" अब 'तत्' पदार्थ से विचार शुरू होता है, तत् अर्थात् वह। वेदान्त महावाक्य है "तत् त्वम् असि," वह तुम हो। इसमें हमने 'त्वम्' के बारे में विस्तार से जाना अब

'तत्' को जानेंगे। उसके पश्चात् 'ऐक्य' की बात करेंगे एवं समीकरण को सिद्ध करेंगे कि कैसे दोनों पक्ष समान हैं। अन्त में इस ज्ञान के फल की बात करेंगे। जिसे फलश्रुति के रूप में जाना जाता है।

अभी तक हमने जाना कि मैं क्या हूँ और मैं क्या नहीं हूँ। इस तरह हमने यह तो जान लिया कि मैं अनात्मा नहीं हूँ, शरीर त्रय आदि नहीं हूँ। किन्तु यह अनात्मा क्या है? इसकी वास्तविकता क्या है?

अथ चतुर्विंशतितत्त्वोत्पत्तिप्रकारं वक्ष्यामः।

अर्थ—अब चौबीस तत्त्वों की उत्पत्ति का तरीका बताते हैं।

व्याख्या—व्यक्ति विशेष की वास्तविक प्रकृति के बाद हम चौबीस प्रकार के तत्त्वों की उत्पत्ति के बारे में चर्चा करेंगे। इसे आप इस तरह भी समझ सकते हैं कि अब हम सृष्टि के बारे में बात करेंगे। जब भी हम सृष्टि के बारे में बात करते हैं तो सृष्टि कर्ता की बात भी अवश्य होती है। सृष्टा को हम उसकी सृष्टि के माध्यम से ही जानते हैं। ईश्वर को उपनिषदों में ''जगत् कारण'' के रूप में प्रस्तुत किया गया है। अत: जब भी ईश्वर की बात होती है तो सृष्टि की भी बात होती है। सृष्टि के माध्यम से ही ईश्वर को जानने का प्रयास किया जाता है। ईश्वर इस सृष्टि के रूप में ही व्यक्त है। इसी कारण जब 'तत्' पदार्थ का विचार होता है तो सृष्टि का विश्लेषण आवश्यक हो जाता है।

यहाँ चौबीस तत्त्वों के स्थान पर हम जगत् की उत्पत्ति भी कह सकते हैं। इन चौबीस तत्त्वों की उत्पत्ति ही जगत् की उत्पत्ति है। तत्त्वबोध में इसके लिए एक विशेष प्रक्रिया का सहारा लिया गया है। जिसमें 24 प्रकार के तत्त्वों की उत्पत्ति एवं इस माध्यम से जगत् की बात की गयी है। अन्य शास्त्रों में इसी हेतु किसी दूसरी प्रक्रिया का सहारा लिया गया हो सकता है।

शुरुआत कहाँ से हुई?

ब्रह्माश्रया सत्त्वरजस्तमोगुणात्मिका माया अस्ति।

अर्थ—ब्रह्म के आश्रित सत्वगुण, रजोगुण और तमोगुण रूप माया हैं।

व्याख्या—हम यह देख सकते हैं कि व्यक्तिगत तौर पर अकेले मैं किसी भी

चीज़ का निर्माण करने वाला नहीं हूँ। कई अन्य कारक हैं जो सहायक हैं। प्रत्येक चीज़ मुझे दी गयी है। ज़्यादा-से-ज़्यादा मैं इतना करता हूँ कि उनको व्यवस्थित रूप से बुद्धिमत्ता से जोड़ता हूँ, लेकिन यह संजोने की शक्ति, यह बुद्धि भी मुझे दी गयी है। ऐसा करने के लिए जो बुनियादी ढाँचा चाहिए, वह भी मुझे दिया गया है। यह किसके द्वारा प्रदान किया गया है? सारा जगत् अगर हम देखें तो हम चकित हुए बिना नहीं रह सकते कि किस तरह प्रत्येक वस्तु बुद्धिमत्ता से संजोयी हुई दिखती है। प्रत्येक वस्तु अर्थपूर्ण है एवं सिर्फ़ संयोग मात्र प्रतीत नहीं होती। यह अवश्य ही प्रतीत होता है कि यह बुद्धिमत्तापूर्ण सृजन है। जब बुद्धिमत्तापूर्ण सृजन की बात होती है तो सृष्टा की बात भी अवश्य होगी। सृष्टा जो कि बुद्धिमान है, इसीलिए इस सृष्टि के सृजक की बात होती है, जो कि इसका निमित्त कारण है।

किसी भी सृष्टि के लिए हमें उपादान एवं निमित्त कारण की आवश्यकता होती है। एक घड़े के लिए मिट्टी उपादान कारण व घट बनाने वाला कुम्हार निमित्त कारण हुआ। जिस पदार्थ से वस्तु बनती है, वह उपादान कारण कहा जाता है। उपादान कारण से भिन्न कारण निमित्त कारण कहा जाता है। घट के लिए कुम्हार एवं कुम्हार की चाक, डण्डी आदि निमित्त कारण हैं।

सामान्यतः निमित्त कारण एवं उपादान कारण अलग-अलग होते हैं, किन्तु जगत् के सम्बन्ध में, उपनिषद् हमें बताते हैं, ईश्वर ही निमित्त एवं उपादान दोनों कारण है। इसे अभिन्न निमित्त उपादान कारण कहते हैं। मुण्डकोपनिषद् में इसके लिए मकड़ी का उदाहरण दिया गया है। बताया गया है कि मकड़ी के जाल के लिए मकड़ी निमित्त एवं उपादान दोनों कारण है। मकड़ी ही बुद्धिमत्ता से जाल बुनती है और जाल के लिए जिस पदार्थ की आवश्यकता है वह भी वह स्वयं ही है।

यहाँ पर यह भी समझना आवश्यक है कि दृष्टान्त व जिस हेतु दृष्टान्त दिया गया है, वे दोनों एक जैसे होने आवश्यक नहीं हैं। दृष्टान्त से यह समझना आवश्यक है कि उसके द्वारा क्या स्पष्ट किया जा रहा है।

दूसरा दृष्टान्त स्वप्न संसार का है। स्वप्न के संसार के निर्माता आप हैं। आप का ज्ञान ही स्वप्न की विभिन्न वस्तुओं का निर्माण कर रहा है, वह ही

उपादान कारण है। आप ही उसके निमित्त एवं उपादान कारण हो।

इसी तरह इस सृष्टि का ईश्वर ही अभिन्न निमित्त उपादान कारण है और उसे उपनिषद् 'ब्रह्म' की संज्ञा देते हैं।

घट को बनाने वाले को घट का ज्ञान होगा, तभी वह उसे बना सकता है। उसी तरह जगत् का कर्ता, जो कि सभी वस्तुओं को बनाने वाला है, अवश्य ही सभी वस्तुओं को जानने वाला होगा। अतः उसे सर्वज्ञ कहा जाता है। उसका ज्ञान ही जगत् के रूप में परिणत होता है। ईश्वर का ज्ञान ही इस जगत्रूप में है। जिस तरह आपका ज्ञान ही आपके स्वप्न के रूप में होता है, उसी तरह यह जगत् ईश्वर का ज्ञान ही है।

घट को बनाने के लिए घट बनाने के ज्ञान के अलावा घट बनाने की क्षमता भी चाहिए। उसी प्रकार जगत् के सृजन के लिए जगत् के ज्ञान के अलावा जगत् के सृजन की क्षमता भी चाहिए, अन्यथा ज्ञान होने के उपरान्त भी सृजन सम्भव नहीं होगा। अतः ब्रह्म जो सर्वकर्ता है, उसको सर्वशक्तिमान कहा गया है।

क्योंकि वह ही सृजक है, वह ही निमित्त कारण है। अतः ब्रह्म को ही सृष्टिकर्ता कहा गया है, जैसे घट का निमित्त कारण कुम्हार है एवं उसी को घटकर्ता कहा जाता है।

ज्ञान एवं सृजन की क्षमता के अलावा हमें वह पदार्थ भी चाहिए, जिससे सृजन होना है। हमें उपादान कारण की भी आवश्यकता होती है। घट के लिए मिट्टी उपादान कारण है। अतः ज्ञान एवं सृजन की क्षमता के उपरान्त भी यदि मिट्टी न हो तो घट का सृजन नहीं हो पायेगा। जो कारण कार्य में भी उपस्थित हो, उसे उपादान कारण कहा जाता है। जगत् के लिए उपादान कारण क्या है? ब्रह्म ही उपादान कारण है। ब्रह्म क्योंकि जगत् का उपादान कारण है। अतः वह संसार, जो कि कार्य है, उसमें ही उपस्थित है। जैसे मिट्टी जो कि घट का उपादान कारण है वह घट में उपस्थित है। उपादान कारण स्थिति का भी कारण होता है, जैसे मिट्टी ही घट की स्थिति का कारण है। इसी प्रकार ब्रह्म न सिर्फ़ जगत् की उत्पत्ति, अपितु स्थिति का कारण भी है।

निमित्त कारण क्या है? कार्योत्पत्ति मात्र कारण, अर्थात् जो कारण सिर्फ़ कार्य की उत्पत्ति मात्र के लिए हो, जैसे कुम्हार सिर्फ़ घट की उत्पत्ति का कारण मात्र है। निमित्त कारण कार्य में उपस्थित नहीं होता।

घट का विनाश होने पर वह अपने उपादान कारण मिट्टी में विलय हो जाता है। उसी प्रकार यह जगत् प्रलयावस्था में अपने उपादान कारण ब्रह्म में ही विलय हो जाता है, अतः ब्रह्म से ही इस जगत् की सृष्टि, स्थिति एवं लय होता है।

क्योंकि ब्रह्म ही जगत् का उपादान कारण है, अतः जगत् को ब्रह्म के ही व्यक्त होने के रूप में देखा जाता है।

पुराणों में निमित्त कारण को शिव एवं उपादान कारण को शक्ति के रूप में भी देखा जाता है। दोनों ही एक-दूसरे से अलग नहीं होते। यह ही अर्धनारीश्वर के रूप में देखा जाता है। इसी को लिंग एवं योनि के रूप में भी देखा व पूजा जाता है। ब्रह्म को ही पुराणों में शिव के रूप में एवं माया को शक्ति के रूप में कहानियों के माध्यम से बताया गया है, कुछ आचार्य पुराणों को वेदों का आलंकारिक वर्णन मानते हैं, कुछ आचार्य इन्हें इतिहास मानते हैं। इन दोनों, शिव एवं शक्ति, को संयुक्त रूप से देखने पर ये ही ईश्वर, नारायण, भगवान् विष्णु के रूप में पुराणों में वर्णित हैं। यह ही शिव, ब्रह्म, जब सम्पूर्ण सूक्ष्म सृष्टि के दृष्टिकोण से देखा जाता है तो स्थूल सृष्टिकर्ता ब्रह्माजी के रूप में जाना जाता है। अभिन्न निमित्त उपादान कारण होने से ये शिव, ब्रह्म, ही सृष्टि में सर्वत्र विद्यमान हैं।

ईश्वर से परे कुछ नहीं है। जो सब कुछ है वह ईश्वर ही है। धर्म-अधर्म, अच्छा-बुरा सब ईश्वर ही है। जब ईश्वर को ही किसी विशिष्ट दृष्टिकोण से देखते हैं तो, वह ही उस सन्दर्भ विशेष में देवता के रूप में देखा जाता है। जब आप ईश्वर का सूर्य में आह्वान करते हैं तो वे सूर्यनारायण हो जाते हैं। वृक्ष में ईश्वर का आह्वान करते हैं तो वह भी वृक्षदेवता और पूज्य हो जाता है। जल में आह्वान करते हैं तो वह वरुण हो जाता है। अव्यक्त ईश्वर ही जगत् के रूप में व्यक्त होता है। यह जगत् ही ईश्वर है।

इस ब्रह्म की क्या प्रकृति है? इसके क्या लक्षण हैं?

इसके लिए सिर्फ़ श्रुति ही प्रमाण है। इसे अन्य किसी माध्यम से नहीं जाना जा सकता। यह समझना नितान्त आवश्यक है कि ब्रह्म सिर्फ़ श्रुति प्रमाण द्वारा ही जाना जाता है। श्रुति बताती है– ''सत्यं ज्ञानं अनन्तं ब्रह्म।'' अर्थात् सत् स्वरूप, ज्ञान स्वरूप, अनन्त या आनन्द स्वरूप ब्रह्म ही जगत् का कारण है। इसी को सत्, चित्, आनन्द के रूप में भी समझ सकते हैं। चित् ही ज्ञान स्वरूपता है, अनन्त या पूर्णता ही आनन्द स्वरूपता है, क्योंकि यह सत् है, अतः न इसका क़ोई प्रारम्भ है न ही कोई अन्त, न इसका जन्म होता है न मृत्यु, यह अजन्मा है। जो सदैव से ही है और सदैव ही रहेगा। इसमें कभी भी कोई विकार उत्पन्न नहीं होता, यह परिवर्तनहीन है।

शंका—जब हम कहते हैं कि ब्रह्म परिवर्तनहीन है तो हम यह कैसे कह सकते हैं कि ब्रह्म ही जगत् के रूप में है? जगत् तो लगातार परिवर्तनशील है।

समाधान—यहाँ पर श्रुति हमें बताती है कि ब्रह्म, जगत् का विवर्त उपादान कारण है। विवर्त उपादान क़ारण वह होता है जो कि कार्य में उपस्थित होता है, किन्तु किसी भी प्रकार से परिवर्तित नहीं होता।

यह कैसे सम्भव है?

इसके लिए शास्त्र माया का परिचय कराते हैं। असम्भव कार्य को सम्भव करने में जिसे महारत हो वह माया है, इसे ब्रह्म की शक्ति कहा जाता है। इस माया को ही पुराणों में शिव की शक्ति के रूप में देखा जाता है। इसी के कारण ब्रह्म परिवर्तनहीन होते हुए भी जगत् का उपादान कारण है।

माया के बारे में आगे बताते हैं।

माया

ब्रह्माश्रया सत्त्वरजस्तमोगुणात्मिका माया अस्ति।

अर्थ—ब्रह्म के आश्रित सत्वगुण, रजोगुण और तमोगुण रूप माया हैं।

व्याख्या—यह माया कैसी है? माया अपने अस्तित्व के लिए ब्रह्म पर ही आश्रित है। ब्रह्म से भिन्न इसका अपना कोई अस्तित्व नहीं है, क्योंकि अपने अस्तित्व के लिए यह ब्रह्म पर आश्रित है, अत: यह मिथ्या है। ब्रह्म एवं माया दोनों वास्तविकता के भिन्न-भिन्न धरातल से सम्बन्धित हैं, ब्रह्म सत् है एवं माया मिथ्या। ब्रह्म माया के साथ भी सिर्फ़ ब्रह्म ही है। माया ब्रह्म है किन्तु ब्रह्म माया नहीं है।

इसे इस तरह समझें, जैसे मिट्टी घट के रूप में भी मिट्टी है अन्य कुछ नहीं। घट भी मिट्टी ही है किन्तु, मिट्टी घट नहीं है। घट का अस्तित्व मिट्टी पर ही आश्रित है, किन्तु मिट्टी घट पर किसी भी रूप में अपने अस्तित्व के लिए आश्रित नहीं है।

शास्त्र बताते हैं कि ब्रह्म पर आश्रित माया है और इस समय अभी आकाश आदि महाभूतों की उत्पत्ति नहीं हुई है। यह प्रलयकाल के बाद अव्यक्त हो चुकी सृष्टि के समय की चर्चा है।

सामान्य समझ यह है कि ब्रह्म माया शक्ति के साथ इस जगत् का कारणभूत ईश्वर है। वह ईश्वर ही महावाक्य "तत्त्वमसि" के तत् शब्द का तात्पर्य है। यह भी कहा जाता है कि "सगुण ब्रह्म" अर्थात् ब्रह्म माया के गुणों के साथ जगत् का कारण है। यह माया सत्, रज् एवं तमोगुणात्मिका है।

ये तीन माया के गुण हैं, ब्रह्म निर्गुण है। ''कारणगुणाः कार्येषु वर्तन्ते'' कारण के गुण कार्य में दृष्टिगोचर होते हैं, क्योंकि जगत् में 'सत्' गुण ज्ञानशक्ति के रूप में, ''रज गुण'' क्रिया शक्ति के रूप में एवं ''तम गुण'' जड़ता के रूप में हमें दृष्ट होते हैं, अतः निश्चित ही ये कारण में भी होने चाहिए।

माया के ही इन तीन गुणों से वे सब वस्तुएँ; जिनमें जानने की क्षमता है, क्रिया की क्षमता है, जड़ता है उनकी उत्पत्ति होती है।

ब्रह्म इस माया का विवर्त उपादान कारण है एवं माया इस जगत् का परिणामी उपादान कारण है। जब भ्रम से रस्सी के स्थान पर सर्प दृष्टिगोचर होता है तो रस्सी ही सर्प का उपादान होती है। रस्सी बिना किसी परिवर्तन के ही सर्प बन जाती है। उसी प्रकार ब्रह्म माया का विवर्त उपादान कारण है। यह तभी सम्भव होता है जब आधार के ऊपर आधेय अध्यारोपित हो। रस्सी के स्थान पर जब सर्प प्रतीत होता है तो, उसमें रस्सी आधार एवं सर्प आधेय है। आधेय मिथ्या होता है। इसी प्रकार माया ब्रह्म पर अध्यारोपित है। ब्रह्म आधार व माया आधेय है। इस प्रकार से माया मिथ्या है। ब्रह्म के दृष्टिकोण से सिर्फ़ ब्रह्म ही है माया नहीं है, जैसे रस्सी के दृष्टिकोण से वहाँ सिर्फ़ रस्सी है। रस्सी रस्सी ही है, सर्प तो अज्ञान के कारण अध्यारोपित है। उसी प्रकार माया अज्ञान के कारण अध्यारोपित है।

जिस प्रकार सर्प का आधार रस्सी है। उसी प्रकार माया का आधार ब्रह्म है। जैसे सर्प के विष आदि गुण रस्सी में नहीं आ जाते, उसी प्रकार माया के गुण-धर्म ब्रह्म में नहीं आते। वह सदैव निर्गुण, परिवर्तनहीन, निर्विकार ही रहता है।

माया और ब्रह्म दोनों ही अनादि हैं। दोनों की कोई शुरुआत नहीं है। दोनों सदैव से ही हैं। दोनों ही सृष्टि के आरम्भ के पहले से थे। इसका एक अर्थ यह भी है कि जो अविद्या के कारण उत्पन्न अध्यास है, वह अध्यास भी अनादि है। वह भी सदैव से है। अतः अविद्या व ब्रह्म पर माया का अध्यारोपण अनादि है। ब्रह्म एवं माया दोनों ही जगत् का कारण हैं।

यह माया जगत् का परिणामी उपादान कारण है और यह ही परिवर्तनशील

है। यह भी सदैव ध्यान में रखना आवश्यक है कि इन दोनों का कोई योग नहीं है, क्योंकि दोनों ही वास्तविकता के भिन्न-भिन्न धरातल पर हैं। रस्सी एवं सर्प का एक-दूसरे से कोई योग नहीं है, रस्सी के दृष्टिकोण से सर्प है ही नहीं।

यह भी ध्यान देने योग्य है कि शास्त्रों का तात्पर्य माया को स्थापित करना नहीं, अपितु ब्रह्म को स्थापित करना है। अतः वेदान्तवादियों को गलती से 'मायावादी' कहा जाता है। वास्तव में उनको ब्रह्मवादी, ''ब्रह्म तात्पर्य रूपेण यः वदति सः ब्रह्मवादी'' जो ब्रह्म को तात्पर्य रूप में कहता है, कहा जा सकता है।

माया ब्रह्म की 'उपाधि' है। उपाधि किसे कहते हैं?

जो अपने गुणों को दूसरी वस्तु में स्थानान्तरित करती प्रतीत होती है, जैसे जपाकुसुम को स्फटिक के पास रखने पर स्फटिक भी लाल प्रतीत होता है। जपाकुसुम का लाल रंग स्फटिक को स्थानान्तरित हो गया प्रतीत होता है। ऐसा प्रतीत होता है, किन्तु वास्तव में ऐसा होता नहीं है। स्फटिक अभी भी शुद्ध ही है, लाल वह सिर्फ़ जपाकुसुम के कारण प्रतीत हो रहा है। यहाँ पर हम कहेंगे जपाकुसुम स्फटिक की उपाधि है।

इसी प्रकार माया उपाधिक ब्रह्म ईश्वर कहा जाता है। किन्तु यहाँ यह बात ध्यान देने योग्य है कि शास्त्र जगत् कारण ब्रह्म को भी कहते हैं। अतः यहाँ पर दिमाग इसी बात पर लगा देना उचित नहीं कि ब्रह्म बिना माया के जगत् का कारण नहीं हो सकता। शास्त्र ब्रह्म शब्द का प्रयोग सगुण-निर्गुण दोनों के लिए करते हैं। ब्रह्म शब्द का प्रयोग ईश्वर के लिए अर्थात् मायोपाधिक ब्रह्म के लिए भी होता है। अतः ब्रह्म का अर्थ ईश्वर, निर्गुण ब्रह्म दोनों ही है।

कहा गया है कि ''ब्रह्माश्रया माया अस्ति''। यहाँ पर निर्गुण ब्रह्म की बात की जा रही है, जिस पर आश्रित माया है। माया शक्ति की उपाधि के साथ ब्रह्म सगुण कहलाता है। यहाँ पर यह बात भी ध्यान देने योग्य है कि ब्रह्म सगुण नहीं होता है, ब्रह्म; ब्रह्म ही रहता है। अज्ञान के कारण हम माया के गुणों को ब्रह्म पर अध्यारोपित करके उसे सगुण रूप में देखते हैं।

निर्गुण ब्रह्म, निर्विकार ब्रह्म कैसे इस सगुण जगत् का कारण हो सकता है? क्योंकि यह प्रश्न उठता है, अतः इसको समझने के लिए शास्त्र माया का

परिचय कराते हैं। माया ही वह शक्ति है, जिसके द्वारा असम्भव, सम्भव हुआ प्रतीत होता है। असम्भव, सम्भव होता नहीं है किन्तु ऐसा प्रतीत होता है। निर्गुण ब्रह्म से सगुण जगत् की उत्पत्ति असम्भव ही है किन्तु, माया के कारण यह सम्भव हुआ प्रतीत होता है।

माया अव्यक्त असार नामरूप को कहा जाता है। सारे पदार्थ सार से रहित नामरूप हैं और उनका अव्यक्त रूप माया है। जो भी हम अनुभव कर रहे हैं, वे सारे नामरूप व्यक्त रूप में हैं। जब वे अव्यक्त रूप में होते हैं तो वह ही माया है।

मृत्तिका में 'घट,' जो कि नामरूप है, अव्यक्त है। जब घट का रूप हम मृत्तिका को देते हैं तो घट का रूप निश्चित रूप से घट बनने के बाद आयेगा। उससे पहले तो मृत्तिका का रूप है। किसी भी द्रव्य में गुण उत्पन्न होने से पहले द्रव्य रहना चाहिए, तभी उसमें गुण उत्पन्न हो सकता है। घटरूप उत्पत्ति से पहले घट होना चाहिए, नहीं तो घटरूप कहाँ से आयेगा। घटरूप का आश्रय घट है। आश्रय से पहले आश्रित नहीं हो सकता। गुणोत्पत्ति से पहले द्रव्य होना चाहिए। घटरूप मृत्तिका में उत्पन्न नहीं हो सकता, वह तो घट में ही उत्पन्न होगा। लेकिन घट बिना घटरूप के आयेगा कहाँ से, वहाँ तो मृत्तिका है। इसलिए घट बनने के बाद जब तक घटरूप नहीं आता तब तक घट निर्गुण है। घट एवं घटरूप एक साथ भी उत्पन्न नहीं हो सकते, ऐसा होने पर घट घटरूप का आश्रय नहीं हो सकता। अब निर्गुण घट में घटरूप कैसे आता है? यह माया है, जो अव्यक्त से व्यक्त होती है। घट का होना सिर्फ़ नामरूपात्मक ही है। घट कोई सार नहीं है, सार मृत्तिका है, अगर हम घट का विश्लेषण करें तो इसका विलय मृत्तिका में हो जायेगा। अपने अस्तित्व के लिए घट मृत्तिका पर आश्रित है। बिना मृत्तिका के घट का कोई अस्तित्व नहीं है। अतः घट मिथ्या है, सारा दृश्य जगत् नामरूपात्मक ही है।

इसी प्रकार माया को मिथ्या कहा गया है। यह सत् नहीं है, किन्तु इसे असत् की तरह पूर्णतः "नहीं है" ऐसा भी नहीं कहा जा सकता, जैसे शशशृंग, खरगोश के सींग। अतः माया को "सदसद्भ्याम अनिर्वचनीयम्" कहा गया है, अर्थात् जो सत्-असत् दोनों प्रकार की श्रेणियों में नहीं रखी जा सकती।

अतः शास्त्र नामरूपात्मक जगत्, जो कि निर्गुण ब्रह्म पर अध्यारोपित है, यह समझाने के लिए कि कैसे अद्वैत निर्गुण ब्रह्म इस विभिन्नताओं से भरे सगुण जगत् के रूप में व्यक्त होता है। इसे समझाने के लिए माया का परिचय कराते हैं एवं बताते हैं कि माया सत् नहीं है। माया का परिचय कराया जाता है और उससे हम अपने अनुभवों को समझ पाते हैं। फिर माया को मिथ्या बताकर उसका खंडन कर दिया जाता है, जो रहता है वह है अद्वैत ब्रह्म।

इसे इस कहानी के माध्यम से समझा जा सकता है। एक व्यक्ति वसीयत में अपने 3 बच्चों के लिए 17 हाथी छोड़ता है। वसीयत के हिसाब से इनमें से आधे सबसे बड़े को, तीसरा हिस्सा बीच वाले को एवं नौवाँ हिस्सा सबसे छोटे को मिलना था, किन्तु 17 का आधा कैसे करें? समस्या बड़ी थी कोई उपाय नहीं सूझ रहा था। तभी उनके एक पारिवारिक मित्र एक हाथी पर बैठकर आते हैं और समस्या को ध्यान से सुनकर अपना हाथी भी उनको दे देते हैं। अब 18 हाथियों से बँटवारा आसान हो जाता है। 9 हाथी बड़े को दे दिये जाते हैं। बीच वाले को तीसरा हिस्सा 6 हाथी दे दिये जाते हैं। सबसे छोटे को नौवाँ हिस्सा अर्थात् दो हाथी दे दिये जाते हैं एवं एक हाथी बच जाता है। वह पारिवारिक मित्र अपना हाथी पकड़ता है और चला जाता है। माया इसी 18वें हाथी की तरह है, जिसका शास्त्र परिचय कराते हैं, जगत् के अनुभवों को समझाते हैं, समस्या का निराकरण करते हैं एवं माया को मिथ्या बोलकर वापस ले लेते हैं।

सिर्फ़ ब्रह्म ही है, जिसके कारण हमें ब्रह्म जगत् रूप में प्रतीत होता है वह माया है और वह मिथ्या है। शास्त्र माया एवं ब्रह्म में शक्ति एवं शक्तिमान का सम्बन्ध बताते हैं, शक्ति एवं जिसके पास वह शक्ति है। ध्यान देने योग्य तथ्य यह है कि यहाँ पर यह सम्बन्ध वैसा नहीं है, जैसे आप और आपकी बोलने की क्षमता। आप एवं आपके बोलने की क्षमता दोनों की वास्तविकता समान है। दोनों वास्तविकता के एक ही धरातल पर हैं। दोनों समान रूप से वास्तविक हैं, किन्तु माया एवं ब्रह्म दोनों वास्तविकता के भिन्न-भिन्न धरातल पर हैं। ब्रह्म परमार्थिक सत्य है एवं माया व्यावहारिक सत्य। ब्रह्म आधार है व माया ब्रह्म पर अध्यारोपित है। माया का ब्रह्म से भिन्न कोई अस्तित्व नहीं है। ब्रह्म + माया = ब्रह्म ही है। जैसे मिट्टी एवं घट का योग मिट्टी ही है। घट

नामरूप है जो कि मिट्टी पर अध्यारोपित है। घट मिट्टी है, किन्तु मिट्टी घट नहीं है। उसी प्रकार माया ब्रह्म ही है किन्तु ब्रह्म, माया नहीं है।

ब्रह्म एवं ब्रह्माश्रित माया से फिर क्या हुआ?

ततः आकाशः सम्भूतः। आकाशाद्वायुः। वायोस्तेजः। तेजस आपः। अद्‌भ्यः पृथिवी।

अर्थ—तब आकाश उत्पन्न हुआ। आकाश से वायु, वायु से अग्नि, अग्नि से जल और जल से पृथ्वी।

व्याख्या—तब इस माया शक्ति के साथ ब्रह्म से आकाश उत्पन्न हुआ। यह सृष्टि की प्रथम अवस्था का वर्णन है, जिसमें कि सूक्ष्मभूत सृष्टि, सूक्ष्म भूतों की उत्पत्ति के बारे में बताया गया है। दूसरी अवस्था में सूक्ष्म भौतिक, उन भूतों से बनी वस्तुओं की सृष्टि का वर्णन है। तीसरी अवस्था में स्थूलभूतों की सृष्टि एवं चौथी अवस्था में उन स्थूलभूतों से बनी वस्तुओं का वर्णन है।

पहली अवस्था में सूक्ष्मभूतों की सृष्टि का वर्णन है। भूतों का यहाँ पर अर्थ पाँच तत्त्वों से है। यहाँ सृष्टि को समझाने के लिए पंचमहाभूत प्रक्रिया का प्रयोग किया गया है। आकाश, वायु, अग्नि, जल एवं पृथ्वी ये पाँच महाभूत कहे गये हैं।

श्रुति के अनुसार तब आकाश उत्पन्न हुआ और आकाश से वायु की उत्पत्ति हुई। ब्रह्म जो आकाश के रूप में व्यक्त हुआ है या कहें ब्रह्म जिसकी आकाश उपाधि है, उससे वायु की उत्पत्ति हुई, "अकाशोपहितब्रह्मणा वायुः," जैसे आपके पास सोने की चेन है, हम कह सकते हैं कि वह चेन सोने से बनी है या हम कह सकते हैं कि वह कड़ियों से बनी है। इसी प्रकार वायु से यह कह सकते हैं कि वायु उपहित ब्रह्म से अग्नि की उत्पत्ति हुई। अग्नि से जल एवं जल से पृथ्वी महाभूत की उत्पत्ति हुई।

आकाश शून्य नहीं है बल्कि इसे सकारात्मक तत्त्व माना गया है जो कि उत्पन्न होता है। यह उत्पन्न होता है, अतः अनादि नहीं है। इसका लय भी होता है।

इनमें से प्रत्येक महाभूत के गुण भी हैं। आकाश का गुण शब्द है। वायु का गुण स्पर्श है, क्योंकि यह आकाश से उत्पन्न है, अतः इसमें आकाश का गुण शब्द भी उपस्थित है। अग्नि का अपना गुण रूप है और इसमें शब्द एवं स्पर्श भी हैं। जल के अपने गुण स्वाद एवं शब्द, स्पर्श एवं रूप इसमें उपस्थित हैं। पृथ्वी का अपना गुण गन्ध है एवं इसमें पीछे से चार गुण भी आये हैं।

जितने कम गुण हैं उतना ही महाभूत सूक्ष्म है। इस तरह आकाश सबसे सूक्ष्म एवं पृथ्वी सबसे स्थूल महाभूत है। महाभूत सूक्ष्म से ही स्थूल स्वरूप में आते हैं। अतः आकाश, वायु, अग्नि, जल एवं पृथ्वी ऐसा क्रम है।

प्रत्येक महाभूत ब्रह्म एवं माया से पैदा हुआ है, क्योंकि माया त्रिगुणात्मिका है, अतः यह महाभूत भी त्रिगुणात्मक हैं। कारण के गुण कार्य में भी उपस्थित होते हैं। इस कारण प्रत्येक महाभूत भी गुणों के तीन विभागों से तीन-तीन प्रकार का होता है, जैसे सत्वगुणी आकाश, रजोगुणी आकाश एवं तमोगुणी आकाश।

फिर इन महाभूतों से अन्य पदार्थ उत्पन्न होते हैं।

एतेषां पंचतत्त्वानां मध्ये आकाशस्य सात्त्विकांशात् श्रोत्रेन्द्रियं सम्भूतम्।

अर्थ—इन पंचमहाभूत में से आकाश के सात्विक अंश से श्रोत्रेन्द्रिय उत्पन्न हुई।

व्याख्या—महाभूतों के सात्विक अंश से ज्ञानेन्द्रियों की उत्पत्ति होती है। सत्वगुण ज्ञानप्रधान होता है, अतः सत्व अंश से ज्ञानेन्द्रियों की उत्पत्ति युक्तिसंगत है।

इन्द्रिय का अर्थ हुआ "इन्द्रयस्य लिंगम्" अर्थात् चित् का प्रतीक। इन्द्र का अर्थ हुआ चित् एवं लिंग का अर्थ प्रतीक। जहाँ भी इन्द्रिय है वहाँ चित् है, हम ऐसा समझ सकते हैं। जैसे—जहाँ धुआँ है वहाँ अग्नि है।

आकाश के सत्व अंश से श्रोतेन्द्रि की उत्पत्ति होती है। शब्दों के श्रवण की क्षमता श्रोतेन्द्रिय से ही है एवं आकाश का गुण भी शब्द है। अतः इनका सबका आपस में सम्बन्ध भी युक्तिसंगत है।

वायोः सात्त्विकांशात्त्वगिन्द्रियं सम्भूतम्।

अर्थ—वायु के सात्विक अंश से त्वचा इन्द्रिय उत्पन्न हुई।

व्याख्या—वायु के सात्विक अंश से त्वक् की उत्प्रत्ति होती है। स्पर्श त्वचा से ही प्रतीत होता है और वायु का गुण स्पर्श है। अतः वायु से त्वक् इन्द्रिय की उत्पत्ति युक्ति संगत है।

अग्नेः सात्त्विकांशाच्चक्षुरिन्द्रियं सम्भूतम्।

अर्थ—अग्नि के सात्विक अंश से चक्षु इन्द्रिय उत्पन्न हुई।

व्याख्या—अग्नि के सात्विक अंश से चक्षु इन्द्रिय की उत्पत्ति होती है, जिससे रूप ग्रहण करते हैं। अग्नि का गुण रूप है। अतः यह भी युक्तिसंगत है।

जलस्य सात्त्विकांशाद्रसनेन्द्रियं सम्भूतम्।

अर्थ—जल के सात्विक अंश से रसना इन्द्रिय उत्पन्न हुई।

व्याख्या—जल के सात्विक अंश से रसेन्द्रिय जिससे हम रस ग्रहण करते हैं, उसकी उत्पत्ति हुई। जल का गुण स्वाद या रस है। अतः यह युक्तिसंगत है।

पृथिव्यां सात्त्विकांशात् घ्राणेन्द्रियं सम्भूतम्।

अर्थ—पृथ्वी के सात्विक अंश से घ्राण इन्द्रिय उत्पन्न हुई।

व्याख्या—पृथ्वी के सात्विक अंश से घ्राणेन्द्रिय की उत्पत्ति हुई, जिससे हम गन्ध ग्रहण करते हैं। पृथ्वी का गुण भी गन्ध है। अतः यह भी युक्तिसंगत है।

एतेषां पंचतत्त्वानां समष्टिसात्त्विकांशान्मनो बुद्धयहंकारचित्तान्तःकरणानि सम्भूतानि।

अर्थ—इन पाँचों तत्त्वों के सात्विक अंश से मन, बुद्धि, चित्त, अहंकार रूप अन्तःकरण उत्पन्न होता है।

व्याख्या—इन पाँच महाभूतों के सम्मिलित सात्विक अंश से मन, बुद्धि, अहंकार, चित्त, जिनको कि सम्मिलित रूप से अन्तःकरण कहा जाता है, उनकी उत्पत्ति हुई।

ज्ञानेन्द्रियाँ एक-एक महाभूतों के सात्विक अंश से उत्पन्न हुई थीं, किन्तु अन्तःकरण सबके सम्मिलित सात्विक अंश से उत्पन्न हुआ। अन्तःकरण का

प्रत्येक ज्ञानेन्द्रिय से समन्वय स्थापित होता है। अतः उसका महाभूतों के सम्मिलित सात्विक अंश से उत्पन्न होना भी युक्तिसंगत है।

अन्तःकरण एक ही है एवं मन, बुद्धि, अहंकार, चित्त उसको कार्य के आधार पर मिलने वाली प्रतिष्ठा हैं।

यह यहाँ ध्यान देने योग्य बात है कि अभी जिन महाभूतों की हम बात कर रहे हैं और जो इन्द्रियाँ उनसे उत्पन्न हुई हैं, वे सब इन्द्रिय अगोचर हैं, इन्द्रियों द्वारा ग्राह्य नहीं हैं। ये सूक्ष्म महाभूत हैं और यह उनके द्वारा उत्पन्न सूक्ष्म शरीर का वर्णन है। पंचीकरण, सूक्ष्म महाभूतों के स्थूल होने की प्रक्रिया, के द्वारा महाभूत स्थूल रूप में आते हैं एवं इन्द्रियों द्वारा ग्राह्य होते हैं। इसका वर्णन आगे आयेगा।

संकल्पविकल्पात्मकं मनः।

अर्थ—मन संकल्प विकल्पात्मक होता है।

व्याख्या—मन संकल्प और विकल्प अर्थात् शंका करने वाला है। मन अन्तःकरण की ऊहापोह की स्थिति का नाम है। जहाँ असमंजस है कि यह किया जाये या वह किया जाये। इसे ही "संकल्प विकल्प" कहा गया है। संकल्प का अर्थ हुआ सम्यक कल्प अर्थात् एक विकल्प जिससे हम शुरू करते हैं और विकल्प हुआ उसका विकल्प। अन्तःकरण की वह स्थिति जहाँ शंका है। यह करें या वह करें, इस तरह की स्थिति बनी हुई है। अन्तःकरण की यह स्थिति एवं भावना प्रधान स्थिति मन कही जाती है।

निश्चयात्मिका बुद्धिः।

अर्थ—बुद्धि निश्चयात्मिका है।

व्याख्या—बुद्धि निष्कर्ष पर पहुँचने वाली निश्चयात्मक क्षमता के रूप में है। जहाँ अन्तःकरण किसी निश्चित निष्कर्ष पर पहुँच जाता है। हाँ, मुझे यह ही करना है। यह ही सही है। जब हम किसी निष्कर्ष पर पहुँच जाते हैं तो अन्तःकरण उस स्थिति में बुद्धि नाम से जाना जाता है।

अहंकर्ता अहंकारः।

अर्थ—अहंकर्ता अहंकार होता है।

व्याख्या—मैं कर्ता हूँ। अन्तःकरण में यह भावना ही अहंकार है। मैं धनी हूँ, मैं निर्धन हूँ, मैं विद्वान हूँ, मैं मूर्ख हूँ, मैं पुरुष हूँ, यह सब अहंकार का परिणाम है। जब आप अनात्मा से अपने आपको पहचानते हैं, तो ऐसी अन्तःकरण की स्थिति का नाम अहंकार है।

चिन्तनकर्तृ चित्तम्।

अर्थ—चिन्तनकर्ता चित्त होता है।

व्याख्या—चिन्तन करने वाला चित्त है, जो स्मरण करता है वह चित्त है। अन्तःकरण का स्मरण; करना या करने वाली अवस्था, स्मृति की क्षमता, ही चित्त के रूप में जानी जाती है।

अन्तःकरण एक ही है, किन्तु विभिन्न कृत्यों के समय वह भिन्न-भिन्न नाम से जाना जाता है।

अब इन सबके अधिष्ठातृ देवताओं का वर्णन आता है।

मनसो देवता चन्द्रमाः। बुद्धेर्ब्रह्मा। अहंकारस्य रुद्रः। चित्तस्य वासुदेवः।

अर्थ—मन के देवता चन्द्रमा हैं, बुद्धि के ब्रह्माजी, अहंकार के रुद्र और चित्त के वासुदेव हैं।

व्याख्या—अधिष्ठातृ देवता क्या हैं? इसके बारे में पहले ही पढ़ चुके हैं। यहाँ मन का अधिष्ठातृ देवता चन्द्रमा, बुद्धि का देवता ब्रह्मा को बताया गया है। ब्रह्मा का तात्पर्य चतुर्मुखी ब्रह्माजी से है। जब हम परमार्थिक सत्य की बात करते हैं तो वह ब्रह्म है। जब हम ब्रह्मा की बात करते हैं तो सामान्यतः भ्रम न हो, इसके लिए हम चतुर्मुखी ब्रह्मा या ब्रह्माजी ऐसी संज्ञा का प्रयोग करते हैं। वेदों को ज्ञान माना जाता है और ब्रह्मा के चारों मुँह चार वेदों का प्रतीक हैं। ब्रह्माजी के मुख से ही वेद वाणी निकली मानी जाती है। अतः बुद्धि का ब्रह्माजी से संयोग युक्तिसंगत है।

अहंकार का देवता रुद्र है। "रोदयति इति रुद्रः," जो आपको रुलाता

है वह रुद्र है। आपको रुलाते हैं आपके पापकर्मों के फल। अतः आपके पाप कर्मों के फल आपको पहुँचाने वाला रुद्र ही है। अगर आप विश्लेषण करें तो आप यह समझ सकते हैं कि अहंकार के कारण ही आपको रोना पड़ता है। अहंकार के कारण ही नाश भी होता है। रुद्र नाश करने वाला है, अतः दोनों का संयोग युक्तिसंगत है।

वासुदेव या कहें विष्णुजी चित्त के देवता हैं। विष्णु स्थिति कर्ता हैं, वे पालन करने वाले हैं। उसी प्रकार चित्त स्मृति के रूप में स्थिति कर्ता है। दोनों का संयोग भी युक्तिसंगत है।

यहाँ पर यह बताना भी लाभकारी होगा कि किसी को मन से सम्बन्धित समस्या हो तो उसे चन्द्रमा की पूजा करने से, चन्द्रमा से सम्बन्धित वस्तुओं का दान देने से लाभ होता है। किसी भी विभाग में समस्या होने पर उससे सम्बन्धित देवता की पूजा यज्ञादि से अवश्य लाभ होता है।

आगे सूक्ष्म महाभूतों के राजसिक अंशों से कर्मेन्द्रियों की उत्पत्ति का वर्णन आता है।

एतेषां पंचतत्त्वानां मध्ये आकाशस्य राजसांशात् त्वगिन्द्रियं सम्भूतम्। वायोः राजसांशात् पाणीन्द्रियं सम्भूतम्। वह्नेः राजसांशात् पादेन्द्रियं सम्भूतम्। जलस्य राजसांशादुपस्थेन्द्रियं सम्भूतम्। पृथिव्या राजसांशात् गुदेन्द्रियं सम्भूतम्।

अर्थ—इन पाँचों तत्त्वों में से आकाश के राजसिक अंश से वाक् इन्द्रिय उत्पन्न हुई। वायु के राजसिक अंश से हस्तेन्द्रिय उत्पन्न हुई। अग्नि के राजसिक अंश से पादेन्द्रिय उत्पन्न हुई। जल के राजसिक अंश से उपस्थ इन्द्रिय उत्पन्न हुई। पृथ्वी के राजसिक अंश से गुदा इन्द्रिय उत्पन्न हुई।

व्याख्या—कर्मेन्द्रियाँ क्योंकि कर्मप्रधान हैं अतः राजसिक अंशों, रज गुण क्रिया प्रधान है, से इनकी उत्पत्ति युक्तिसंगत है। आकाश के राजसिक अंश से वाक् इन्द्रिय की उत्पत्ति होती है। वायु के राजसिक अंश से पाणि, ग्रहण करने की क्षमता जिस इन्द्रिय में है और जिसका गोलक स्थूल शरीर में हाथ है, की उत्पत्ति होती है। अग्नि के राजसिक अंश से गति करने की क्षमता

जिस इन्द्रिय से है वह पाद इन्द्रिय, जिसका गोलक स्थूल शरीर में पाँव के रूप में है, उसकी उत्पत्ति होती है। जल के राजसिक अंश से मल निष्कासन की क्षमता वाली गुदा इन्द्रिय एवं पृथ्वी के राजसिक अंश से जनन की क्षमता वाली उपस्थ इन्द्रिय की उत्पत्ति होती है।

एतेषां समष्टि राजसांशात्पंचप्राणाः सम्भूताः।

अर्थ—इनकी समष्टि के राजसिक अंश से पाँच प्राण उत्पन्न हुए।

व्याख्या—पाँचों महाभूतों के सम्मिलित राजसिक अंशों से पाँच प्राणों की उत्पत्ति होती है। प्राण सभी कर्मेन्द्रियों को सहारा देते हैं। अतः उनका सभी महाभूतों के सम्मिलित अंशों से उत्पन्न होना युक्तिसंगत भी है।

अब स्थूल महाभूत जो हमें दृष्ट हैं, उनकी उत्पत्ति एवं उनसे स्थूल जगत् की उत्पत्ति का वर्णन है।

एतेषां पंच तत्त्वानां तामसांशात्पंचीकृतपंचतत्त्वानि भवन्ति।

अर्थ—इन पाँच तत्त्वों के तामस अंश से पंचीकृत पाँच तत्त्वों की उत्पत्ति होती है।

व्याख्या—महाभूतों के तामसिक अंशों से पाँच ही स्थूल महाभूतों की उत्पत्ति हुई। जैसे बताया गया कि अभी तक महाभूत सूक्ष्म अवस्था में हैं और इनसे निर्मित सृष्टि भी सूक्ष्म है। सूक्ष्म सृष्टि इन्द्रियों से ग्राह्य नहीं है। अभी तक प्रत्येक महाभूत शुद्ध अवस्था में है। उसमें अन्य महाभूत की मिलावट नहीं है। इसे 'तन्मात्र' भी कहते हैं। जैसे "आकाश तन्मात्र" अर्थात् "शुद्ध आकाश जिसमें अन्य महाभूतों का अंश नहीं है।" वह प्रक्रिया जिससे सूक्ष्म महाभूत स्थूल रूप में आते हैं, उसे पंचीकरण कहते हैं। स्थूल रूप में ये महाभूत अन्य महाभूतों के परस्पर संयोग से आते हैं। उसके पश्चात् यह तन्मात्र नहीं रहते, अपितु प्रत्येक महाभूत में अन्य चार महाभूतों का भी कुछ अंश रहता है।

शंका—जब तन्मात्र में अन्य भूतों की स्थिति नहीं होती तो उनसे अन्य महाभूतों की उत्पत्ति कैसे होती है?

समाधान—माया, जो कि त्रिगुणमयी है, ही ब्रह्म की उपस्थिति में जगत् का परिणामी कारण है। इन तीन गुणों से ही जगत् की उत्पत्ति होती है। तन्मात्र

आकाश में भी तीनों गुण उपस्थित होते हैं। अतः उससे वायु की उत्पत्ति कहना युक्तिसंगत है।

यह पंचीकरण कैसे होता है?

पंचीकरणं कथम् इति चेत्। एतेषां पंचमहाभूतानां तामसांशस्वरूपम् एकमेकं भूतं द्विधा विभज्य एकमेकमर्धं। पृथक् व्यवस्थाप्यापरमपरमर्धं चतुर्धा विभज्य स्वार्धमन्यहषु अर्धेषु स्वभागचतुष्टयसंयोजनं कार्यम्। तदा पंचीकरणं भवति।

अर्थ—पंचीकरण क्या है यदि ऐसा प्रश्न है। इन पाँचों महाभूतों के तमोगुण का अंश दो भाग में विभाजित होकर आधे को छोड़कर बाकी के अर्धभाग का चार भागों में विभाजन होता है, और प्रत्येक का चौथा हिस्सा, आधे में मिल जाता है। इस प्रकार पंचीकरण होता है

व्याख्या—गुरु स्वयं ही बताता है कि यदि तुम यह जानना चाहते हो कि पंचीकरण क्या है तो सुनो—

"प्रत्येक महाभूत के तामसिक अंशों से पंचीकरण होता है। प्रत्येक महाभूत का तामसिक अंश दो भागों में विभक्त हो जाता है और एक आधा भाग आगे फिर चार भागों में विभक्त हो जाता है। इस प्रकार प्रत्येक महाभूत के तामसिक अंश के चार आठवें भाग व एक आधा भाग होते हैं। अब आकाश के आधे भाग से आठवाँ भाग वायु का, आठवाँ भाग अग्नि का, आठवाँ भाग जल का एवं आठवाँ भाग पृथ्वी का मिल जाता है। इस तरह से स्थूल आकाश की उत्पत्ति होती है।"

"इसी प्रकार आधे वायु के तामसिक अंश से बाकी चारों महाभूतों के तामसिक अंश के आठवें भागों के संयोग से स्थूल वायु की उत्पत्ति होती है। इसी प्रकार सारे महाभूतों के स्थूल स्वरूप की उत्पत्ति होती है। इस प्रक्रिया को ही पंचीकरण कहते हैं, क्योंकि प्रत्येक स्थूल महाभूत में पाँचों महाभूत होते हैं। अतः इस प्रक्रिया को पंचीकरण कहा गया है। इसे स्थूलीकरण भी कहा जाता है। क्योंकि इस प्रक्रिया से सूक्ष्म महाभूतों के स्थूल रूपों की उत्पत्ति होती है।"

इसे इस प्रकार जानें।

तामसिक आकाश = 1/2 आकाश + 1/8 आकाश + 1/8 आकाश + 1/8 आकाश

तामसिक वायु = 1/2 वायु + 1/8 वायु + 1/8 वायु + 1/8 वायु + 1/8 वायु

इसी प्रकार अन्य महाभूतों के तामसिक अंशों का विभाजन जानें।

प्रत्येक महाभूत के आधे अंश का अन्य महाभूतों से संयोग इस तरह होता है।

1/2 आकाश + 1/8 वायु + 1/8 अग्नि + 1/8 जल + 1/8 पृथ्वी = स्थूल आकाश

1/2 वायु + 1/8 आकाश + 1/8 अग्नि + 1/8 जल + 1/8 पृथ्वी = स्थूल वायु

1/2 अग्नि + 1/8 आकाश + 1/8 वायु + 1/8 जल + 1/8 पृथ्वी = स्थूल अग्नि

1/2 जल + 1/8 आकाश + 1/8 वायु + 1/8 अग्नि + 1/8 पृथ्वी = स्थूल जल

1/2 पृथ्वी + 1/8 आकाश + 1/8 वायु + 1/8 अग्नि + 1/8 जल = स्थूल पृथ्वी

इस प्रकार देखें कि प्रत्येक स्थूल महाभूत में पाँचों महाभूत हैं। अतः जिस प्रकार के स्थूल महाभूत में जिस महाभूत की अधिकता है, उसे उसी नाम से जाना जाता है।

एतेभ्यः पंचीकृतपंचमहाभूतेभ्यः स्थूलशरीरं भवति।

अर्थ—इन पंचीकृत पंचमहाभूतों के द्वारा स्थूल शरीर बनता है।

व्याख्या—इन पंचीकृत महाभूतों के संयोग से चार प्रकार के स्थूल शरीरों—ब्रह्माण्ड, ब्रह्माण्ड में स्थित चौदह भुवनों की उत्पत्ति होती है।

पाँचों महाभूत क्योंकि ईश्वर से ही उत्पन्न हैं। अतः स्थूल शरीर भी ईश्वर

से ही उत्पन्न है। ब्रह्म ही उपादान कारण है। अतः वही सर्वत्र व्याप्त है। फिर भी कुछ वस्तुएँ हमें जड़ व कुछ चैतन्य प्रतीत होती हैं, क्योंकि अन्तर सूक्ष्म शरीर का है। जहाँ सूक्ष्म शरीर होगा, वहाँ चैतन्यता व्यक्त होती है। जहाँ नहीं होता, वहाँ अव्यक्त होती है।

चार प्रकार के स्थूल शरीर हैं—जरायुज, अण्डज, स्वेदज एवं उद्भिज।

जरायुज का अर्थ है जरा से उत्पन्न अर्थात् गर्भ से उत्पन्न। अण्डज का अर्थ अण्डों से उत्पन्न। स्वेदज का अर्थ पसीने एवं नमी से उत्पन्न। उद्भिज का अर्थ है जो धरती को भेद के ऊपर आते हैं जैसे वृक्ष आदि। यह चारों प्रकार के स्थूल शरीर स्थूल महाभूतों से उत्पन्न होते हैं।

ब्रह्माण्ड को स्थूल प्रपंच भी कहा जाता है। यह सारा दृश्य जगत् ही ब्रह्माण्ड है। इसी ब्रह्माण्ड में चौदह लोक हैं, सात उर्ध्व एवं सात ही अधः लोक हैं। भूः, भुवः, स्वः, महः, जनः, तपः एवं सत्य—ये सात उर्ध्व लोक कहे जाते हैं। भूः लोक हमारा निवास स्थान है, जो कि उर्ध्व लोकों में सबसे नीचे है। सत्यलोक सबसे उच्चलोक है। इसे ही ब्रह्मलोक भी कहा जाता है। इसी प्रकार सात अधः लोक हैं—अतल, वितल, सुतल, तलातल, महातल, रसातल एवं पाताल। पाताल अधः लोकों में सबसे नीचे है।

इन्हीं चौदह भुवनों को तीन लोकों भूः, भुवः एवं स्वः के रूप में भी देखा जाता है। सात अधः लोकों एवं भूः को भूलोक के रूप में, भुवलोक को अन्तरिक्ष के रूप में एवं शेष स्वः आदि छः लोकों का अन्तर्भाव स्वः लोक में किया जाता है। इस प्रकार कुछ आचार्यों के मत से ये तीन भूः, भुवः एवं स्वः लोक हैं।

यहाँ यह बात ध्यान देने योग्य है कि अधः लोक नर्क नहीं है। नर्कों का यहाँ वर्णन नहीं किया गया है।

इस प्रकार पाँच ज्ञानेन्द्रियाँ, पाँच कर्मेन्द्रियाँ, पाँच प्राण, मन, बुद्धि, चित्त, अहंकार, पाँच महाभूत इन सबको मिलाकर चौबीस तत्त्व हो गये, जिनकी उत्पत्ति बतायी गयी है।

एवं पिण्डब्रह्माण्डयोरैक्यं सम्भूतम्।

अर्थ—इस तरह से पिण्ड और ब्रह्माण्ड का ऐक्य होता है।

व्याख्या—इस प्रकार से पिण्ड एवं ब्रह्माण्ड की ऐक्यता स्थापित होती है। किसी व्यक्ति विशेष के शरीर को पिण्ड कहा जाता है। पिण्ड एवं ब्रह्माण्ड की उत्पत्ति समान महाभूतों से ही होती है। पिण्ड एवं ब्रह्माण्ड का निमित्त एवं उपादान कारण समान है, वह है ईश्वर। ईश्वर से ही पिण्ड एवं ब्रह्माण्ड की उत्पत्ति हुई है। पिण्ड ब्रह्माण्ड से भिन्न नहीं है और दोनों ईश्वर से भिन्न नहीं हैं। ईश्वर ही दोनों में समान रूप से व्याप्त है।

ईश्वर पाँच महाभूतों का उपादान कारण होने से ईश्वर ही पाँच महाभूतों में व्याप्त है। जैसे मिट्टी से दो कपाल बनाये जायें, दो कपालों को मिलाने से एक घट बनता है, क्योंकि मिट्टी उपादान कारण है। अतः दोनों कपालों में मिट्टी व्याप्त है। अब दोनों कपालों को मिलाकर घट बनाया जाये तो घट में भी मिट्टी व्याप्त होगी। जिस प्रकार घट में मिट्टी व्याप्त है। उसी प्रकार ईश्वर ही सृष्टि में व्याप्त है।

इस प्रकार यह समझाने के पश्चात् कि मैं ही "सत् चित् आनन्द स्वरूप आत्मा हूँ" एवं पिण्ड एवं ब्रह्माण्ड की एकता स्थापित करने के पश्चात् जीव एवं ईश्वर की एकता समझाई गयी है।

आत्मा सत् चित् आनन्द है, ब्रह्म भी सत् चित् आनन्द है। सत् चित् आनन्द एक ही है। अतः आत्मा ही ब्रह्म है। इसे भली-भाँति समझ लेना चाहिए। जैसे घट आकाश एवं घट से बाहर का महाकाश एक ही है। दोनों आकाश ही हैं। उसी प्रकार आत्मा एवं ब्रह्म भिन्न-भिन्न न होकर एक ही हैं। ब्रह्म को ही एक व्यक्ति विशेष के दृष्टिकोण से आत्मा कहा जाता है। उसे ही समष्टि के दृष्टिकोण से ब्रह्म कहा जाता है, जैसे आकाश को एक घट के दृष्टिकोण से घटाकाश, एक मठ के दृष्टिकोण से मठाकाश कहा जाता है।

आगे महावाक्य विचार आता है, जो जीव ब्रह्म की एकता, जीव ईश्वर की समानता को उद्घाटित करता है।

जीव ब्रह्म एक्यं

महावाक्य किसे कहते हैं?

जो जीव एवं ब्रह्म की एकता को उद्घाटित करता है उसे 'महावाक्य' कहा जाता है, क्योंकि महावाक्य द्वारा उद्घाटित होने वाला ज्ञान श्रेष्ठ होता है, महान होता है, अत: इसे 'महावाक्य' कहा जाता है। यह श्रेष्ठ होता है, क्योंकि इस वाक्य के तात्पर्य को भली-भाँति समझने से परम पुरुषार्थ मोक्ष सिद्ध होता है एवं संसार की निवृत्ति हो जाती है।

समुद्र की लहर अगर हम देखें तो समुद्र की अपेक्षा बेहद क्षुद्र प्रतीत होती है। एक लहर एवं समुद्र में बहुत बड़ा अन्तर प्रतीत होता है, लेकिन विश्लेषण करें तो दोनों पानी ही हैं और दोनों की मूल प्रकृति देखें तो समान है। अगर हम कहें कि लहर, समुद्र दोनों समान हैं, तो कुछ मायनों में यह गलत नहीं होगा, क्योंकि मूल प्रकृति के दृष्टिकोण से दोनों समान हैं। इसी प्रकार यदि हम कहें कि जीव व ईश्वर समान हैं तो यह भी कुछ मायनों में अनुचित नहीं होगा। यद्यपि दोनों में सतही तौर पर बहुत अन्तर प्रतीत होता है, किन्तु दोनों की मूल प्रकृति एक ही है, "सत् चित् आनन्द।" अगर लहर एवं समुद्र की बात करें तो, हालाँकि दोनों जल ही हैं, किन्तु दोनों में आकार एवं जल की मात्रा का बेहद अन्तर है। किन्तु जब हम कहते हैं कि जीव एवं ईश्वर दोनों की मूल प्रकृति एक ही है, दोनों चित् ही हैं, तो यहाँ आकार एवं मात्रा का अन्तर नहीं है, चित् अविभाज्य है।

यहाँ पर यह समझना कि मैं ईश्वर का अंश हूँ, एक गलत धारणा है। "मैं

ईश्वर हूँ'' यह सही वेदान्तिक उद्घाटन है। ''उदरं अन्तरं कुरुते अथ तस्य भयं भवति'' अर्थात् थोड़ा-सा भी अन्तर करना भय का कारण है। एक छोटा-सा भी अन्तर वेदान्त में मान्य नहीं है। ''मैं ही ईश्वर हूँ'' यह ही सही समझ है। आप न छोटा-सा भाग हो, न बड़ा, आप ही ईश्वर हो। चित् अविभाज्य है, यह छोटा-बड़ा नहीं होता, यह आयामरहित है।

इन बातों को ध्यान में रखते हुए आगे बढ़ते हैं।

स्थूलशरीराभिमानि जीवनामकं ब्रह्मप्रतिबिम्बं भवति, स एव जीवः प्रकृत्या स्वस्मात् ईश्वरं भिन्नत्वेन जानाति।

अर्थ—स्थूल शरीर अभिमानी जीव नामक ब्रह्म का प्रतिबिम्ब होता है। वह जीव स्वभाव से ही ईश्वर को अपने से भिन्न जानता है।

व्याख्या—चित् सिर्फ़ एक ही है एवं वह अनादि अनन्त है। उसी को 'ब्रह्म' कहा जाता है। उसी को जब हम एक व्यक्ति विशेष के दृष्टिकोण से देखते हैं तो 'आत्मा' कहते हैं, लेकिन व्यवहार में हमारा अनुभव है कि जीवों की संख्या बहुत है। इसका कारण शास्त्र दो तरह से समझाते हैं, वे दो कारण हैं—अवच्छेदवाद एवं प्रतिबिम्बवाद।

अवच्छेदवाद में आकाश का दृष्टान्त दिया जाता है और उसके माध्यम से एक चित् एवं बहुत जीवों के अनुभवों को समझाया जाता है, अवच्छेद का अर्थ है सीमित करना।

आकाश एक ही है जो सर्वत्र व्याप्त है। इसी आकाश को अगर हम एक घट के दृष्टिकोण से देखें तो घट में व्याप्त घटाकाश की प्रतीति होती है। यह घटाकाश सीमित प्रतीत होता है। वही सर्वत्र व्याप्त आकाश घट की उपाधि के कारण छोटा एवं सीमित प्रतीत होता है। वैसे ही मठ के अन्दर आकाश है और मठाकाश है जो महाआकाश से भिन्न है। ऐसा प्रतीत होता है, घट एवं मठ यहाँ उपाधि हैं जो कि आकाश को सीमित करते प्रतीत होते हैं। इस प्रकार एक ही सर्वत्र व्याप्त आकाश सीमित एवं अपरिमित प्रतीत होता है।

इसी प्रकार ब्रह्म एक ही और सर्वत्र व्याप्त है। वही एक सर्वत्र व्याप्त

अविभाज्य ब्रह्म सूक्ष्म शरीर रूपी उपाधियों के भेद के कारण सीमित हुआ एवं बहुसंख्यक प्रतीत होता है। इसी को 'अवच्छेदवाद' कहा जाता है। सीमितता एवं बहुसंख्या ब्रह्म की नहीं, अपितु उपाधियों की है।

दूसरा है प्रतिबिम्बवाद, जैसे आकाश में एक सूर्य है जो कि धरती पर सर्वत्र व्याप्त है। किन्तु विभिन्न परावर्तकों, प्रकाश को परावर्तित करने में सक्षम वस्तुओं, के कारण बहुसंख्यक प्रतीत होता है, जैसे हम सौ शीशे लगाते हैं और यदि सबके गुण-धर्म भिन्न-भिन्न हों जैसे एक धूमिल हो, एक हरा, एक पीला तो सब में सूर्य के प्रतिबिम्ब भिन्न-भिन्न बनेंगे। इस तरह एक ही सूर्य बहुसंख्यक एवं उपाधियों के गुण-धर्म के कारण सीमित हुआ प्रतीत होता है।

यहाँ पर प्रतिबिम्बवाद को ध्यान में रखकर ही जीव ईश्वर ऐक्य को समझाने की कोशिश की गयी है।

प्रतिबिम्बवाद में तीन तकनीकी शब्दों को समझना आवश्यक है। इसे सूर्य के दर्पण में परावर्तित होने के दिये गये दृष्टान्त के सन्दर्भ में समझने का प्रयास करते हैं।

बिम्ब—सूर्य जो कि वास्तविक है, उसे 'बिम्ब' कहा जाता है।

प्रतिबिम्ब—दर्पण में परावर्तित होकर दृष्ट सूर्य का प्रकाश या सूर्य 'प्रतिबिम्ब' कहलाता है।

उपाधि—जिस दर्पण आदि में बिम्ब का प्रतिबिम्ब बन रहा है उसे 'उपाधि' कहते हैं।

ब्रह्म के सन्दर्भ में ब्रह्म 'बिम्ब' है। उसका प्रतिबिम्ब अविद्या, कारण शरीर में बनता है। उस प्रतिबिम्ब को 'जीव' कहते हैं। ब्रह्म 'बिम्ब,' अविद्या 'उपाधि' एवं जीव 'प्रतिबिम्ब' है। कुछ जगह पर अन्तःकरण को उपाधि बताया गया है। दोनों ही उचित हैं। माया के मलिन सत्व स्वरूप को ही अविद्या कहते हैं।

यहाँ पर प्रतिबिम्बवाद को जीव एवं ईश्वर को समझाने के लिए दृष्टान्त रूप में प्रयोग कर रहे हैं। किन्तु यह समझना आवश्यक है कि ब्रह्म को समझाने के लिए प्रयोग में लाये जाने वाले सारे दृष्टान्तों की अपनी एक सीमा है। कोई

भी दृष्टान्त पूर्णतः ब्रह्म को उद्घाटित नहीं करता। विभिन्न दृष्टान्तों के योग की सहायता से उस ब्रह्म को समझने की कोशिश करते हैं। यहाँ भी यह न समझा जाये कि ब्रह्म एक जगह पर है व उसका प्रतिबिम्ब किसी और जगह बन रहा है।

यह कारण शरीर में प्रतिबिम्बित जीव, जो ब्रह्म का प्रतिबिम्ब ही है, स्थूल शरीर से तदात्म्य स्थापित करता है और अविद्या उपाधि के कारण प्रकृतिवशात् ही अपने को ईश्वर से भिन्न समझता है। यह मूलभूत अविद्या है, जिसकी कोई शुरुआत नहीं है, यह अनादिकाल से ही है। जीव अपने आपको इस अविद्या के साथ ही पाता है। इस अविद्या का आदि तो नहीं है, किन्तु ज्ञान की प्राप्ति होने पर इसका अन्त अवश्य होता है। इसका अन्त ही मोक्ष है। अविद्या का होना हमारा दोष नहीं है, किन्तु अविद्या से मुक्ति के प्रयास न करना हमारा दोष है।

इस अविद्या के कारण जीव जीव भेद, जीव जगत् भेद एवं जीव ईश्वर भेद प्रतीत होता है।

अविद्योपाधिः सन् आत्मा जीवः इति उच्यते। मायोपाधिः सन् ईश्वरः इत्युच्यते।

अर्थ—अविद्या की उपाधि से आत्मा जीव कहलाती है। माया उपाधि से आत्मा को ईश्वर कहते हैं।

व्याख्या—अविद्या की उपाधि से ही आत्मा जीव कहलाती है और वह सत् चित् आनन्द आत्मा ही माया की उपाधि से ईश्वर कहलाती है। माया के सत्वगुण में बनने वाला प्रतिबिम्ब ईश्वर एवं मलिन सत्व में बनने वाला प्रतिबिम्ब जीव कहलाता है।

एक ही नायक रंगमंच पर राजा के कपड़े पहनने पर राजा एवं भिखारी के कपड़ों में भिखारी प्रतीत होता है। नायक न तो राजा ही है न भिखारी। वह तो नायक है। इसी प्रकार न तो ब्रह्म ईश्वर ही है न जीव, भिन्न-भिन्न उपाधियों के कारण वह भिन्न-भिन्न प्रतिष्ठा प्राप्त करता है।

माया समष्टि की उपाधि है एवं अविद्या व्यष्टि की उपाधि है, क्योंकि

अविद्या व्यष्टि की उपाधि है, अतः मेरे अज्ञान के निवारण पर आपके अज्ञान का निवारण नहीं होगा। अतः अविद्या को हटाने के लिए प्रत्येक व्यक्ति को अपने स्तर पर प्रयास करने होते हैं।

जीव व ईश्वर के मध्य का जो भेद है वह उपाधि के कारण ही है। अज्ञानवश इस अन्तर को वास्तविक मान लिया जाता है। यह वैसा ही है जैसे नायक के रंगमंच पर भिखारी एवं राजा का अभिनय करने पर दोनों के अन्तर को वास्तविक मान लिया जाये। यह समझा कि जाये कि दोनों अलग-अलग ही हैं। यही भेद अविद्या के कारण प्रगाढ़ हो जाता है और जीव इस भेद से ग्रसित रहता है।

एवमुपाधिभेदाज्जीवेश्वरभेददृष्टिर्यावत्पर्यन्तं तिष्ठति तावत्पर्यन्तं-जन्ममरणा दिरूपसंसारो न निवर्तते।

अर्थ—इस प्रकार उपाधिभेद से जीव-ईश्वर में भेद दृष्टि जब तक रहती है, तब तक जन्म-मरणादि रूप संसार की निवृत्ति नहीं होती।

व्याख्या—इस प्रकार उपाधि भेद के कारण अविद्या के प्रभाव से प्रतीत होने वाला ईश्वर व जीव का भेद जब तक दूर नहीं हो जाता, तब तक इस जन्म-मृत्यु रूपी संसार के दुःखों की निवृत्ति नहीं होती।

जीव-ईश्वर भेद दृष्टि कि मैं जीव हूँ एवं ईश्वर से भिन्न हूँ, यह निष्कर्ष ही संसार चक्र का कारण है। यह ही अविद्या है, जिसका निराकरण आवश्यक है। यह भेद वास्तविक न होकर सिर्फ़ उपाधियों का है, जो कि मिथ्या है। अगर यह भेद वास्तविक होता तो फिर कोई सम्भावना नहीं थी। फिर तो सिर्फ़ इसे तथ्य के रूप में स्वीकार ही किया जा सकता था। किन्तु ऐसा नहीं है, अतः वास्तविकता को समझने की आवश्यकता है।

इसी भेद के कारण हम अपने आपको छुद्र समझते हैं और हमारी कुछ बनने की चाह के कारण जीव का संघर्ष शुरू हो जाता है। अपने वास्तविक स्वरूप को न पहचान पाने के कारण हमारी कुछ बन के दिखाने की यात्रा शुरू हो जाती है। जब तक मैं गायक न बन जाऊँ, मेरी कोई हैसियत नहीं है, मैं छुद्र हूँ। जब तक मैं डॉक्टर न बन जाऊँ तब तक मैं कुछ नहीं हूँ। आपका

कुछ करके दिखाने का संघर्ष शुरू हो जाता है। इसके साथ ही फल की प्राप्ति के लिए कर्म, फिर कर्मों का फल एवं उन फलों के भोग के लिए पुनर्जन्म यह चक्र चलता रहता है। अगर अविद्या का निराकरण हो जाये, आप अपने वास्तविक स्वरूप को जान लें जो नित्य शुद्ध, नित्य बुद्ध, नित्य मुक्त, सत् चित् आनन्द स्वरूप है, तो जीवन एक रंगमंच बन जाता है। संघर्ष नहीं रहता।

तस्मात्कारणात् जीवेश्वरयोर्भेदबुद्धिः न स्वीकार्याः।

अर्थ—उस कारण से जीव-ईश्वर में भेद बुद्धि स्वीकार्य नहीं है।

व्याख्या—उस कारण से या यह कहें कि इसी कारण जीव-ईश्वर में भेद बुद्धि बिलकुल स्वीकार्य नहीं है। यह ही बन्धन का कारण, इस जन्म-मरण रूपी संसार का कारण है।

हालाँकि सिर्फ़ यह कहने मात्र से कि "हाँ जीव एवं ईश्वर में भेद नहीं है, मैं यह स्वीकार करता हूँ" काम नहीं चलेगा। इसे भली-भाँति समझना आवश्यक है। यह ज्ञान दृढ़ एवं शंकारहित होना चाहिए। यह सिर्फ़ एक भावना नहीं होनी चाहिए अपितु यह एक दृढ़ ज्ञान होना चाहिए। हालाँकि अभेद भावना भी अपने आप में बहुत बड़ी प्रगति है, लेकिन शंकारहित सुदृढ़ ज्ञान ही मोक्ष है।

'द्वैत' कि मैं अलग हूँ एवं जगत् अलग है। ईश्वर जीव से भिन्न है, मैं ईश्वर से भिन्न हूँ। यह भेद सीखने की आवश्यकता नहीं है अपितु यह सदैव से ही अविद्या रूप में विद्यमान है। यही बन्धन का कारण है। अतः इस द्वैत को सिखाने के लिए गुरु की आवश्यकता नहीं है। लेकिन फिर भी आपको द्वैतवाद के स्कूल दिखाई देंगे। वे यह ही सिखाते मिलेंगे कि तुम छुद्र हो ईश्वर महान है। तुम अज्ञानी जीव हो एवं ईश्वर सर्वज्ञ है। तुम उससे सर्वथा भिन्न हो। यह तो तुम जानते ही हो। यही तो तुम्हारा अनुभव है।

वेदान्त इसको अविद्या एवं संसार का मूल कारण मानता है। दोनों में कोई भेद नहीं है। जो भेद प्रतीत होता है, वह भेद उपाधि का है। दोनों सत् चित् आनन्द स्वरूप ही हैं। 'ईश्वर' एवं 'जीव' आत्मा के ही दो विभिन्न उपाधियों में बने दो भिन्न प्रतिबिम्बों के हैं। उपाधि के स्तर पर भिन्नता अवश्य है, किन्तु यह समझना आवश्यक है कि उपाधि मिथ्या है। अगर आप एक दिन नीली

कमीज़ पहनते हो व एक दिन सफ़ेद तो आप नीली कमीज़ या सफ़ेद कमीज़ नहीं हो जाते। आप कमीज़ नहीं हो। यह जो आप सफ़ेद या नीले प्रतीत होते हो, यह कमीज़ के रंग के कारण है। आप नीले या सफ़ेद नहीं हो। जो भिन्नता प्रतीत हो रही है वह कमीज़ के गुण-धर्म हैं, वह कमीज़ की है।

इसी प्रकार एक ब्रह्म, जो कि मैं हूँ, वही उपाधि भेद से ईश्वर व जीव के रूप में प्रतीत होता है। ब्रह्म व्यष्टिगत उपाधि, सूक्ष्म एवं स्थूल शरीर की उपाधि, से जीव रूप में प्रतीत होता है। उसी ब्रह्म की उपाधि सम्पूर्ण कारण, सूक्ष्म एवं स्थूल जगत् होने पर वही ईश्वर है।

जब तक यह भेद बुद्धि समाप्त नहीं हो जाती, आपका ज्ञान प्राप्ति का लक्ष्य सिद्ध नहीं हुआ समझें। तब तक संसार का चक्र चलता ही रहेगा।

यहाँ पर यह शंका हो सकती है कि सिर्फ़ मेरे सोचने से क्या होगा? क्या वास्तव में मैं ही ईश्वर हूँ। इसी के बारे में पहले ही बताया जा चुका है कि इसके लिए शास्त्र प्रमाण हैं। यह सत्य शास्त्र ही महावाक्यों के द्वारा उद्घाटित करते हैं। यह महावाक्य विभिन्न उपनिषदों में आते हैं। चारों वेदों से एक-एक महावाक्य प्रसिद्ध है। शंकराचार्य द्वारा स्थापित चार मठों ने इनमें से एक-एक महावाक्य मुख्य रूप से ग्रहण किया है। ये महावाक्य हैं—

1. ऋग्वेद के एतरेय उपनिषद् 3-3 में ''प्रज्ञानं ब्रह्म,'' गोवर्धन मठ, पुरी ने इसे मुख्य रूप से ग्रहण किया।
2. यजुर्वेद के वृहदारण्यक उपनिषद् 1-4-10 में ''अहं ब्रह्मास्मि,'' शृंगेरी मठ ने इसे मुख्य रूप से ग्रहण किया।
3. सामवेद के छान्दोग्य उपनिषद् 6-8-7 में ''तत्त्वमसि,'' द्वारिका पीठ ने इसे मुख्य रूप से ग्रहण किया।
4. अथर्ववेद के माण्डुक्योपनिषद् 1-2 में ''अयं आत्मा ब्रह्म,'' ज्योतिष मठ ने इसे मुख्य रूप से ग्रहण किया।

इसका अर्थ यह नहीं है कि चार ही महावाक्य हैं, किन्तु ये चार आचार्यों द्वारा मुख्य रूप से पढ़ाये जाने के कारण ज़्यादा प्रसिद्ध हैं। इनमें भी ''तत्त्वमसि'' ज़्यादा प्रसिद्ध है। तत्त्वबोध में भी इसी महावाक्य पर विचार किया गया है।

अखंडार्थ बोधक वाक्य को महावाक्य कहा जाता है। अखंडार्थ अर्थात् जिसका तात्पर्य अविभाज्यता को उद्‌घाटित करना है। इसी को "महावाक्य" कहा जाता है।

तत्त्वमसि महावाक्य उद्‌घाटित करता है कि तुम ईश्वर हो।

पहली बार महावाक्य को सुनने पर व्यक्ति का मन इसका खंडन ही करता है। "शायद शास्त्र मुझे ढंग से नहीं जानते कि मैं कौन हूँ," खंडन का भाव ही आता है। इसको समझने के लिए गुरु के पास व्यवस्थित अध्ययन की आवश्यकता होती है। कहीं-न-कहीं अन्दर, आपके अन्दर, हीनता का भाव रहता ही है। बाहर से आप अपने धन, मान, प्रतिष्ठा से उसे कितना भी ढकने का प्रयास करें। इसका कुछ-न-कुछ अंश अन्दर रहता ही है। जब तक आप अपने आपको जीव, जो कि ईश्वर व जगत् से भिन्न है, समझते हो, तब तक आप हीनता की भावना से पूर्णतः मुक्त नहीं हो सकते। इसी कारण तत्त्वमसि सुनते ही खंडन का भाव मन में आता है।

ननु साहंकारस्य किंचिज्ज्ञस्य जीवस्य निरहंकारस्य सर्वज्ञस्य ईश्वरस्य तत्त्वमसीति महावाक्यात्कथमभेदबुद्धि स्यादुभयोः। विरुद्धधर्माक्रान्तत्वात् इति चेत्।

अर्थ—विरुद्ध धर्मवाले होने की वजह से अहंकार से युक्त अल्पज्ञ जीव की निरहंकार, सर्वज्ञ ईश्वर के साथ तत्त्वमसि महावाक्य से कैसे अभेदबुद्धि सम्भव हो सकती है?

व्याख्या—ईश्वर एवं जीव के बीच अभेद बुद्धि कैसे हो सकती है?

यहाँ पर शंका प्रकट करने के लिए 'हेतुगर्भ' विशेषण का प्रयोग किया है। जैसे कोई कहे कि निर्धन देवदत्त एवं धनी यज्ञदत्त कैसे एक हो सकते हैं? यहाँ पर विशेषणों निर्धन एवं धनी के प्रयोग से ही दोनों के एक ही न होने के पक्ष में कारण प्रदान कर दिया गया है। इसको 'हेतुगर्भ' विशेषण कहा जाता है। जहाँ विशेषण ही हेतु को गर्भ में धारण किये हो, उसे हेतुगर्भ विशेषण कहेंगे।

इसी प्रकार यहाँ हेतुगर्भ विशेषणों के प्रयोग से बताया गया है कि क्यों दोनों असमान हैं। जीव साहंकार है, जीव अहंकार से युक्त है और सोचता है कि मैं जीव एवं ईश्वर से, जगत् से भिन्न हूँ। जीव अल्पज्ञ है, जो कि बहुत कम जानता है। ईश्वर सर्वज्ञ है, ईश्वर अहंकार से मुक्त है। सर्वज्ञत्व का अर्थ हुआ कि उसके सामने यह स्थिति नहीं होती कि उसे कहना पड़े कि मैं नहीं जानता। ईश्वर अहंकार रहित है क्योंकि वह समष्टि है। उसके लिए कोई 'तू' नहीं है, जिससे अपने को अलग करने के लिए उसे ''यह मैं हूँ'' इस भावना की आवश्यकता पड़े। हालाँकि हम यह सुनते हैं कि ''तत्त्वमसि'' किन्तु किस प्रकार इसे आत्मसात किया जाये?

शिष्य की यहाँ पर श्रद्धा दिखायी पड़ती है जो कि अन्तर तो देख रहा है किन्तु उसे शास्त्रों एवं गुरु पर श्रद्धा है, अतः वह पूछ रहा है कि दोनों के एक-दूसरे से विरुद्धधर्मी होने पर भी मैं कैसे समझूँ कि दोनों में अन्तर नहीं है? इस महावाक्य को कैसे आत्मसात किया जाये?

न, स्थूलसूक्ष्मशरीराभिमानी त्वम्पदवाच्यार्थः। उपाधिविनिर्मुक्तं समाधि दशासम्पन्नं शुद्धं चैतन्यं त्वंपद लक्ष्यार्थः। एवं सर्वज्ञत्वादिविशिष्ट ईश्वरः तत्पदवाच्यार्थः। उपाधिशून्यं शुद्धचैतन्यं तत्पदलक्ष्यार्थः।

एवं च जीवेश्वरयोः चैतन्यरूपेणाऽभेदे बाधकाभावः।

अर्थ—इस प्रकार स्थूल, सूक्ष्म शरीर अभिमानी त्वंपद का वाच्यार्थ है। इन उपाधियों से मुक्त समाधि दशा में प्राप्त शुद्ध चैतन्य त्वं पद का लक्ष्यार्थ है।

इसी तरह सर्वज्ञत्व आदि विशेषता से युक्त ईश्वर तत् पद का वाच्यार्थ है। उपाधि से रहित शुद्ध चैतन्य तत्पद का लक्ष्यार्थ है।

और इस तरह जीव और ईश्वर का चैतन्यरूप से अभेद में बाधक का अभाव है।

व्याख्या—इसको समझने के लिए पद वाच्यार्थ एवं पद लक्ष्यार्थ को समझना आवश्यक है। प्रत्येक पद का प्रयोग किसी विशिष्ट विषयवस्तु इत्यादि के बारे में बताता है, जैसे हम बोलते हैं, 'घट'। पद को सुनने पर हमारे मन में वृत्ति

उत्पन्न होती है, जो उस विषय का आकार लेती है। 'घट' ऐसा सुनने पर हमारे मन में 'घटाकार' वृत्ति उत्पन्न होती है। इस वृत्ति का सम्बन्ध किस विषयवस्तु से है यह हम समझ जाते हैं, जैसे 'घट' सुनने पर मन में 'घटाकार' वृत्ति उत्पन्न होती है और 'घट' नामक वस्तु का आकार, रंग आदि हमारे मस्तिष्क में स्पष्ट हो जाता है। इस प्रकार उस पद एवं वस्तु में सम्बन्ध स्थापित होता है। पद को सुनकर जो वृत्ति उत्पन्न होती है वह उस पद का अर्थ कहलाता है। इसे पदार्थ, मुख्यार्थ या वाच्यार्थ कहा जाता है। यह पद का मुख्य अर्थ होता है।

हर समय ऐसा ही नहीं होता है। जब हम कोई वाक्य बनाते हैं, तो कई बार हम पदों को मुख्यार्थ या वाच्यार्थ के लिए प्रयोग न करके अन्य अर्थ में भी प्रयोग करते हैं, जैसे हम कहें कि राम तो गाय है। यहाँ पर गाय का वाच्यार्थ में प्रयोग नहीं किया गया है। यहाँ पर गाय का अर्थ भोला-भाला से है। अगर केवल गाय शब्द का प्रयोग किया जाये तो, इसका अर्थ गाय जो पशु है उससे है। यह इसका वाच्यार्थ है, किन्तु यहाँ पर इसका अर्थ वाच्यार्थ से भिन्न है। इस प्रकार का अर्थ जो वाच्यार्थ से भिन्न होता है, उसे 'लक्ष्यार्थ' कहते हैं। लक्ष्यार्थ सन्दर्भ पर निर्भर करता है।

कहीं पर लक्ष्यार्थ वाच्यार्थ का ही एक भाग होता है। जैसे हम कहते हैं कि "केला लाओ" तो यहाँ पर केले का वाच्यार्थ ही लिया जाता है, आप पूरा केला लाते हो। किन्तु जब मैं कहता हूँ "मैंने केला खाया" तो यहाँ पर हम लक्ष्यार्थ लेते हैं जो कि केले का गूदा है। केले का गूदा वाच्यार्थ, जो कि पूरा केला छिलके के साथ है, का ही भाग है। यहाँ पर हम एक भाग का त्याग करते हैं व एक भाग ले लेंते हैं।

वाच्यार्थ लें या लक्ष्यार्थ यह सन्दर्भ पर निर्भर करता है।

यह नियम स्मरणीय है कि सर्वप्रथम हम किसी भी पद का वाच्यार्थ ही लेते हैं। यदि वाच्यार्थ किसी विशिष्ट सन्दर्भ में उचित अर्थ प्रदान न कर रहा हो तो हम लक्ष्यार्थ लेते हैं। यदि वाच्यार्थ उचित अर्थ प्रदान कर रहा है तो, लक्ष्यार्थ नहीं लिया जाता। दूसरा नियम है कि लक्ष्यार्थ सन्दर्भ से भिन्न नहीं होना चाहिए एवं लक्ष्यार्थ का वाच्यार्थ से सम्बन्ध होना चाहिए। जैसे कोई कहे कि "राम गंगा में रहता है" तो हम सर्वप्रथम वाच्यार्थ लेते हैं कि राम

गंगा, जो कि नदी है, उसमें रहता है। किन्तु हम यह भी जानते हैं कि गंगा में रहना मुनष्य के लिए सम्भव नहीं है, क्योंकि वह जलचर नहीं है। क्योंकि वाच्यार्थ उचित अर्थ देता प्रतीत नहीं होता, अतः हम 'गंगा में' का लक्ष्यार्थ लेते हैं। यहाँ पर 'गंगा में' का लक्ष्यार्थ होगा, गंगा के किनारे। यहाँ पर गंगा के किनारे रहना सन्दर्भ से भिन्न नहीं है। उसी प्रकार गंगा में का गंगा के किनारे से सम्बन्ध भी स्पष्ट ही है।

अगर हम कहें कि गाय का दूध लाओ यहाँ पर "गाय का दूध" का वाच्यार्थ उचित ही प्रतीत होता है। आप गाय का दूध ही लाओगे। अतः यहाँ पर लक्ष्यार्थ लेने की आवश्यकता नहीं है। अगर हम कहें कि "वह मनुष्य देवदत्त गाय है" तो यहाँ पर यह स्पष्ट है कि देवदत्त, जो कि मनुष्य है, गाय नहीं हो सकता। अतः गाय का दूसरा अर्थ भोला-भाला लेना उचित है। यह दिये गये सन्दर्भ में उचित भी है। इससे देवदत्त का स्वभाव कैसा है वह पता चलता है। यहाँ पर वाच्यार्थ गाय एवं लक्ष्यार्थ में सम्बन्ध भी है, क्योंकि गाय शब्द का प्रयोग भोलेपन के लिए किया जाता है।

महावाक्य "तत्त्वमसि" में 'त्वम्' का वाच्यार्थ तुम अर्थात् आत्मा एवं कारण, सूक्ष्म एवं स्थूल शरीर हुआ या यह कहें आत्मा + अविद्या उपाधि हुआ। 'तत्' का अर्थ आत्मा एवं कारण जगत्, सूक्ष्म जगत् एवं स्थूल जगत् हुआ या यह कहें 'तत्' का वाच्यार्थ आत्मा + माया उपाधि हुआ। अब अगर दोनों तरफ़ वाच्यार्थ लिये जायें तो दोनों समान नहीं हैं। अतः वाच्यार्थ लेना उचित नहीं है, क्योंकि इससे तो समीकरण सिद्ध नहीं होती। यहाँ पर लक्ष्यार्थ के लिए हम भाग त्याग का सहारा लेते हैं। दोनों के वे भाग त्याग देते हैं जिनसे समीकरण दोषयुक्त नज़र आती है। अगर दोनों तरफ़ की उपाधियों का त्याग कर दिया जाये तो समीकरण सम्भव प्रतीत होती है। लेकिन उपाधियों का त्याग कैसे किया जा सकता है? शंका उठती है कि मात्र समीकरण को सिद्ध करने के लिए उसके किसी भी भाग का त्याग बिना युक्ति के तो नहीं किया जा सकता। वस्तुतः ऐसा नहीं है, शास्त्र कहते हैं कि उपाधि मिथ्या है, अतः परमार्थिक दृष्ट्या उनका त्याग सम्भव है। इसमें दोष नहीं है।

यहाँ बताया गया है कि उपाधि से रहित, जो अविद्या है एवं मिथ्या है,

त्वं पद का लक्ष्यार्थ शुद्ध चैतन्य है। यहाँ पर शुद्ध चैतन्य के लिए एक और अभिव्यक्ति का प्रयोग किया गया है "समाधिदशा सम्पन्न" अर्थात् जो समाधि की दशा में प्राप्त होता है। जाबालदर्शन श्रुति में दशम खंड में कहा गया है कि परमात्मा एवं जीवात्मा की एकता के विषय में निश्चयात्मक बुद्धि का उदय होना ही समाधि है।

मन का ध्यान में लीन हो जाना 'समाधि' कहलाता है। इसी तरह आत्मविचार करते समय जब आपका मन इस ज्ञान में कि "मैं सत् चित् आनन्द स्वरूप आत्मा हूँ" लीन हो जाता है। तब आप अपने आपको किसी उपाधि से नहीं पहचान रहे होते हैं। तो ऐसी अवस्था को "समाधि दशा सम्पन्न" कहा गया है। ऐसी अवस्था में शुद्ध चैतन्य पर उपाधि के बादल नहीं होते।

ऐसे ही 'तत्' पद का लक्ष्यार्थ उपाधि, जो कि माया एवं मिथ्या है, से रहित शुद्ध चैतन्य है।

इस प्रकार दोनों तरफ़ से उपाधियों को हटाने पर शुद्ध चैतन्य ही बचता है एवं समीकरण "तत्त्वमसि" सिद्ध होती है। जीव व ईश्वर का उपाधि के अभाव में शुद्ध चैतन्य के रूप में बिना किसी विरोध के ऐक्य सिद्ध होता है। जब इस एकता के विषय में हमारी निश्चयात्मक बुद्धि होती है तो वह समाधि की अवस्था है।

सिर्फ़ एक ही चैतन्य है जो कि ईश्वर एवं जीव रूप में उपाधि भेद के कारण भिन्न-भिन्न प्रतीत हो रहा है।

यहाँ हम समीकरण उसे ही कहेंगे जिसके दोनों पक्ष समान हों, किन्तु भिन्न-भिन्न प्रतीत होते हों। जैसे E=mc^2 यहाँ दोनों पक्ष दिखाई भिन्न-भिन्न देते हैं, किन्तु विश्लेषण करने पर पता चलता है कि दोनों समान हैं। यदि E = E कहा जाये तो यह तथ्यात्मक तो है, किन्तु इसके अध्ययन एवं विश्लेषण की आवश्यकता नहीं। इसी प्रकार यदि E=mc^3 कहा जाये तो यह तथ्यात्मक रूप से गलत है, अतः समीकरण नहीं है। इसी प्रकार तत्त्वमसि अर्थात् जीव = ईश्वर को हम समीकरण कहेंगे, क्योंकि इसके दोनों पक्ष तथ्यात्मक रूप से समान हैं किन्तु भिन्न प्रतीत होते हैं। अतः इसके विश्लेषण

की आवश्यकता है। विश्लेषण करने पर पता चलता है कि वाच्यार्थ दृष्टि से भेद प्रतीत हो रहा है, किन्तु वह भेद उपाधि मात्र का भेद है एवं लक्ष्यार्थ लेने पर एकता सिद्ध होती है।

यह ही महावाक्य विचार है।

शंका—यदि मैं ही ईश्वर हूँ, यह ज्ञान हो जाता है, तो क्या मैं भी सर्वज्ञ, सर्ववित् एवं सृष्टि करने की क्षमता से युक्त हो जाऊँगा।

समाधान—नहीं, यह उपाधिगत भेद है। ज्ञान यह है कि उपाधि के कारण भेद प्रतीत होता है एवं उपाधिमुक्त ईश्वर एवं जीव दोनों की शुद्ध चैतन्य हैं। उपाधिगत भेद बना रहता है। ईश्वर की उपाधि सत्वगुणमयी माया है एवं जीव की उपाधि मलिनसत्वगुणी माया है। जब तक प्रारब्ध है, तब तक शरीर बना रहता है एवं उपाधि का भेद बना रहता है। आप उपाधि को साधनाओं के माध्यम से परिष्कृत अवश्य कर सकते हैं।

शंका—जब मैं ही ईश्वर हूँ तो मैं पूजा-पाठ संध्यावन्दन आदि क्यों करूँ?

समाधान—निश्चित ही अगर आप इस तथ्य को आत्मसात कर चुके हैं तो आपको इनकी आवश्यकता नहीं है। किन्तु अगर अभी भी आपके मन में शंका है और आपका ज्ञान शंका रहित व दृढ़ नहीं है तो आपको इसकी आवश्यकता है। ये चित्त शुद्धि के उपाय हैं और इस ज्ञान को आत्मसात करने के लिए शुद्ध चित्त की आवश्यकता होती है। अगर आपका चित्त शुद्ध नहीं है और यह ज्ञान भी आपका दृढ़ नहीं हुआ है तो संध्यावन्दन आदि छोड़ने पर 'आधी को छोड़ सारी को धावे आधी मिले न सारी पावे' वाली कहावत चरितार्थ हो जायेगी।

कई बार स्थिति ऐसी होती है कि आपको आवश्यकता नहीं है किन्तु दूसरों की भलाई के लिए कि वे आपका अनुसरण करते हुए ये सब करेंगे, इस तरह से आदर्श स्थापित करने के लिए भी आत्मज्ञान के पश्चात् भी महापुरुष इन कर्मों को करते हैं। महापुरुषों के किये गये कार्यों का साधारण जन अनुसरण करने का प्रयास करते हैं। कई लोग सिर्फ़ इसलिए ही वटवृक्ष के नीचे बैठे रहते हैं, क्योंकि उन्होंने सुना है कि महात्मा बुद्ध वटवृक्ष के नीचे ध्यान में बैठे थे।

शंका—वाच्यार्थ दृष्टि से तत् एवं त्वं में भेद है। यह हम स्वीकार करते हैं और यह बताते हैं कि लक्ष्यार्थ दृष्टि से भेद नहीं है। इसे इस तरह भी कह सकते हैं कि स्वरूप दृष्टि से अभेद और उपाधि दृष्टि में भेद है। अब अगर देखा जाये तो एक दृष्टि से दोनों में भेद है एवं एक दृष्टि से भेद नहीं है। अतः "भेद है" व "भेद नहीं है" दोनों ही कहना उचित है। "भेद नहीं है" इसको ही ज़्यादा महत्त्व क्यों दिया जाये? अभेद को ही शास्त्रों का तात्पर्य एवं सत्य क्यों माना जाये?

समाधान—इसका कारण है क्योंकि उपाधि मिथ्या है, अतः उपाधि पर आधारित सारे भेद मिथ्या हैं। अभेद स्वरूप पर, जो कि सत् है, आधारित है। अतः भेद एवं अभेद दोनों समान रूप से वास्तविक नहीं हैं। भेद व्यावहारिक सत्य है जो कि मिथ्या है एवं अभेद पारमार्थिक सत्य है जो कि सत् है। अतः शास्त्रों का तात्पर्य मिथ्या को स्थापित करना नहीं अपितु सत् को स्थापित करना है व मिथ्या का खंडन करना है। अतः उपाधिगत भेद का खंडन एवं स्वरूपगत अभेद ही स्वीकार्य है।

कतिपय द्वैतवादी "मैं ब्रह्म हूँ" इस तरह के विचार को घमंड मानते हैं एवं अद्वैतवादियों को घमंडी समझते हैं। किन्तु सत्य को सत्य रूप में देखने में कैसा घमंड? जब आप यह कहते हैं, "मैं मनुष्य हूँ" तो क्या इसे घमंड माना जायेगा? नहीं, क्योंकि आपको इसका शंका रहित ज्ञान है। इसी तरह जब आपको शंका रहित ज्ञान है, "मैं ही ब्रह्म हूँ" तो "मैं मनुष्य हूँ" की ही तरह इसे भी बोलने में, "मैं ब्रह्म हूँ" कैसा घमंड?

बिना फल को जाने हमारी कार्य में प्रवृत्ति नहीं होती। अतः यहाँ भी फलश्रुति दी गयी है।

फलश्रुति

एवं च वेदान्तवाक्यैः सद्गुरुपदेशेन च सर्वेष्वपि भूतेषु येषां ब्रह्मबुद्धिरुत्पन्ना ते जीवन्मुक्ता इत्यर्थः।

अर्थ—इस तरह वेदान्त वाक्य के द्वारा सद्गुरु के उपदेश से सर्व भूतों में जिसकी ब्रह्मबुद्धि उत्पन्न है, वह ही जीवन मुक्त है।

व्याख्या—इस प्रकार जिनमें सद्गुरु के वेदान्त वाक्य के उपदेश से जीव एवं ईश्वर के ऐक्य का सुदृढ़ ज्ञान हो जाता है। वह जीवनमुक्त अर्थात् जीवनकाल में ही मुक्त हो जाते हैं।

इसमें इस ज्ञान को प्राप्त कैसे किया जाये एवं इस ज्ञान का फल क्या है, यह बताया गया है।

ज्ञान प्राप्ति के लिए बताया गया है कि सद्गुरु के वेदान्त वाक्य के उपदेश से इसे प्राप्त किया जाता है। इससे यह समझें कि बिना गुरु के यह ज्ञान नहीं होता एवं गुरु भी वह जो वेदान्त का ज्ञानी हो और शिष्य को इसकी शिक्षा दे।

वेदान्त में भी "अवान्तरवाक्य" एवं "महावाक्य," यह दो प्रकार के वाक्यों का उपदेश होता है। महावाक्य के बारे में हमने पढ़ा, इनके अतिरिक्त अन्य वाक्यों को अवान्तरवाक्य कहा जाता है। अवान्तरवाक्य जीव या ईश्वर के बारे में बात करते हैं। महावाक्य दोनों के ऐक्य के बारे में बात करते हैं। अवान्तरवाक्य दो प्रकार के होते हैं, जीव बोधक एवं ईश्वर बोधक। एक जीव के बारे में चर्चा करता है, दूसरा जगत् या ईश्वर के बारे में। जीव बोधक

अवान्तरवाक्यों में भी उपाधिभेद बोधक, जो जीव की उपाधि की बात करता है एवं जीव स्वरूप बोधक जो कि जीव के वास्तविक स्वरूप की बात करता है, ये दो प्रकार के वाक्य होते हैं। इसी प्रकार ईश्वर बोधक अवान्तरवाक्य भी दो प्रकार के होते हैं "उपाधि बोधक" एवं "स्वरूप बोधक।"

इन सभी प्रकार के वाक्यों को गुरु उपदेश के माध्यम से भली-भाँति समझने की आवश्यकता होती है। अन्ततः गुरु द्वारा महावाक्य उपदेश से ही आत्मज्ञान की प्राप्ति होती है। गुरु उपदेश के अभाव में स्वयं किया गया अध्ययन ब्रह्मज्ञान में उपयोगी नहीं है। अतः सद्गुरु की आवश्यकता पर ज़ोर दिया गया है। वह गुरु जिसने स्वयं वेदान्त का ज्ञान ऐसे ही वेदान्त के सम्प्रदाय के गुरु से लिया हो, ऐसी परम्परा से ज्ञान प्राप्त करने वाला गुरु ही वेदान्त वाक्यों का उपदेश करने का अधिकारी है, वह ही इस ज्ञान की प्राप्ति के लिए उपयुक्त गुरु है। सत् का ज्ञान देने वाला ही सद्गुरु है।

वेदान्त का गुरु वह ही है जो कि परम्परा से प्राप्त सम्प्रदाय की शिक्षा को, जो उसे गुरु से प्राप्त हुई है, शुद्धता से संरक्षित रखते हुए उसे आगे प्रदान करे। उसमें अपने विचारों का समावेश करके उसके मूलस्वरूप में परिवर्तन न करे। जो यह कहता है कि "यह मेरा अनुभव है", "यह मैंने प्राप्त किया है," "मैंने सम्प्रदाय से प्राप्त नहीं किया अपितु यह मेरी खोज है" वेदान्त के मामले में ऐसे स्वघोषित वेदान्त गुरुओं से दूर ही रहें। वेदान्त शब्द प्रमाण है जो आपको गुरु से प्राप्त होता है, जो कि आपके गुरु को अपने गुरु एवं उनको अपने गुरु से प्राप्त होता है। सदाशिव से इस परम्परा का प्रारम्भ माना जाता है। जो ज्ञान संरक्षित है वह ईश्वर प्रदत्त है, इसमें आपके अपने विचारों की मिलावट की आवश्यकता नहीं है। यह ज्ञान ईश्वर प्रदत्त होने के कारण अपने आप में पूर्ण है।

यह उपदेश मन्त्रोपदेश की तरह नहीं है कि आप गुरु के पास गये, पादुका पूजन किया एवं गुरु ने तीन बार आपके कान में कहा "तत्त्वमसि" एवं काम हो गया। आप वापस आये एवं तत्त्वमसि का जाप करने पर लग गये। नहीं, इसमें आपको गुरु के पास ही कुछ समय तक रहना पड़ता है और विधिपूर्वक शास्त्रों का अध्ययन करना होता है, तभी यह ज्ञान उत्पन्न होता

है। कितने समय रहना पड़ता है? एक साल, दो साल, तीन या चार साल या आजन्म? कोई निश्चित समय-सीमा नहीं है। आप कितने समय में इस ज्ञान को आत्मसात कर पाते हैं, उस पर निर्भर करता है।

गुरु का ज्ञान क्योंकि यह है, "मैं ब्रह्म हूँ" और क्योंकि सब कुछ ब्रह्म ही है, अतः उसके लिए शिष्य भी ब्रह्म से अभिन्न है। शिष्य के लिए भी गुरु पूजन ईश्वर पूजन के समान ही है।

जीवनमुक्ति

ननु जीवन्मुक्तः कः? यथा देहोऽहं पुरुषोऽहं ब्राह्मणोऽहं शूद्रोऽहमस्मीति दृढ़निश्चयः तथा नाहं ब्राह्मणः न शूद्रः न पुरुषः किन्तु असंगः सच्चिदानन्द स्वरूपः प्रकाशरूपः सर्वान्तर्यामी चिदाकाशरूपोऽस्मीति दृढ़निश्चयरूपः अपरोक्षज्ञानवान् जीवन्मुक्तः।

अर्थ—निश्चित तौर पर जीवनमुक्त किसे कहते हैं?

जिस तरह मैं देह हूँ, मैं पुरुष हूँ, मैं ब्राह्मण हूँ, मैं शूद्र हूँ इस प्रकार का दृढ़ निश्चय होता है, वैसा ही दृढ़ निश्चय मैं ब्राह्मण नहीं, शूद्र नहीं, पुरुष नहीं अपितु असंग, सच्चिदानन्दस्वरूप, प्रकाशरूप, सर्वान्तर्यामी चिदाकाशरूप हूँ, इस प्रकार के दृढ़ निश्चय रूप अपरोक्ष ज्ञान से जो युक्त होता है, वह जीवनमुक्त है।

व्याख्या—शिष्य यहाँ यह जानना चाहता है कि जो फल बताया गया है कि ज्ञानी जीवनमुक्त हो जाता है, वह जीवनमुक्त कौन है? क्या है?

जो इस जीवनकाल में ही बन्धनों से मुक्त हो जाता है, वह जीवनमुक्त है। जिसे इस जीवन में ही मोक्ष की प्राप्ति हो जाती है, वह जीवनमुक्त है। जीवनमुक्त उसे बताया गया है जिसे मैं सत् चित् आनन्द स्वरूप हूँ, इसका अपरोक्ष ज्ञान हो। अपरोक्ष का अर्थ क्या हुआ? "प्रत्यक्ष ज्ञान हुआ" जैसे मेरे सामने यह पुस्तक है, तो इस पुस्तक का मुझे प्रत्यक्ष ज्ञान है, यह इन्द्रियों से ग्राह्य है। इसी प्रकार परोक्ष ज्ञान हुआ, ऐसा ज्ञान जिसमें वस्तु प्रत्यक्ष न हो। जैसे हम पर्वत पर धुआँ देखते हैं और अनुमान लगाते हैं कि पर्वत पर अग्नि है। यह अग्नि का परोक्ष ज्ञान हुआ। इस प्रकार यह ज्ञान कि "मैं आत्मा हूँ"

निश्चित रूप से परोक्ष ज्ञान नहीं है। क्या यह प्रत्यक्ष ज्ञान है? यह प्रत्यक्ष भी नहीं है क्योंकि आत्मा इन्द्रियों से ग्राह्य नहीं है। क्योंकि यह ज्ञान परोक्ष नहीं है, अतः इसे अपरोक्ष ज्ञान कहा जाता है। अ+परोक्ष अर्थात् जो परोक्ष न हो।

हमारे बन्धनों का कारण अज्ञान है, मुख्य कारण अविद्या है व कार्य संसार रूपी बन्धन है। कार्य का नाश कारण के नाश से होता है। अतः अज्ञान के नाश के साथ ही बन्धनों का भी नाश हो जाता है। अज्ञान का नाश ज्ञान से ही सम्भव है। अतः ज्ञान के साथ ही बन्धनों से मुक्ति रूपी मोक्ष की प्राप्ति हो जाती है।

यह ज्ञान कैसा होना चाहिए?

यह ज्ञान दृढ़ निश्चयात्मक होना चाहिए, शंका रहित होना चाहिए। इसे कहते हैं संशय एवं विपर्यया रहित ज्ञान अर्थात् शंका एवं स्वाभाविक त्रुटियों से मुक्त ज्ञान। कई बार ज्ञान होने पर भी विपर्यया के कारण मनुष्य गलतियाँ करता है। यह ऐसा ही है जैसे आप बायें हाथ की तरफ़ से वाहन चलाने के आदी हों एवं आप ऐसे देश में जाते हों जहाँ दायें हाथ की तरफ़ चलने वाले वाहन हैं तो, आप यद्यपि यह जानते भी हों कि यहाँ दायें हाथ की तरफ़ वाले वाहन हैं, आप बायीं तरफ़ का दरवाज़ा जाकर खोलते हो। यह विपर्यया है। यहाँ कारण अज्ञान नहीं किन्तु किसी चीज़ को लगातार करते रहने पर वह आपकी प्रवृत्ति बन जाता है और ज्ञान होने के पश्चात् भी वे प्रवृत्तियाँ आसानी से नहीं जातीं।

ज्ञान सुदृढ़ होना चाहिए, जैसे आपका दृढ़ निश्चय है कि आप देह हो, आप ब्राह्मण हो या क्षत्रिय हो या वैश्य या शूद्र हो, आप पुरुष हो या स्त्री हो। आपके यह निश्चय जितने दृढ़ होते हैं, उतना ही दृढ़ ज्ञानियों का यह ज्ञानात्मक निश्चय होता है कि मैं सत् चित् आनन्द स्वरूप आत्मा हूँ। मैं ब्राह्मण नहीं हूँ, मैं पुरुष या स्त्री नहीं हूँ। ये सारे शरीर के गुण-धर्म हैं। मैं सच्चिदानन्द ब्रह्म हूँ।

क्या ज्ञान होना चाहिए?

मैं ही सत् चित् आनन्द स्वरूप ब्रह्म हूँ। मैं असंग हूँ अर्थात् मैं किसी भी प्रकार के संग से, स्पर्श से, सम्पर्क से रहित हूँ। यह असंगत्व ही बताता है कि मैं न तो कर्ता ही हूँ, न ही भोक्ता। अहंकार ही कर्ता है, मैं अहंकार का

भी आधार हूँ, किन्तु मैं अहंकार नहीं हूँ। न मैं फल भोगने वाला ही हूँ, जब मैं कर्ता ही नहीं हूँ तो फल का भोक्ता भी नहीं हो सकता। अत: मैं कर्ता एवं भोक्ता के दोषों से मुक्त हूँ। मैं सर्वान्तर्यामी हूँ, मैं सब में सर्वत्र अवस्थित हूँ। मैं समय एवं आकाश की सीमाओं से बँधा नहीं हूँ।

जिस प्रकार प्रकाश प्रत्येक वस्तु को प्रकाशित करता है, किन्तु स्वयं असंग ही रहता है। प्रकाश कीचड़ को प्रकाशित करने से स्वयं दूषित नहीं होता, उसी प्रकार मैं असंग हूँ। जिस प्रकार प्रकाश स्वयं प्रकाशित होता है, उसे प्रकाशित करने के लिए दूसरे प्रकाश की आवश्यकता नहीं पड़ती, उसी प्रकार मैं स्वयं प्रकाशित हूँ, जिससे सारा जगत् प्रकाशित है। प्रकाश की उपस्थिति में ही सारे कर्म होते हैं, किन्तु वह स्वयं अकर्ता ही है। जिस प्रकार वह स्वयं कुछ नहीं करता उसी प्रकार मेरी उपस्थिति में सारे कर्म होते हैं किन्तु मैं अकर्ता, अभोक्ता ही हूँ। जिस तरह प्रकाश सर्वत्र होने पर भी परावर्तक सतह के गुण-धर्म के आधार पर तेज़, धूमिल आदि प्रतीत होता है, उसी प्रकार उपाधि भेद से मेरे जीव, ईश्वर आदि भेद प्रतीत होते हैं।

मैं चिदाकाश अर्थात् आकाश की तरह की चेतना हूँ, जैसे आकाश सर्वत्र एवं अविभाज्य है, उसी प्रकार मैं सर्वत्र हूँ एवं अविभाज्य हूँ। जिस प्रकार आकाश घट, मठ आदि उपाधियों के कारण विभाज्य एवं छोटा, बड़ा प्रतीत होता है, उसी प्रकार मैं भी उपाधि भेद से बहुसंख्यक प्रतीत होता हूँ।

इस प्रकार का दृढ़ ज्ञान ही जीवन मुक्ति है, मोक्ष है। यह ज्ञान ही मोक्ष है। इस ज्ञान से भिन्न कोई मोक्ष नहीं।

यहाँ पर यह बात समझना भी महत्त्वपूर्ण है कि प्रत्येक कर्म अनात्मा के स्तर पर ही होता है एवं अनात्मा सिर्फ़ व्यावहारिक सत्य है। व्यावहारिक सत्ता परमार्थिक सत्ता पर प्रभाव नहीं डालती। जैसे अगर हम सपने में देखें कि आपने किसी से कुछ वस्तु चुरा ली है, तो जागने पर आपको उसका प्रायश्चित नहीं करना पड़ेगा, न ही कोई अदालत आपको उस चोरी के लिए दंड दे सकती है। इसका कारण है दोनों वास्तविकता के अलग-अलग धरातल पर हैं। स्वप्न प्रातिभासिक सत्ता है और जाग्रत अवस्था व्यावहारिक सत्ता है। व्यावहारिक सत्य वह है जो सभी प्राणियों के लिए इन्द्रियों से ग्राह्य हो। यह पुस्तक व्यावहारिक

सत्य है। यह सभी लोगों के लिए इन्द्रियों से ग्राह्य है। वहीं अगर आप सपने में एक पुस्तक पढ़ते हो तो, वह सिर्फ़ आपके लिए ही उपलब्ध है, वह भी सिर्फ़ स्वप्नावस्था में। व्यावहारिक सत्य का अगर विश्लेषण करें तो वह अपने कारण में विलय हो जाता है।

परमार्थिक सत्य वह है जो तीनों कालों में बिना किसी बदलाव के स्थित है व जिसका किसी भी समय खंडन नहीं किया जा सकता। परमार्थिक सत्य सिर्फ़ एक ही है, वह है आत्मा। व्यावहारिक सत्य का आधार परमार्थिक सत्य ही है और विश्लेषण करने पर प्रत्येक व्यावहारिक सत्य परमार्थिक में ही विलीन हो जाता है, जैसे घट का विश्लेषण करने पर वह मिट्टी में विलीन हो जाता है। घट मिट्टी ही है किन्तु मिट्टी घट नहीं है। जैसे मिट्टी सारी वस्तुओं में सर्वव्यापी है, वैसे ही आत्मा सर्वव्यापी है। जिस प्रकार सारे घट, मिट्टी ही हैं किन्तु मिट्टी, घट नहीं है। उसी प्रकार अनात्मा, आत्मा ही है किन्तु आत्मा, अनात्मा नहीं है।

ब्रह्मैवाहमस्मीत्यपरोक्षज्ञानेन निखिलकर्मबन्ध विनिर्मुक्तः स्यात्।

अर्थ—मैं ब्रह्म हूँ, इस प्रकार के अपरोक्ष ज्ञान के द्वारा समस्त कर्म के बन्धनों से मुक्त हो जाता है।

व्याख्या—मैं केवल ब्रह्म ही हूँ न कि यह शरीर, इस तरह के अपरोक्ष ज्ञान से सारे कर्मों के बन्धनों से पूर्ण मुक्ति हो जाती है। ज्ञान आपको कर्मों के बन्धनों से मुक्ति प्रदान करता है। यहाँ पर कर्म के बन्धनों का तात्पर्य पाप-पुण्य रूपी कर्मफलों से है। ज्ञान से पाप एवं पुण्य दोनों से ही मुक्ति प्राप्त हो जाती है। दोनों ही बन्धन का कारण हैं, दोनों को ही भोगने के लिए जीव जन्म लेता है। जब दोनों ही नष्ट हो जाते हैं तो फिर दूसरे जन्म का कोई कारण नहीं रह जाता। इस वर्तमान शरीर के बाद कोई अन्य शरीर ज्ञानी को ग्रहण नहीं करना पड़ता, इसको विदेह मुक्ति कहा जाता है। जब वर्तमान शरीर अभी प्रारब्ध कर्मों को भोग रहा है और आप ज्ञान से अपने सारे बन्धनों को काट देते हो तो इसे जीवनमुक्ति कहा जाता है।

जो जीवनमुक्त है उसे विदेह मुक्ति भी अवश्य प्राप्त होगी। कुछ विशेष

परिस्थितियों में उसे जन्म लेना पड़ सकता है। किन्तु ऐसी परिस्थितियाँ दुर्लभ हैं, जैसे कुछ व्यक्तियों का वर्तमान जन्म इस प्रकार का होता है कि इसी जन्म में उनके प्रारब्ध पूर्ण होना सम्भव नहीं होता। ऐसी अवस्था में ज्ञान प्राप्ति के पश्चात् भी प्रारब्ध कर्मों के भोग के लिए शरीर के और जन्म सम्भव हैं। प्रारब्ध विदेह मुक्ति में बाधक बन जाता है। व्यक्ति सात जन्मों तक चलने वाले प्रारब्ध के साथ जन्म ले सकता है, इस अवस्था में ज्ञान के पश्चात् भी सूक्ष्म शरीर सात जन्मों तक पुनः स्थूल शरीर प्राप्त करता रहेगा। इस अवस्था में वह जन्म से ही ज्ञानी होगा, अगले जन्म में उसे पुनः ज्ञान प्राप्ति की आवश्यकता नहीं होगी।

ऐसा भी सम्भव है कि ज्ञान प्राप्ति हो किन्तु उसमें दृढ़ निश्चय न हो पाये। ऐसी अवस्था में, भगवान् श्रीकृष्ण गीता में बताते हैं कि वह अगले जन्म में उचित समय आने पर पुनः जहाँ पर उसने छोड़ा था वहीं से वह अपनी यात्रा प्रारम्भ करता है। इसी कारण आप कई महापुरुषों को देखते होंगे कि वे अल्प समय में ही, बिना गुरु के भी, अल्प श्रम से ही ज्ञान प्राप्त कर लेते हैं।

यह प्रारब्ध कर्मों का फल, विदेह मुक्ति सिर्फ़ देखने वालों के लिए है, जिनको कि ज्ञान नहीं है, क्योंकि ज्ञानी को ज्ञान है, वह ब्रह्म है और ब्रह्म तो नित्य मुक्त है। वह सदैव से ही मुक्त है, वह कभी बन्धन में था ही नहीं, उसकी कैसी मुक्ति?

प्रारब्ध क्या है? यह आगे स्पष्ट होगा।

कर्म, कर्मफल व आत्मज्ञानी की मुक्ति

कर्माणि कतिविधानि सन्तीति चेत् आगामिसंचित प्रारब्धभेदेन त्रिविधानि सन्ति।

अर्थ—कर्म कितने प्रकार के होते हैं? यदि यह ऐसा प्रश्न है तो आगामी, संचित और प्रारब्ध भेद से तीन प्रकार के होते हैं।

व्याख्या—कर्म कितने प्रकार के हैं? यदि यह तुम्हारा प्रश्न है तो, गुरु बताता है, ये तीन प्रकार के हैं। संचित, आगामी एवं प्रारब्ध, ये तीन कर्मों के भेद हैं। यहाँ पर कर्मों का तात्पर्य कर्मों के अदृष्ट फल से है।

कर्मों के कुछ नियम समझ लिये जायें तो इस विषय को समझना आसान एवं हितकर होगा।

1. प्रत्येक कर्म का फल अवश्य होता है। इसे कर्मफल कहा जाता है।
2. प्रत्येक कर्म के दो प्रकार के फल सम्भव हैं, दृष्ट एवं अदृष्ट।
3. दृष्ट फल हमारे अनुभवों के लिए शीघ्र ही उपलब्ध होते हैं। अदृष्ट फल कालान्तर में फलदायी होते हैं एवं सुखद या दुःखद अनुभवों का कारण बनते हैं।
4. अदृष्ट फल दो प्रकार का सम्भव है, पुण्य एवं पाप। जिनके कारण कालान्तर में सुख का अनुभव होता है वह पुण्य और जिनसे दुःख का, उन्हें पाप कहा जाता है।
5. पाप कर्म कौन-कौन से हैं एवं पुण्य कौन-कौन से? इसके लिए शास्त्र ही एकमात्र प्रमाण हैं, जो कर्म शास्त्रों द्वारा विहित हैं वे ही

पुण्य और जो निषिद्ध हैं वे ही पाप हैं।

6. पाप शास्त्र द्वारा निषिद्ध कर्मों का अदृष्ट फल है। पुण्य शास्त्र द्वारा विहित कर्मों का अदृष्ट फल है।
7. यह भी सम्भव है कि कुछ कर्मों का दृश्य फल सुखद हो, किन्तु यह पाप कर्म हो एवं इनका अदृष्ट फल दुःखद हो। प्याज, लहसुन एवं सुरा का थोड़ी मात्रा में सेवन ऐसे ही कर्मों की श्रेणी में आते हैं। यहाँ पर आपका विवेक महत्त्वपूर्ण है कि आप दृष्ट फलों को ध्यान में रखकर कर्म करते हो या आपका शास्त्रों पर पूर्ण विश्वास है और शास्त्रों को ही आप प्रमाण मानते हो। धर्म जिसके लिए महत्त्वपूर्ण हो, वह व्यक्ति अवश्य ही शास्त्रों द्वारा निषिद्ध कहे गये कर्मों से दूर रहेगा।
8. यह भी सम्भव है कि अदृष्ट फल सुखद हो, किन्तु दृष्ट फल दुःखद हो। जैसे कि लम्बी साधनाओं में बैठना, उपवास आदि दुःखद प्रतीत होते हैं। किन्तु शास्त्रों के अनुसार इनका अदृष्ट फल सुखद है।
9. कई ऐसे भोग भी हैं जिनका दृष्ट फल सुखद है और उसका कोई हानिकारक अदृष्ट फल भी नहीं है। ऐसे भोगों को भोगने में भी कोई धर्म की हानि नहीं है। जैसे विवाह के पश्चात् स्वपत्नी से सम्भोग अधार्मिक कृत्य नहीं है।

पाप एवं पुण्यों का फल कब मिलता है?

इसकी कोई निश्चित समय-सीमा नहीं है, किन्तु यह निश्चित है कि बिना फल दिये कर्म समाप्त नहीं होते। ये फल अवश्य देंगे, इस जन्म में नहीं तो अगले जन्म में। इसका कारण है कि आपके द्वारा किसी विशिष्ट कर्म के फल के लिए एक विशिष्ट शरीर, विशिष्ट परिस्थितियों की आवश्यकता होगी एवं आपके द्वारा बहुत से कर्म किये जाते हैं। इन सबके लिए उचित स्थूल शरीर एवं परिस्थितियाँ एक ही जीवन में सम्भव नहीं हैं। जैसे किसी कर्म का फल आप सिर्फ़ पशु रूप में ही भोग सकते हो तो वह अभी मनुष्य के रूप में आप नहीं भोग सकते, अतः सभी कर्मों का फल एक ही जीवन में नहीं मिलता। जितने कर्मफल भोगने को रह जाते हैं, वे संचित होते रहते हैं। वे संचित कर्म कहलाते हैं।

संचित कर्मों में से कुछ कर्म, फल देने को तैयार होते हैं। जिनके अनुसार आपको नया शरीर मिलता है, वे ''प्रारब्ध कर्म'' कहलाते हैं। प्रारब्ध का भोग आप नये शरीर के साथ करते हो और इनका भोग खत्म होने पर मृत्यु हो जाती है।

इसको इस तरह समझें कि आपके पास एक कोष होता है, कर्मों का कोष। जिसमें पाप-पुण्य रूपी कर्मों का न गिने जाने योग्य संचय है। जो आपने अनगिनत जन्मों से जमा करके बनाया है। इन जमा हुए कर्मों को संचित कर्म कहा जाता है। इन संचित कर्मों में से कुछ कर्म फल देने के लिए तैयार होते हैं। उनके अनुसार आपके शरीर को माँ-बाप, पत्नी, पुत्र आदि की प्राप्ति होती है। इन कर्मों को ''प्रारब्ध कर्म'' कहा जाता है, जिनको भोगने के लिए आपका जन्म होता है। आपने कर्मों का फल भोगना है किन्तु कैसे? सारे-के-सारे कर्मों के फल आप अकेले बिना किसी अन्य की सहायता के नहीं भोग सकते। कोई-न-कोई निमित्त तो चाहिए आप तक वह फल पहुँचाने के लिए। अतः इसके लिए अन्य लोग निमित्त बनते हैं। जहाँ मैं अपना प्रारब्ध भोग रहा होता हूँ, वहीं मैं औरों को उनका प्रारब्ध भोगने में भी सहायक होता हूँ और वे मुझे मेरा प्रारब्ध भोगने में सहायक होते हैं। पुत्र, पत्नी, माँ, बाप एवं ग्रामवासी आदि वह निमित्त बनते हैं। इसीलिए प्रारब्ध कर्मों के हिसाब से पुत्र-पुत्री को माँ-बाप एवं माँ-बाप को पुत्र-पुत्री की, पत्नी को पति एवं पति को पत्नी की प्राप्ति होती है।

जो कर्म वर्तमान जन्म में ही होते हैं और वर्तमान में ही फल देने के लिए जिनको उचित परिस्थितियाँ प्राप्त हो जाती हैं, वे भी 'प्रारब्ध' कहलाते हैं, वे भी इस जन्म में फल देते हैं। जब आप प्रारब्ध कर्मों को भोगते हैं, भोग के साथ-ही-साथ आप नये कर्म भी करते हैं। इनको आगामी कर्म कहा जाता है। ये ही कर्म संचित एवं प्रारब्ध कर्मों का रूप लेते हैं। प्रारब्ध का फल भोगने के लिए फिर जन्म होता है और संसार का चक्र चलता रहता है।

पशुयोनि में, देवयोनि में नये कर्मों का लेप नहीं होता। यहाँ आगामी कर्म नहीं होते। ये भोग योनि हैं यहाँ सिर्फ़ प्रारब्ध का भोग होता है। केवल मनुष्य योनि में ही आप कर्मों का भोग करते हो एवं नये कर्मों को प्राप्त करते हो।

कर्म की गति को समझना क्यों आवश्यक है?

कर्म कैसे काम करते हैं, यह भली-भाँति समझने पर आप इस संसार की विविधताओं को समझ सकते हो। क्यों एक बच्चा बचपन से ही सारे सुखों के साथ पैदा होता है? वहीं एक बच्चे को बचपन से सिर छुपाने को जगह नहीं मिलती।

आप भली-भाँति समझ जाते हो कि आपके दुःखों या सुखों का कारण आपके ही कर्मों का फल है। अन्य तो, आप अपने प्रारब्ध कर्मों को भोग सकें, इसका निमित्त मात्र हैं। अतः आप दूसरों को अपनी परिस्थितियों के लिए दोष नहीं देते।

आप अपने दुःखों का दोष दूसरों पर मढ़कर झूठी राहत तो पा सकते हो, किन्तु इसका लाभ क्या है? यदि आप अपने दुःखों का कारण अपनी पत्नी या पति को कहते हो तो सवाल है कि क्यों आपको वही पति या पत्नी मिली? यदि माँ-बाप को दोष देते हो तो क्यों आप उन्हीं माँ-बाप के यहाँ पैदा हुए? आप ही अपने को मिलने वाले सुख या दुःखों का कारण हो। यह आपके ही कर्मों का फल है। अन्य तो सिर्फ़ आपके फलों को आप तक पहुँचाने के निमित्त मात्र हैं।

आपको भी अपने आपको दोष देने की आवश्यकता नहीं है, क्योंकि यह भी समझने योग्य है कि आपने जिन परिस्थितियों में वे कर्म किये थे, उन परिस्थितियों में उस मनःस्थिति के साथ अन्य कोई होता तो वह भी शायद वही करता। लेकिन उन कर्मों को फल तो देना ही है, अतः आप उन फलों को बिना किसी को दोष दिये सहर्षता से स्वीकार करते हुए भोगो।

प्रारब्धों को तो अपना फल देना ही है लेकिन आप यह अवश्य ध्यान रखें कि उनको सहर्षता से स्वीकार करते हुए, प्रभु का प्रसाद समझकर ग्रहण करें। साथ ही कर्म करते हुए धर्म का ध्यान रखकर ही आगामी कर्म करें।

जब आप प्रारब्ध भोगते हो तो आपके पास अपनी इच्छाशक्ति भी है कि आप किस प्रकार उस परिस्थिति का सामना करते हैं और कैसा व्यवहार करते हैं। ये आपके संचित कर्म होते हैं।

कर्म ही इस प्रश्न का उत्तर भी देते हैं कि क्यों कभी-कभी अच्छे व्यक्ति दुःख भोगते हुए एवं बुरे व्यक्ति सुख भोगते प्रतीत होते हैं। यह उनके प्रारब्ध कर्मों का फल है। वह जो आगामी कर्म अभी कर रहे हैं, उनका उचित समय पर उचित फल अवश्य मिलेगा, और अधिकांशतः इसी जीवनकाल में वह फल मिल जाता है। लेकिन वह जो अभी भोग रहे हैं वह उनके पूर्व में किये गये पाप या पुण्यों का फल है।

इस तरह कर्मों की गति को भली-भाँति समझने पर आप दुःख की प्राप्ति पर भी क्षुब्ध नहीं होते और धर्म के मार्ग से विचलित नहीं होते। किसी अप्रिय घटना से आपका ईश्वर पर विश्वास खत्म नहीं हो जाता और आप उसको दोष नहीं देते। ईश्वर तो कर्मफल के नियमों के रूप में हैं, जो कि निश्चित विधि से ही बिना पक्षपात के फल देते हैं। उनका न्याय पक्षपातहीन कर्मफलों के रूप में है। तभी उनको न्यायकारी कहा जाता है। उनकी आपसे कोई व्यक्तिगत शत्रुता नहीं है।

इन बातों को ध्यान में रखकर आगे चर्चा करते हैं।

आगामि कर्म किम्? ज्ञानोत्पत्त्यनन्तरं ज्ञानिदेहकृतं पुण्यपापरूपं कर्म यदस्ति तदागामीत्यभिधीयते।

अर्थ—आगामी कर्म किसे कहते हैं? ज्ञान की उत्पत्ति के पश्चात् ज्ञानी के शरीर के द्वारा जो पाप-पुण्य रूप कर्म होते हैं, वे आगामी कर्म के नाम से जाने जाते हैं।

व्याख्या—वर्तमान जन्म में अर्जित कर्मों को 'आगामी कर्म' कहा जाता है, किन्तु ये जन्म के साथ ही शुरू नहीं हो जाते। बच्चों को अच्छे-बुरे का ज्ञान नहीं होता, अतः उनके कर्मों का अच्छा या बुरा अदृष्ट फल नहीं होता। जब उनमें यह समझ आ जाती है, तभी कर्मों का लेप शुरू होता है। कुछ आचार्य इसके लिए 14 वर्ष की उम्र तय मानते हैं एवं मण्डूक ऋषि द्वारा इस उम्र को तय किया हुआ मानते हैं। ऐसा पुराणों में प्रसंग आता है कि मण्डूक ऋषि को भ्रमवश चोर समझ कर उन्हें शूल पर टाँग दिया गया था। शूल उनकी गुदा में अन्दर तक चली गयी थी एवं बाद में भी पूरी तरह से निकल नहीं पायी।

उनको अपना जीवन उस अन्दर घुसी शूल के साथ ही बिताना पड़ा। यमराज से पूछने पर यमराज ने उनसे कहा कि बचपन में उन्होंने एक चींटी की गुदा में तृण घुसा दिया था यह उसी का कर्मफल है। मण्डूक ऋषि ने इस पर यमराज को श्राप दिया था कि वह शूद्र हो जायें। इसी श्राप के कारण यमराज को विदुर के रूप में जन्म लेना पड़ा। मण्डूक ऋषि ने बचपन में किये गये कर्म, जिस समय कि धर्म-अधर्म के उचित ज्ञान के लायक बुद्धि पर्याप्त विकसित नहीं होती, के ऐसे विकट फल को उचित नहीं माना, अतः उन्होंने कर्म के फलों के लेप के लिए 14 वर्ष की उम्र निर्धारित की।

ज्ञानी की देह के द्वारा ज्ञान प्राप्ति से पहले किये गये वर्तमान जन्म के कर्म संचित कर्म कहलाते हैं। वह अपने आपको कर्ता के रूप में नहीं देखता, अतः ज्ञान के पश्चात् आगामी कर्म नहीं बनते। किन्तु उसकी देह अवश्य कर्म करती है। उसकी देह द्वारा किये गये कर्म के फलों का क्या होता है? इसकी बात आगे करेंगे।

संचित कर्म किम्? अनन्तकोटिजन्मनां बीजभूतं सत् यत्कर्मजातं पूर्वार्जितं तिष्ठति तत्संचितं ज्ञेयम्।

अर्थ—संचित कर्म किसे कहते हैं? अनन्त कोटि जन्म में पूर्व में अर्जित किये हुए कर्म जो बीजरूप से स्थित हैं, उन्हें संचित कर्म जानें।

व्याख्या—पूर्व जन्म के कर्मों के फलों का संचय "संचित कर्म" कहलाता है। इस जन्म में किये गये कर्म आगामी कहलाते हैं। पर जैसा बताया गया कि ज्ञानी के ज्ञान प्राप्ति के पहले के इस जन्म के कर्म भी संचित कर्म बन जाते हैं। उन्हें "संचित कर्म" ही कहा जाता है।

प्रारब्धं कर्म किमिति चेत्। इदं शरीरमुत्पाद्य इह लोके एवं सुखदुःखादिप्रदं यत्कर्म तत्प्रारब्धं भोगेन नष्टं भवति प्रारब्धकर्मणां भोगादेव क्षयं इति।

अर्थ—प्रारब्ध कर्म किसे कहते हैं? जो इस शरीर को उत्पन्न करके, इस लोक में सुख-दुःखादि देने वाले कर्म हैं, जो भोग करने से ही नष्ट होते हैं। प्रारब्ध कर्म का क्षय भोग से ही होता है।

व्याख्या—संचित कर्मों का वह भाग जो कि फल देने को तैयार है और जिसके भोग के लिए उचित परिस्थितियाँ प्राप्त हों उस हिसाब से ही आपको यह वर्तमान शरीर प्राप्त होता है। वह प्रारब्ध कहलाता है। प्रारब्ध की शक्ति ही जीव को उसके लायक गर्भ में खींच के ले जाती है। यह हमारे वर्तमान जीवन में प्राप्त होने वाले सुख-दुःखादि अनुभवों का मूल है। यह भोगने से नष्ट होता है।

शंका—प्रार्थना क्यों करें जब प्रारब्ध का फल मिलना ही है?

समाधान—प्रार्थना शास्त्रों द्वारा विहित कर्म है जो कि पुण्यकारी है। जब हम प्रार्थना करते हैं तो हमें अवश्य ईश्वर की कृपा प्राप्त होती है। प्रार्थना से पाप कर्मफलों में हल्कापन अवश्य आता है। प्रार्थना आपके चित्त को शुद्ध करती है। अतः पाप फलों के प्रभाव में कमी ईश्वर की कृपा के रूप में दिखायी देती है।

शंका—क्या हम अपना प्रारब्ध जान सकते हैं?

समाधान—कुछ सीमा तक अवश्य जान सकते हैं। पैदा होते समय ग्रहों की स्थिति हमारे जीवन में होने वाली घटनाओं के बारे में बताती हैं। अतः अच्छा ज्योतिष का ज्ञान होने पर हम ग्रहों की स्थितियों से प्रारब्ध को कुछ सीमा तक अवश्य जान सकते हैं। ग्रह हमारे जीवन को इतना प्रभावित नहीं करते किन्तु उनकी कुण्डली में स्थिति अवश्य हमारे प्रारब्ध के बारे में बताती है। ये हमारे जीवन में कर्मफलों के कारण होने वाली घटनाओं का संकेत हैं। इनके आधार पर कुछ शास्त्रीय कर्मकाण्ड किये जा सकते हैं, जिससे पाप, रूपी कर्मफलों में कुछ कमी आये। इन्हें परिहार कर्म कहते हैं। लेकिन प्रारब्ध को सर्वथा मिटा देना सम्भव नहीं होगा। जो शक्तिशाली प्रारब्ध हैं उनमें कुछ कमी लायी जा सकती है या ईश्वर की कृपा से आपको इतनी शक्ति प्राप्त हो सकती है कि आप उसको प्रभु का प्रसाद समझ के अप्रतिकारपूर्वक ग्रहण कर लें। लेकिन सर्वथा मिटाना सम्भव नहीं होगा।

ज्ञान मार्ग के अनुयायी सारे फलों को अप्रतिकारपूर्वक ईश्वर का प्रसाद समझ कर ग्रहण करते हैं। वे परिहार कर्मों पर उतना ध्यान नहीं देते। वे ईश्वर से प्रार्थना अवश्य करते हैं पर चित्त शुद्धि के लिए, साधन चतुष्ट्य की प्राप्ति के लिए, जनकल्याण के लिए।

प्रारब्ध भोग के ही कटता है। प्रारब्ध शरीर को उत्पन्न कर चुका है। अतः यह शरीर प्रारब्ध भोगकर ही समाप्त होता है। यदि ऐसा नहीं होता तो ज्ञान प्राप्ति के साथ ही शरीर गिर जाना चाहिए था, लेकिन व्यवहार में हम ऐसा होता हुआ नहीं देखते। प्रारब्ध कर्म धनुष से निकले तीर की तरह हैं जो लक्ष्य को भेदकर या अपने में निहित ऊर्जा की समाप्ति पर ही रुकते हैं। ज्ञानी के शरीर को भी बीमारियों से गुज़रना पड़ेगा। उसे भी सारे सुख-दुःखों से गुज़रना पड़ेगा, जैसे अज्ञानी मनुष्य के शरीर को गुज़रना पड़ता है। लेकिन ज्ञानी तो सच्चिदानन्द स्वरूप आत्मा है, अतः उसके लिए दुःख नहीं हैं। अज्ञानी को ज्ञानी का शरीर दुःख में प्रतीत होता है, अतः यह उनकी समझ के लिए है। अज्ञानी का अनुभव होता है कि वह स्वयं इन दुःखों से गुज़र रहा है, वहीं ज्ञानी के लिए यह मरणधर्मा शरीर के गुण-धर्म हैं।

संचित कर्म ब्रह्मैवाहमिति निश्चयात्मकज्ञानेन नश्यति।

अर्थ—संचित कर्म "मैं ही ब्रह्म हूँ," इस प्रकार के निश्चयात्मक ज्ञान से नष्ट होते हैं।

व्याख्या—ज्ञानी के संचित कर्म "मैं ब्रह्म हूँ" इस दृढ़ ज्ञानाग्नि में भस्म हो जाते हैं। इस प्रकार उसके वे आगामी कर्म भी नष्ट हो जाते हैं जो कि ज्ञान प्राप्ति से पहले तक किये थे, क्योंकि ज्ञान प्राप्ति से पहले तक के उसके सारे कर्म संचित कर्मों की श्रेणी में आते हैं। जिस तरह स्वप्न में किये गये कर्म जागने पर नष्ट हो जाते हैं। उसी प्रकार ज्ञानी के संचित कर्म ज्ञान प्राप्ति पर नष्ट हो जाते हैं।

ज्ञानी के ज्ञान प्राप्ति के बाद किये गये कर्मों का क्या होता है?

आगामि कर्म अपि ज्ञानेन नश्यति किंच आगामिकर्मणां नलिनीदलगतजलवत् ज्ञानिनां सम्बन्धो नास्ति।

अर्थ—आगामी कर्म भी ज्ञान से नष्ट होते हैं तथा आगामी कर्म के साथ ज्ञानी का कमल के फूल की पंखुँड़ी पर स्थित जल के समान कोई सम्बन्ध नहीं होता है।

व्याख्या—ज्ञानी के आगामी कर्म भी नष्ट हो जाते हैं। क्योंकि आगामी कर्मों का ज्ञानी से कोई सम्बन्ध नहीं है, जैसे कमल के पत्ते पर स्थित जल की बूँदों से कमल का पत्ता गीला नहीं होता, उसी प्रकार इन कर्मों का कोई प्रभाव ज्ञानी पर नहीं होता। ज्ञानी अपने आपको अकर्ता आत्मा समझता है। जब वह कर्ता ही नहीं है तो भोक्ता कैसे हो सकता है?

ज्ञानी का अहंकार बाधित अहंकार कहलाता है। जो कि भूने हुए बीज की तरह अंकुरण के योग्य नहीं होता। इस पर अब कोई नये अंकुर नहीं लगते। लेकिन क्योंकि व्यावहारिक दृष्टि से कर्म तो हो रहे हैं एवं ज्ञानी का शरीर अभी भी कर्म कर रहा है, अत: जो कर्म हो रहे हैं उनके द्वारा उत्पादित अदृष्ट फलों का क्या होता है? अगर उन फलों का भोग ज्ञानी को प्राप्त नहीं होगा तो वह कहाँ जायेगा? ये फल सभी के लिए अनुग्रह रूप में प्राप्ति के लिए उपलब्ध रहते हैं।

किंच यः ज्ञानिनं स्तुवन्ति भजन्ति अर्चयन्ति तान्प्रति ज्ञानिकृतं आगामि पुण्यं गच्छति। ये ज्ञानिनं निन्दन्ति द्विषन्ति तान्प्रति ज्ञानिकृतं सर्वमागामि क्रियमाणपदवाच्यं कर्म पापात्मकं तद्गच्छति।

अर्थ—इसके अलावा जो ज्ञानवान की स्तुति करता है, सेवा करता है, अर्चना करता है, उसके प्रति ज्ञानी के द्वारा किये हुए आगामी कर्म के पुण्य जाते हैं। जो ज्ञानी की निन्दा करता है, द्वेष करता है, उसके प्रति ज्ञानी के द्वारा हुए उन समस्त आगामी क्रियमाण कर्म का फल जाता है, जो पाप रूप होते हैं।

व्याख्या—इसके लिए ईश्वर ने सुन्दर व्यवस्था की हुई है, जो ज्ञानियों का मान-सम्मान करते हैं, उनके प्रति श्रद्धा रखते हैं। उनकी सेवा करते हैं। ज्ञानी की देह द्वारा उत्पादित पुण्य कर्मों का फल उनको चला जाता है। गुरु के पुण्य उसके शिष्यों को प्राप्त होते हैं।

जो ज्ञानी जनों से द्वेष करते हैं, उनकी निन्दा करते हैं, उनको हानि पहुँचाने की चेष्टा करते हैं, ज्ञानी की देह द्वारा उत्पादित पाप फल उनको चले जाते हैं। इसी कारण सनातन धर्म में सन्त महात्माओं को पूजे जाने का विधान है। यह जानना आसान नहीं है कि वे ज्ञानी हैं कि नहीं, अत: सभी सन्त महात्माओं

को सम्मान देना ही ज़्यादा लाभकारी व उचित है। अगर वह ज्ञानी नहीं भी होगा तो भी आप कुछ खोओगे नहीं, कुछ लाभ ही मिलेगा और अगर ज्ञानी होगा तो पाने को बहुत कुछ है।

क्या ज्ञानी की देह पाप कर्मों को भी करती है?

सम्भव है, अग्नि आदि भी यज्ञ के अलावा अन्य कर्मों के लिए प्रज्वलित करने पर पाप लगता है। इस तरह के कर्म ज्ञानी की देह द्वारा हो सकते हैं।

जब प्रारब्ध भी समाप्त हो जाता है तो, "क्योंकि संचित कर्म तो ज्ञानाग्नि में भस्म हो चुके होते हैं। आगामी कर्मों का लेप नहीं होता है और प्रारब्ध भोग के समाप्त हो जाता है। कुछ भी फल भोगने के लिए नहीं बचता," अतः स्थूल शरीर पंच तत्त्वों में विलीन हो जाता है। सूक्ष्म शरीर का भी सूक्ष्म पंच तत्त्वों में विलय हो जाता है। कारण शरीर आवरण एवं विक्षेप रूप है। जिसमें अविद्या की आवरण शक्ति का नाश हो चुका होता है एवं स्थूल शरीर के गिरने पर विक्षेप वाला भाग भी बिना आवरण के अस्तित्व में नहीं रहता। इस तरह माया का प्रपंच समाप्त हो जाता है। यह ही विदेह मुक्ति है।

घट का नाश हो जाता है एवं घटाकाश महाकाश में विलीन होता प्रतीत होता है। सत्य तो यही था, वह कभी अलग था ही नहीं, सिर्फ़ घट उपाधि के कारण अलग प्रतीत मात्र हो रहा था।

अज्ञानी के सूक्ष्म शरीर का अन्त नहीं होता, वह कर्मों के फलों को भोगने के लिए पुनः उत्पन्न होता है।

तथा च आत्मवित्संसारं तीर्त्वा ब्रह्मानन्दमिहैव प्राप्नोति। 'तरति शोकम् आत्मवित्' इति श्रुतेः।

अर्थ—इस प्रकार आत्मज्ञानी संसार से पार जाकर ब्रह्मानन्द को यहाँ पर ही प्राप्त करता है। "आत्मवित् शोक को पार कर जाता है" यह श्रुति प्रमाण भी है।

व्याख्या—इस तरह आत्मवित् संसार को पार करके ब्रह्म, जो कि आनन्दस्वरूप है, को यहीं प्राप्त करता है। यह प्राप्त करना ऐसा ही है जैसे घट आकाश का घट के टूटने पर महाकाश में मिल जाना। यहाँ कोई यात्रा नहीं करनी पड़ती।

गति की कोई भागीदारी नहीं है, कहीं जाना नहीं पड़ता, कहीं डूबना नहीं पड़ता। मैं सदैव से ब्रह्म ही था, उपाधि एवं अज्ञान के कारण जो भिन्नता की प्रतीति थी, वह प्रतीति जिस तरह जागने पर स्वप्न तिरोहित हो जाता है, उसी प्रकार वह तिरोहित हो गयी।

''तरति शोकम् आत्मवित्,'' ''आत्मवित् शोक को पार कर जाता है,'' यह छान्दोग्य श्रुति का वाक्य है।

''तनुं त्यजतु वा काश्यां श्वपचस्य गृहेऽथवा। ज्ञानसम्प्राप्तिसमये मुक्तोऽसौ विगताशयः। इति स्मृतेश्च।''

अर्थ—''ज्ञान प्राप्त होने के उपरान्त अपने शरीर को काशी में त्यागे अथवा चाण्डाल के घर में त्यागे तो भी वह मुक्ति को ही प्राप्त है, उसमें कोई संशय नहीं है। यह स्मृति भी है।''

व्याख्या—इसी प्रकार स्मृति वाक्य भी है कि आत्मज्ञानी शरीर कहीं भी त्यागे। काशी में या किसी चाण्डाल के घर पर, इससे कोई अन्तर नहीं आता। इसमें कोई संशय नहीं है कि उसकी विदेह मुक्ति निश्चित ही है, क्योंकि ज्ञान प्राप्ति के समय ही वह मुक्त हो जाता है। ज्ञान मुक्ति का कारण है, कोई स्थान या समय विशेष पर मरना नहीं। हाँ, अज्ञानी पुरुषों के लिए काशी आदि स्थानों में एवं पुण्यकालों में शरीर त्यागने पर अच्छे कर्म प्रारब्ध बनते हैं एवं उच्च संस्कारी कुल में व उच्च लोकों में प्राप्त होता है।

इति तत्त्वबोध प्रकरणं समाप्तम्

अर्थात् इस तरह यह तत्त्वबोध प्रकरण समाप्त होता है।

□□□

स्थापित 1912
100 वर्षों की
श्रेष्ठ प्रकाशन परम्परा
राजपाल

राजपाल एण्ड सन्ज़ की स्थापना एक शताब्दी पूर्व 1912 में लाहौर में हुई थी। आरम्भिक दिनों में अधिकतर धार्मिक, सामाजिक और देश-प्रेम की पुस्तकें प्रकाशित होती थीं और हिन्दी के अतिरिक्त अंग्रेज़ी, उर्दू व पंजाबी भाषा में भी पुस्तकें प्रकाशित की जाती थीं।

1947 में भारत-विभाजन के बाद राजपाल एण्ड सन्ज़ को नए सिरे से दिल्ली में स्थापित किया गया और साहित्यिक पुस्तकों के प्रकाशन का आरम्भ हुआ। रामधारी सिंह दिनकर, महादेवी वर्मा, बच्चन, अज्ञेय, शिवानी, आचार्य चतुरसेन, विष्णु प्रभाकर, राजेन्द्र यादव, मोहन राकेश, रांगेय राघव, कमलेश्वर और अन्य साहित्यिक लेखकों की कृतियाँ यहाँ से प्रकाशित होने लगीं। राजपाल एण्ड सन्ज़ से प्रकाशित *मधुशाला, कुरुक्षेत्र, मानस का हंस, आवारा मसीहा, कितने पाकिस्तान, आषाढ़ का एक दिन* जैसी पुस्तकें हिन्दी साहित्य की 'क्लासिक पुस्तकें' मानी जाती हैं और आज भी लोकप्रियता के शिखर पर हैं। भारत के राष्ट्रपतियों और प्रधानमंत्रियों की पुस्तकें प्रकाशित करने का गौरव भी राजपाल एण्ड सन्ज़ को प्राप्त है। नोबेल पुरस्कार से सम्मानित अर्थशास्त्री डॉ. अमर्त्य सेन की सभी पुस्तकों के हिन्दी अनुवाद यहाँ से प्रकाशित हैं। अन्तरराष्ट्रीय चर्चित पुस्तकों के अनुवाद, विश्वविख्यात कोशकार डॉ. हरदेव बाहरी द्वारा सम्पादित 'राजपाल' शब्दकोशों की श्रृंखला और किशोरों के लिए सैकड़ों पुस्तकें राजपाल एण्ड सन्ज़ से प्रकाशित हुई हैं।

पाठकों के स्वस्थ और सुरुचिपूर्ण मनोरंजन और ज्ञानवर्धन के लिए समर्पित राजपाल एण्ड सन्ज़ से हिन्दी और अंग्रेज़ी में पुस्तकें प्रकाशित होती हैं जो देश के सभी बड़े पुस्तक-विक्रेताओं और विश्व भर के ऑनलाइन विक्रेताओं के यहाँ उपलब्ध हैं।

राजपाल एण्ड सन्ज़

1590 मदरसा रोड, कश्मीरी गेट, दिल्ली-6, फोन: 011-23869812, 23865483
email: sales@rajpalpublishing.com, facebook: facebook.com/rajpalandsons
website: www.rajpalpublishing.com